庹志华 \ 编著

ZHUJIUCI

祝酒辞

中原出版传媒集团
中原农民出版社
· 郑州 ·

图书在版编目（CIP）数据

祝酒辞／庹志华编著. —郑州：中原出版传媒集团，中原农民出版社，2013. 6

ISBN 978－7－5542－0333－0

Ⅰ. ①祝… Ⅱ. ①庹… Ⅲ. ①酒－文化－中国 Ⅳ. ①TS971

中国版本图书馆 CIP 数据核字（2013）第 095421 号

出版： 中原出版传媒集团　中原农民出版社

（地址：郑州市经五路 66 号　电话：0371—65751257

邮政编码：450002）

发行单位： 全国新华书店

承印单位： 北京东光印刷厂

开本： 710mm×1010mm　1/16

印张： 23　**字数：** 350 千字

版次： 2013 年 6 月第 1 版　**印次：** 2013 年 6 月第 1 次印刷

书号： ISBN 978－7－5542－0333－0　**定价：** 38.80 元

本书如有印装质量问题，由承印厂负责调换

前　言

酒，作为一种客观的物质存在，它是一个变化多端的精灵，它炽热似火，冷酷像冰；它缠绵如梦幻，瑰丽如霞；它柔软如锦缎，锋利似钢刀；它无所不在，力大无穷；它可歌可泣，可怨可恨；它能叫人超脱旷达，才华横溢，放荡无常；它能叫人忘却人世的痛苦、忧愁和烦恼，到绝对自由的时空中尽情翱翔；它也能叫人肆无忌惮，沉沦到深渊的最低处；它叫人丢掉面具，坦诚相待，口吐真言。酒，在人类历史文化的长河中，它已不仅仅是一种客观的物质存在，而是一种文化象征，即酒精神的象征。

在中国，酒精神以道家哲学为源头。庄周主张，物我合一，天人合一，齐一生死。庄周高唱绝对自由之歌，倡导“乘物而游”、“游乎四海之外”、“无何有之乡”。庄子宁愿做自由的在烂泥塘里摇头晃脑的乌龟，也不做受人束缚的昂首阔步的千里马。追求绝对自由、忘却生死、利禄及荣辱，是中国酒精神的精髓所在。

正因酒精神的豪放洒脱，关于酒的文体——祝酒辞亦寄托了祝酒人的遐思，凸显了祝酒人的才华和风度，具有其他文体不可比拟的风韵。或引吭高歌，或举杯赋诗，或侃侃而谈，真可谓：一壶浊酒喜相逢，古今多少事，都付笑谈中。

祝酒的历史可以一直追溯到开始有历史记录的年代。古代的希腊和罗马勇士向他们的神祝酒，古代的北欧人则相互祝酒。几乎每一种文化都有祝酒的习俗，这种祝酒的话语最终演变成今天的祝酒辞。

假设你正在参加一个宴会，宴会上突然有人推举你出来作一个祝酒辞，仓促间如何作辞？在那值得纪念的日子，怎样才能使自己的祝酒辞有锦上添花之效，是一门很大的学问。

最简单的祝酒辞，无非就是说一些很简单的话，比如“让我们为了××干杯!”如果你想让短短的祝辞展现自己的才智风度，那么如何使你的祝酒辞颇具文彩又风趣幽默?

祝酒辞是在酒席宴会开始之前进行演说的一种文体，一般是用来表示欢迎、问候和感谢之情的，是一种招待宾客的礼仪形式，一般短小精悍，文辞大方得体，庄重热情。

在举行宴会时，一般主宾都要致祝酒辞，主人的祝酒辞主要是用来表示对来宾的欢迎，而客人的则一般是用来表示对主人的感谢。祝酒辞通过酒来作为媒介，再加上热情有感染力的语言，可以为酒宴带来热烈的气氛，产生事半功倍的效果。

祝酒辞的特点一是因为场合较为隆重，而且是在餐会之时，所以一般不宜过长，而且要有吸引力。二是祝酒辞一般要表达对美好事物的祝福。它的结构形式分为“简洁型”和“书面型”两种，简洁型很多都是通过一两句很精辟的话来将自己的祝愿心情表达出来，比如说通过诗词名句或者是名言警句。

需要注意一点的是，祝酒辞虽然较为简单，但必须根据场合来具体确定。你不能在带有政治性的宴会上过于活泼，也不能在朋友亲戚间的聚会上太过严肃，在婚礼上的祝酒辞就应该偏重于感情的表达，对即将离别的朋友的欢送会上，需要的则是惜别的基调。诸如此类，需要根据具体情况具体对待。

本书旨在为你的生活、你的工作、你的事业锦上添花，让你迎来送往中如鱼得水，挥洒自如。

编者

目 录
Contents

第一章
庆生祝酒辞

祝酒之礼

◎过生日的礼仪习俗

生日代表着一个人阅历的增加，每个人都希望自己的生日能够快乐地度过。在西方国家，人们大多会围绕着生日蛋糕唱起《生日快乐歌》来祝福寿星。寿星在心里悄悄许下愿后，再将蜡烛吹灭，周围的人发出欢呼，和寿星一起切蛋糕、分蛋糕，大家一起将聚会推向一个快乐的高潮。在我国，年轻人们喜欢用生日蛋糕庆祝生日，增进友谊，而老人们更讲究能吃到一顿长寿面。不管怎么说，每个国家、每个地区都有着庆祝生日独特的传统和礼仪。

过生日的当天，寿星往往会受到家人和朋友们的特别礼遇。小孩子会收到想要的礼物，不小心犯了错也不会受批评。生日聚会上多是一些好吃的、好玩的，还有很多有意思的游戏，妙趣横生的聚会让小孩子玩得乐不可支，所以他们总是很希望生日的来临，甚至希望自己一年能多过几次生日。中年人的生日聚会则比较正式，一般会邀请三五好友和家人一起在餐厅共进晚餐，觥筹交错之间，大家高谈阔论，尽兴而归。

在给老人们过生日大多按传统庆生的礼节来对待。来参加宴会的人，多以寿桃、寿面为礼，寿桃被人看做仙桃，面条则有绵长之意，都是为了祝贺老人家健康长寿；也有送寿联的，通过对联这种古老的形式来表达对老人家的祝贺之情。老人在这天要吃鸡蛋和长寿面，生日蛋糕也不可少，但极具民族传统特色，多为寿桃形或寿星形，上面带着“福如东海、寿比南山”等字样。有些比较隆重的祝寿宴会，还会专门设立寿堂，摆上寿蜡，寿星坐在正位接受晚辈们的祝贺。拜寿礼的时候，要由主持宴会的人喊礼，拜寿的人辈分不同，拜礼也会有区别。比如，平辈的人作一揖即可，晚辈的要拜四拜，有的还要将枣汤一碗或熟鸡蛋四枚盛在寿盘中给寿星奉上。当拜寿仪式结束后，大家一起吃寿宴。时至今日，时尚和潮流也慢慢走入年长者的庆生活动中。

还有一种别具心裁的生日宴会形式，在这个人将要过生日的前几天，大家商量好故意假装忘记了这回事儿，这几天大家做什么事都神神秘秘的，故意瞒着这个人，让他觉得自己被冷落、被忽视了。然而实际上，大家正是在背地里悄悄地为他准备生日聚会，所有人对此都守口如瓶，充满期待。直到“真相”揭开的刹那，被祝福的人惊喜万分、感动万分，众人的友情也会在此刻得到升华。

在生日聚会上致祝酒辞的时候，既要称赞他已经取得的成绩和做出的贡献，也要表达出自己祝福寿星幸福平安、长寿延年的情感。可以根据寿星的年龄、职业、家庭、健康等各方面来选择合适的措辞，先赞颂寿星的勤劳、善良、正直等一些优点，再陈述他为身边的人带来了怎样的教益，让大家受到了怎样的感化，最后将自己的祝福送出。

不管怎样的生日形式、祝贺方式，聚会祝酒的目的就是为了让过生日的人感到幸福和快乐，以及对他的良好祝愿。

◎举行生日宴会的注意事项

现代人的生活节奏比较快，所以在酒店设宴招待宾客，庆祝生日是个不错的选择，既能够减轻自己的负担，也能增进大家的感情。而一场成功的生日宴会的举行和认真策划、周全考虑是分不开的。如果决定了要举办宴会为家人庆祝生日，必须在事先认真考虑、细心策划，以免中间出现疏漏和意外情况。

第一，决定宴会的预算和形式，预算要有价格上下的一个浮动。

第二，要确定宴会的地点和日期，最好选择一个大家都方便的时间。如果宴会的时间刚好在周末或者节假日，可能有条件来的亲朋好友会更多，气氛会更加热烈，但因假期人多，主人一定要注意提前预订好酒席。

第三，拟订宾客的名单，要将能想起来的人物全都考虑进来，最后再逐一筛选。

第四，选择一家人在宴会当天的服装。

第五，安排好宴会当天的程序，将需要订的酒宴数量、菜色都一一过目。

第六，确定当前所有的准备工作已经大致落定，比如酒席、客人人数、摄像人员，等等。

第七，发出请柬，通知客人，明确他们是不是出席。在宴会开始的一个月之前，主人最好能够确定前来参加的最终宾客人数，这样才不至于在宴会当天发生临时增桌或者出现空桌的现象。

在填写请柬的时候，要注意填写标准格式，被邀请人的姓名一定要写全称，即使是很熟悉的人也不能用昵称或小名；在落款上，要将辈分的顺序写明白，从长辈到小辈，要一目了然；在写明宴会日期和时间的时候，一定要将阳历和阴历都写上，这样才不会让人误解；宴会的地点要写得详细清楚，确保单独前来的客人能够找到地方，如果是比较高档的酒店，事先还应该咨询一下停车收费等的情况，做到全面周到。

在宴会当天，主人应该提前准备妥当，站在门口准备迎接宾客。依照惯例，晚辈要站在最前面，长辈在后面。当宾客来临的时候，主人要依次招呼迎接，面带微笑，态度恳切，不可怠慢。当客人大部分都已经到场的时候，主人要回到会场中来照顾这些客人，门口留下一两个人招呼剩下的客人即可。

主人对待客人的态度一定要亲切诚恳，一视同仁，不能只顾着应付一两个身份重要的客人，而忽略了其他客人的感受。当你正在和一个客人应酬的时候，如果刚好有另一个客人进来，那么你可以先向这位客人道个歉，去接待新来的客人。在整个过程中，如果主人发现有孤身前来的客人，那么应该为他们介绍新的朋友认识，以免使客人觉得受到了冷落。

对于客人来说，在接到请柬以后要及时回复主人自己是否参加，并对主人的邀请表示感谢。如果真的没有时间去，可以向主人说明情况，并表

示歉意，切记不要将请柬随便给别人，也不要反复更改自己的态度。在宴会当天，自己的着装一定要合适，不可太过随意。要按时赶到宴会现场，过早或者迟到都不合适。过早会令主人措手不及，分心出来招待；过晚则会令其他客人久等，一般提前一两分钟到达现场即可。另外，适当的礼物和红包是必不可少的，切记不要将自己家中放置很久或没有食用完的糖果、水果、饮料等充当礼品。

◎在宴会上敬酒的艺术

在生日宴会上，收到邀请的一般都是亲戚、邻居、朋友以及比较熟悉的同事。无论是主人还是客人，都应该对敬酒的礼仪略知一二，彬彬有礼的敬酒才能表现出你的修养，才能让大家感受到你的人格魅力。敬酒是一门独特的艺术，要把握好时间，发挥自己的口才，恰到好处地表达出自己心里的祝福。

中国自古就有“无酒不成席”的说法，国人好客的习俗通过酒席就能够表现得淋漓尽致，人们的感情也能在这个过程中更加深厚。主人在敬酒的时候，希望对方多喝一点，这样才能够表示自己尽到了地主之谊。作为主人，最满意的就是客人喝得越多越好，这就表示对方看得起自己，给自己面子。如果客人不愿意喝酒，主人就会觉得没面子。但一般说来，敬客人酒的时候不能倒得太多，这样反而是对客人的一种不尊重。但是，在对于一些重要的客人就可以多多地敬酒，以显示其尊贵的身份。

在有人敬酒的时候，其他客人应该暂时停止用餐，安静地坐在座位上，注视着对方，认真听对方说话。不要胡乱掺和凑热闹，尤其是当别人正在说敬酒词的时候。也不要小声地说一些讥讽的话，更不能公开表示对方怎么这么啰唆等。

在生日宴会上，无论你是主人还是客人，都应该把握好敬酒的一个度，主人不要太过强人所难，因为有些客人可能是不适饮酒，或者有特殊情况不宜饮酒的，主人如果一定要逼迫客人喝酒就显得不礼貌；客人也不要逞强，不能喝的时候不妨用其他饮料代替，要在宴席上保持自己的风度，以免为主人带来麻烦。

客人在宴会中发言的时候，要注意自己的仪表和言语。如果是长辈的寿宴，就要表现出对长辈的尊重之情。如果是小辈的生日宴会，则要表现出对后辈成长过程的关心爱护和谆谆教诲。整个过程中要保持自己的微笑，切记不要在话语中带着敌意，避免过问和暴露你所知道的别人的隐私、缺点或者伤心的事情。如果在座的有你的领导，那么你在敬酒的时候可以委婉地说“我代表我的老板敬您一杯”，这样也会让你的领导觉得很有面子。

在宴会的过程中，不要争强好胜。应该根据以往的经验来估计一下自己的酒量，主动将自己在宴会上的饮酒量限制在平时酒量的一半左右，以免喝醉了给主人带来不便。无论碰上怎样的情况，都不要妄想超水平发挥，那样只会让自己当众出丑，也伤害了自己的身体。如果因为生活习惯或其他原因不能饮酒，可以礼貌地谢绝他人的劝酒。比如你可以告诉大家你不能饮酒的原因，可以用其他饮料代替酒水，可以委托朋友或助手代为饮酒，或者执意不喝杯中的酒。但是要记住，要喝就不要扭扭捏捏地假装推让拒绝，不喝就从头到尾一口也不要喝。

在他人为自己斟酒的时候，不要拿着酒杯乱躲乱藏，或者伸手去推酒瓶。不要将自己杯中的酒倒进别人的酒杯里，尤其是将自己喝了一点之后的酒倒入别人杯中，这些都是极不礼貌的行为，会让大家心里觉得不舒服，也许宴会之后就会对你敬而远之了。

敬酒的技巧妙就妙在它的千变万化，通过几句真情实意的话和几个小小的举动，就能加深人与人之间的感情，将主人和宾客的距离拉得很近。掌握好敬酒的礼仪，适度敬酒，会为这个宴会增光添彩，也会给主人带来更多人脉上的收获。

经典祝酒辞

◎爷爷生日祝酒辞

范例：

【致辞背景】生日宴会开席前

【致辞人】孙子

亲爱的爷爷：

今天是您××高寿，亲朋好友们都远道而来，齐聚一堂，在这里为您送上他们最诚挚的祝福。在这里，首先我要感谢各位来宾的到来，其次请允许我代表各位来宾向爷爷送上最温馨的祝福：祝爷爷福如东海、寿比南山、笑口常开、健康长寿。

风雨×年，我的爷爷看尽了流年，阅尽了人间沧桑。他勤劳的品格是一生中积累的最大财富；他善良的秉性是他从世事中得来的经验；他宽厚待人，严爱有加，在子女身上倾注了自己的一腔爱意。他的品格和为人处世的态度也在无形之中感化着我们后辈人，他的一言一行都在激励着我们不断地进步。如今爷爷年事已高，我们最大的愿望就是爷爷能够健康、开心，这对我们的家庭来说无疑是一笔可贵的财富。

随着岁月的流逝，爷爷告别了那些坎坷的岁月，迎来了今天晚年的幸福生活。爷爷，不管离您有多么遥远，我的祝福和思念都不会被距离冲散；无论我身在何方，都会牢记您的教诲，以您一生的作为为行事准则。在今天这个特别的日子里，祝福您岁岁平安，天天快乐！让我们用热烈的掌声，为爷爷送去祝福和关爱，祝福您晚年幸福，健康长寿，天天开心！

◎奶奶生日祝酒辞

范例：

【致辞背景】生日宴会开席前

【致辞人】孙子

各位亲朋好友、各位来宾：

大家好！

这是一个万物峥嵘的季节，不管是老朋友，还是老乡亲，还有不少从外地特意赶来的亲友们，我们大家在此欢聚一堂，共享天伦之乐，庆祝我奶奶的生日。在此，请允许我代表我的家人向各位的到来表示热烈的欢迎和诚挚的感谢！

我的奶奶至今已×高龄，在这×年的岁月中，我的奶奶不辞劳苦地将她的儿女们抚养成人，岁月的沧桑在她的额头留下了印记，将她的青丝染成了白发，但在儿女们的眼中，她的皱纹是美的，那是她对子女们殷殷心血的见证；她的白发是美的，那是她对沧桑生活的感悟！她的半生精力都用在抚养儿女上，一心一意，倾尽心血，而她的辛苦也没有白费。她的儿子，也就是我的爸爸×××，现在已经是一位非常成功的商业人士，她的女儿，也就是我的姑姑×××，现在是一位受人尊敬的人民教师。他们都牢记着我奶奶曾经的教诲：严以律己，宽以待人，在自己的工作岗位上兢兢业业。现在我们一家四世同堂，儿子勤奋孝顺，儿媳勤勉能干，这都是奶奶大半辈子辛劳的结果。

奶奶，在这里我要祝您能够福如东海，寿比南山。松鹤长春，春秋不老；古稀重新，欢乐悠长！同时，也祝愿在场的各位来宾都幸福平安，心想事成！让我们共度这美好的时光！干杯！

◎姥姥生日祝酒辞

范例：

【致辞背景】生日宴会开席前

【致辞人】寿星的外孙

各位亲朋好友、各位来宾：

大家好！

今天注定是一个欢天喜地的日子，因为在今天，我们迎来了敬爱的姥姥××岁的生日，也盼来了大家欢聚一堂，共同为我姥姥庆贺生日的时刻。在此，我代表我们兄弟姐妹向各位长辈、各位朋友的光临表示热烈的欢迎以及衷心的感谢！

今年对我姥姥来说是艰难的一年，她经历了重病的磨难。那三个月，对于我们家人来说每一天都是漫长的、黑暗的。我的姥姥以她的坚强、忍耐的品行和病魔不断抗争，终于健康地回到了我们的身边。她仍然以她的慈爱和安详，关注着我们的爸爸妈妈的生活，关注着我们的一举一动，为我们牵肠挂肚。在这里，让我由衷地向她说一声：姥姥，您辛苦了！

现在站在这里，感受着外面阳光温暖的照耀，感受着这温暖春风的吹拂，看到这么多亲朋好友齐聚在此，举杯庆贺。而我的姥姥满脸开心地站在我们中间，和大家谈笑风生，高谈阔论，此时此刻，真可谓一幅“亲朋共享天伦乐，欢声笑语寿满堂”人间画卷。我的心情，也是无比的激动和兴奋。在这个欢乐祥和的时刻，让我们大家举起手中的酒杯，恭祝我的姥姥身体健康，生活幸福，增福增寿增富贵！也祝愿在座的诸位都能够身体健康，工作顺利，家庭和睦！干杯！

◎姥爷生日祝酒辞

范例：

【致辞背景】生日宴会开席前

【致辞人】主持人

各位亲朋好友、各位来宾：

大家好！

在这个万物峥嵘、百花烂漫的暖春时节，在×年×月×日这个喜庆美好的日子里，我们欢聚一堂，在这里为×××老寿星庆祝他的×岁生日。在此，请允许我代表老寿星的一家向在场的来宾表示热烈的欢迎和衷心的感谢！

老寿星今年已经×岁高龄，在这几十年的人生风雨中，老人家经历了不平凡的事情，也取得了有目共睹的成绩。如今，那些艰难和困苦都成为了永远的历史，这些荣耀和光辉却能够永远留存，老寿星艰苦奋斗的精神在他的后代的身上得到了很好的传承。而我们的老寿星在经历了这么多人生风雨之后，依旧身体健朗，鹤发童颜，我们相信，在子女们的呵护和照顾下，在亲友们的关心和帮助中，老寿星一定能够益寿延年，长命百岁！

让我们一起举起手中的酒杯，恭祝老寿星：福如东海，寿比南山；春秋不老，松鹤长春。同时，也为在座的各位嘉宾送上我诚挚的祝福：祝愿每一位来宾都能生活幸福，身体健康，工作顺利，万事如意！今天，让我们在美酒佳肴中共度这快乐的时光！干杯！

◎爸爸生日祝酒辞

范例：

【致辞背景】生日宴会开席前

【致辞人】儿子

各位亲朋好友、各位来宾：

大家好！

在这个喜庆的日子里，我们很开心地迎来了我们敬爱的父亲××岁的生日，也很开心大家能够在今天来到这里参加宴会，为我的父亲送上你们可贵的祝福。在这里，我谨代表我的家人，对所有光临寒舍的人表示热烈的欢迎和衷心的感谢。

我们的父亲有着山一般的伟岸和坚强，他几十年如一日，含辛茹苦地养育我们，当我们渐渐长大成人之时，却也是他慢慢老去之日。曾经的指点江山意气风发已经不再，有的只是岁月沉淀下来的稳重和淡然。他的脸上被风霜刻下了皱纹，却散发着成熟的魅力；他的头上被岁月染上了霜雪，却给人坚毅的感觉。所以，在此时此刻，我们一定要用我们最诚挚的心，来感谢我们的父亲，感谢他这么多年的付出和辛劳，感谢他将我们养育成才，感谢他为我们的家庭撑起了一片不倒的天空。

我们也相信，在我们兄妹几个的共同努力下，我们的父母一定会健康长寿，我们的家业一定会蒸蒸日上！最后，再次感谢诸位领导、长辈和亲朋好友的到来！再次祝愿父亲晚年幸福，身体健康，天天开心！干杯！

妈妈生日祝酒辞

范例：

【致辞背景】生日宴会开席前

【致辞人】儿（女）

亲爱的朋友们、来宾们：

大家好！

今天是我的妈妈××岁的生日，所以今天是充满了开心和幸福的一天。首先，我要代表我的家人对大家的到来表示诚挚的感谢和热烈的欢迎。

每年的这个时候，我们一大群孩子能够回到父母身边，欢聚一堂，对于我们来说这是最开心、最幸福的事情，对于我的妈妈来说，更是如此。当我们围绕在她身边，陪她聊聊天，哪怕跟她犟几句嘴，她也会觉得很开心。看到妈妈幸福的笑脸，我们都恨不得能够天天陪在她身边，让她每天都能够这么开心地微笑。可偏偏，这又是我们每个人都有心无力的事情，我们大多数时间都要忙工作，还要照看自己的孩子，有时候甚至很长一段时间里都没办法回来看望父母。而我们的妈妈，还有爸爸，他们总是很理解我们，独自忍受着寂寞和孤独，默默地关爱着每一个儿女，默默地在心里为我们担心。

每一次这样的聚会，妈妈都会格外珍惜，也会感觉无比地快乐，而我们又何尝不是如此？妈妈的快乐就是我们的快乐，因为妈妈幸福，我们才会觉得更加幸福！天下的爱有很多种，而父母的爱是最无私、最伟大。我们很幸运能够拥有爸爸妈妈的这份爱，我们愿祈求上天，能让这份爱永远长久，绵绵无尽，让温馨的爱陪伴我们彼此一生。

我提议，让我们大家举起酒杯，祝愿我的妈妈健康长寿，平安幸福！同时，我也祝愿在座的各位都能够心想事成，家庭幸福美满！干杯！

◎岳父生日祝酒辞

范例：

【致辞背景】生日宴会开席前

【致辞人】女婿

尊敬的各位领导、各位来宾：

大家好！

今天是我的岳父×岁的生日，可谓是欢庆热闹，就连天公也作美，派了清惠和风为我们送来祝愿，派了悠悠白云为我们带来幸福，催开了无数鲜艳的花朵为我们庆祝！在这里，我代表我的家人向各位亲朋好友的光临表示热烈的欢迎，感谢大家多年来对我们的支持和帮助，谢谢大家！

在此，我首先要向我的岳父表示感谢。谢谢您愿意将您的女儿交给我，让我拥有了一个温柔体贴的妻子，也让我有缘结识这样一个优秀的家庭。我的岳父是个很正直的人，他生性耿直，不畏强权，始终恪守着自己做人的准则。不仅如此，他还教育我们要做一个正直的人，做人要诚实守信，做事要认真细致，要仰无愧于天，俯不怍于人。我的妻子就是这样的一个人，她的这种性格也在很大程度上感染了我，让我以更加严格的标准要求自己的行为处世。这是我的岳父在教育上的成功，更是他对社会最大的贡献。

今天，我要祝我敬爱的岳父生日快乐，身体健康！希望您在以后的每一天都能够开心快乐，平安幸福地度过人生。我也郑重向您保证，我会好好照顾您的女儿，让您放心；我会牢记您的教导，严于律己；我和我的妻子也会更加孝顺您和妈妈，让您成为天底下最幸福的父母！

我提议，让我们大家举起酒杯，为了我的岳父能够身体健康，一生平安，也为了今朝大家能够有缘相聚在这里，干杯！

◎岳母生日祝酒辞

范例：

【致辞背景】生日宴会开席前

【致辞人】女婿

尊敬的各位领导、各位来宾：

大家好！

今天在一片欢乐祥和的气氛中，我们迎来了我岳母的×岁生日。听，那窗外鸟儿的鸣叫，难道不是在为今天的寿星祝贺？看，那飘逸的鲜花，难道不是在为今天的气氛增光添彩？承蒙各位从百忙之中抽空前来，在此，我代表我的家人对你们的到来表示热烈的欢迎和诚挚的感谢！

此刻，我的心情十分激动，也很高兴。首先，我代表所有的晚辈向岳母献上我们最真挚、最温馨的祝福！这么多年来，岳母用超过常人的艰辛养育了她的儿女们，她用她的细心和认真教导着她的儿女们努力学习，用她的勤劳和善良感染着她的儿女们好好做人。如今，她的儿女们个个事业有成，家庭美满，她身上优秀的品德和宽厚的处世方式也被我们后人所继承着，这一切都让我们感觉十分幸福。在这里，我祝愿我的岳母能够身体健康，笑口常开，福如东海长流水，寿比南山不老松，幸福快乐地度过人生的每一天！

最后，让我们举起酒杯，共同祝愿我的岳母能够身体健康，万事如意，笑口常开！同时，也祝愿在座的各位天天都有好心情，月月都有好收入，年年都有好身体，终生有个好家庭！干杯！

◎老公生日祝酒辞

范例：

【致辞背景】生日宴会开席前

【致辞人】妻子

亲爱的朋友们、来宾们：

大家好！

今天是我老公的生日，很高兴各位朋友能够在这个令我们难忘的日子里来到这里，为我们带来了如期而至的快乐和幸福。今天，就请大家随意吃，畅快喝，共同和我们度过这美好的时光。

一年的时间一晃而过，为我们留下了太多的回忆和感受。这一年里，我们经历着平凡而又普通的生活，和千万对夫妻一样，我们拥有过快乐和浪漫的时光，也为小事争吵过生气过。而我想说的是，老公，因为我身边的人是你，所以我会觉得我们的每一天都是特别的。当我们之间发生矛盾的时候，不管是谁的错，最后你都会向我道歉，安慰我不让我再生气。正是你的这种宽容和不计较的态度，在维持我们的生活和睦上起了很大的作用，我们的感情才能一直这么稳固。老公用他坚实的臂膀保护着我，用他男人的刚强照顾着我，给了我最安全的依靠。老公，借此机会，我想对你说，谢谢你这么多年对我的理解和包容，谢谢你对我的爱护和信任，希望我们以后能够更加恩爱、和睦地走下去。

最后，我要告诉我的老公，你永远都会是我的骄傲。

大家干杯！

◎老婆生日祝酒辞

范例：

【致辞背景】生日宴会开席前

【致辞人】老公

亲爱的朋友们：

大家好！

很高兴大家能够来到这里，参加我太太的生日会。我的太太已经陪我走过了×年的人生路程，自从我们相识、相爱，到共同步入婚姻的殿堂，这一路走来，我们一直携手并肩，走过了人生的风风雨雨。能够拥有这样的妻子，我觉得真是三生有幸。请大家允许我对我的妻子说几句。

老婆，谢谢你在你众多优秀的追求者中选择了其貌不扬的我。我不是个浪漫的人，情人节不懂得给你送玫瑰花；我不是个细心的人，经常会把家里搞得一团糟。可是你还是坚定地牵起了我的手，陪我走到现在，你说只要我有这份心意就好。

老婆，我虽然没有万贯家财，可我会用我的一颗心好好爱你；我虽然不会说甜言蜜语，可我会用我的行动表达我对你的爱。我今天在这里郑重地重复我在婚礼上的誓言：我会宠你爱你一辈子，会让你成为世界上最幸福的女人，请你相信我，我们一定会成为最幸福的一对。

很多人都说，爱情开始时炽烈的激情会随着时间的流逝慢慢淡去，剩下的只是平淡的流年。但是，我相信我们当初勾着小指头许下的约定不会在时间里湮没，我们的手会越拉越紧，我们的爱情一定会永远坚贞如昨。

今生今世，你是我的唯一和至爱之人，让我们一起漫步在人生的道路上，寻找属于我们的幸福，追求属于我们的快乐人生。爱你，我今生无悔！

最后，祝愿在座的各位都能够爱情甜蜜，事业顺心，干杯！

◎领导生日祝酒辞

范例一：

【致辞背景】生日宴会开席前

【致辞人】下属

尊敬的领导、各位来宾：

大家好！

今天是×××先生的生日宴会，能够受邀参加这一盛会并发表讲话，我深感荣幸。首先请允许我代表我的家人向×××先生致以我最诚挚的祝贺！

×××先生是我们公司领导核心之一，他对公司的付出和贡献我们都有目共睹。为了公司的工作和业务，他经常会工作到很晚；为了自己的事业，他不遗余力地打拼着。他忘我的精神无数次地打动过我们，他对事业的执著更令我们感到佩服，而他在事业上取得的成就也就水到渠成，令我们每个人都敬佩不已，他的精神值得我们每一个人学习。

在庆贺他的生日之际，也勾起了我无尽的回忆。当我在工作上遇到困难的时候，是他帮我解决；当我心情陷入低潮的时候，是他的关爱让我振奋起来；当我陷入迷茫的时候，是他的教诲引导我作出正确的选择。在感激您的帮助之余，我祝您青春永驻，永远意气风发！

人海茫茫，我们作为沧海一粟，能够相遇相知，并为了同样的人生理想而奋斗，这是一种珍贵的缘分。希望我们能够守住这份缘，让我们之间的友谊万年长青！在此，请大家举杯，让我们共同为×××先生而干杯！

范例二：

【致辞背景】生日宴会开席前

【致辞人】下属

尊敬的各位领导、各位来宾：

大家好！

今天是我们×总××岁的生日庆典，能够受邀参加这场盛会，我深感荣幸。在这里，请允许我代表我的家人向×总致以生日的问候，并祝他生日快乐，身体健康！也借此向在座的各位长辈表达我诚挚的祝福和问候！

一个人能成功，关键在于日积月累；一个人的事业能建立起来，关键在于坚忍不拔。×总从创业初期走到现在，正是凭着他强大的意志和不屈不挠的奋斗精神。随着时光的飞逝和时间的交替，现在×总在事业上独秀一支，在精神状态上也有着年轻时的风采，有时他甚至比血气方刚的小伙子还有干劲。在同龄人中，他是当之无愧的佼佼者。在此，我们也祝愿×总能够永远都这么有活力，永远拥有年轻的心！

今天，我们大家欢聚一堂庆祝×总生日，此时此刻我不由自主地想起了×总对我的教诲。是他的关心支撑着我渡过了工作上的难关，是他的教诲引导着我朝着自己的人生理想迈步。他犹如长辈一样，让我懂得了做人的道理和人生的真谛。在感激的同时，我就奉上我最真诚的祝愿：祝愿您的家人身体健康，事业更上一层楼，取得更加灿烂的成就，拥有一个七彩亮丽的人生！

最后，请大家举杯，让我们共同为×总的生日献上真挚的祝福，干杯！

◎恩师生日祝酒辞

范例：

【致辞背景】生日宴会开席前

【致辞人】学生

尊敬的各位老师、亲爱的同学们：

大家好！

今天，我们欢聚一堂，共同庆祝我们敬爱的老师×××的生日，为恩师送上祝福，祝他身体健康，幸福快乐！

×××老师是一位爱岗敬业、体贴学生的好老师。每天，我们坐着的时候，老师站着；我们玩乐、偷懒不想学习的时候，老师在辛辛苦苦地备课，为了让我们更好理解这些知识笔耕不辍。当他站在这三尺讲台上，口吐朱玉，手写江山。我们也将这层层叠叠的知识刻进了自己的人生。粉笔短了，老师的头发白了，我们的腰杆却直了。

在我们的学习过程中，老师给了我们许多帮助和关心。他不仅关心着我们的学业，也在生活上给予了我们很多照顾和关爱。他的生命像一团火焰，燃烧了我们的青春；他的生活像是一支歌曲，带领着我们向知识的殿堂孜孜不倦地渴求。在人生的旅途上，老师风雨兼程，迎来一届又一届的学生，用知识将他们哺育得勤勉优秀，然后将他们送向更高的学府。历经数十载，老师的无私奉献，让我们为之敬佩。

现在，我提议，让我们都举起手中的酒杯，向我们亲爱的老师敬上三杯酒。第一杯，祝我们的老师生日快乐；第二杯，感谢老师的教诲让我们成长，感谢他为我们所付出的一切；第三杯，祝福老师长命百岁，永远健康！干杯！

◎朋友生日祝酒辞

范例一：

【致辞背景】生日宴会开席前

【致辞人】朋友

各位来宾、亲爱的朋友们：

晚上好！

伴随着金秋十月的阳光雨露，迎着秋日飒飒落叶的优美旋律，我们迎来了×××先生的生日。烛光掩映着我们每个人的笑脸，歌声在我们的心里荡漾起温馨的涟漪，在这里，我代表各位祝×××先生生日快乐！

朋友这两个字，真的是重如千斤！俗话说得好，在家靠父母，出门靠朋友。在这个世界上，人不能没有亲人，也不能没有朋友。朋友应该是怎样的人呢？他应该是你伫立在窗前看雪的时候，递过来的一杯热茶；是当你在滂沱大雨中狼狈不堪地躲避之时，递过来的那把雨伞；应该是你内心烦闷，无可发泄之时，递过来的一只坚定的手。只有拥有了这样的朋友，我们的生命才是完美的，我们才能够在快乐的时候有人一起分享，悲伤的时候有人陪你一起发泄，我们的生命才会更加美好。

×××先生无疑是这样一位好友。自从认识了他以后，他的乐观和幽默一直影响着我们，感染着我们。当你取得了成绩的时候，他会为你感到高兴；当你遇到困难的时候，他会把你的事情看成是自己的事情一样去解决，给予你无私的帮助；当你心情低落的时候，他会陪你安静、陪你疯、陪你闹，直到你将内心的郁愤全都发泄出来……是的，他就是这样一个大度的人。能够认识他，并和他结为挚友，我很高兴！

来吧，各位朋友！让我们举起手中的酒杯，祝福××先生工作顺利，身体健康，家庭和睦，也祝愿我们的友谊可以万古长青！干杯！

范例二：

【致辞背景】生日宴会开席前

【致辞人】朋友

各位来宾、亲爱的朋友们：

晚上好！

正值五月春意盎然的好天气，在这样一个生机勃勃的春天里，我们迎来了好朋友×××的生日。听人们说，在春天里出生的人都美丽、聪明，因为春天给了万物生命，带来了久违的温暖，破除了冰雪带来了希望。×××就验证了这句话的正确性，她气质高雅，举手投足间落落大方，全身上下散发着自信和成熟的味道。

××年前，一个普通家庭出身的她的第一声啼哭和千万个婴儿的哭声没什么两样；然而，经过了这××年成长和经历，她走出了不同凡响的人生之路，唱出了一曲独属于她自己的人生的歌。她才华横溢，让我们发自心底地佩服；她有着别的女人所没有的刚强，让我们不由自主地赞叹；她有着过人的聪明才智，让我们自叹不如。难能可贵的是，她还拥有一副热心肠，朋友们谁有了困难，她总是第一个冲出来帮忙，谁受了欺负，她总是打抱不平。我们很高兴能够认识这样一位朋友，她给我们的生活中带来了很多快乐，给我们的生命增添了很多光彩。

在这个百花盛开的美好时节，伴随着醉人的美酒，倾听着舒缓的音乐，让我们共同举杯，祝我们的朋友笑口常开，永远幸福！祝她能够早日遇到她的白马王子，拥有一生的挚爱和幸福！也希望我们的友谊能够地久天长！干杯！

◎同学生日祝酒辞

范例：

【致辞背景】生日宴会开席前

【致辞人】同学

各位来宾、亲爱的同学们：

伴随着岁月的钟声，我的老同学×××将要在今天度过他的××岁生日，我们和在座的各位一起，在这个欢乐的时刻，为他送上我们最诚挚的祝福。

×××是个真诚的人，无论是在学习中，还是在工作上，他一直都是我的榜样。我和他同学多年，他学习刻苦、勤奋上进，在我无助的时候是他伸出了自己的双手，帮助我渡过了难关。当我遇到困难的时候，他也曾毫不犹豫地给我无私的帮助。参加了工作以后，他对工作始终保持着一成不变的热情，他认真的工作态度也深深地感染了我。而这样的人生态度也为他迎来了事业和人生的成功，他的精神值得我们每一个人学习。

同学之间的情谊是纯真难忘的，虽然现在的我们都已经不再青春年少，光阴已经在我们的额头刻下了印记，但是我们在年轻的岁月中共同拼搏的那一段黄金时光会成为我们永远的记忆，我会将这段同学情牢记心中。

在这个开心幸福的日子里，让我们共同举杯，祝愿×××能够身体健康，万事如意，祝愿他能够在事业上更上一层楼，祝愿幸福永远缠绕在他的身旁！

◎战友生日祝酒辞

范例：

【致辞背景】生日宴会开席前

【致辞人】战友

各位来宾、各位战友：

大家好！

春秋变换，岁月轮回，今天我们在这里共同庆祝我们的战友×××的××岁生日。在这里，请允许我代表我们所有的战友兄弟，向各位亲友和来宾致以热烈的欢迎和衷心的感谢。谢谢大家在今天能够前来参加宴会，也谢谢大家对我们所有的支持和帮助。

几十年的风风雨雨，我的战友依然保持着他勤劳勇敢、善良正直的品格。早年在军队中，我们就结下了深厚的战友之情。在我们这群人中，数他的专业素质最过硬，枪法最准。他宽厚待人、与人和善，在多年的军队生涯中，他就像邻家大哥一样处处照顾着我们、关照着我们。我们都是来自五湖四海，却在他的照顾下感受到了家的温暖。

我们在一起经历过种种困难之事，共渡了很多难关。在我一度情绪低迷的时候，×××曾经伸出了无私的手，帮助我度过了那段失落的日子；在我遇到困难的时候，也是×××给了我可贵的帮助，让我顺利脱离困境。他给我的帮助，我永生难忘，能够认识他并和他成为一生的挚友，我觉得是我这辈子最大的幸运。现在，虽然离开了部队，但他在生活和工作上，依然以一个军人的标准严格地要求着自己，无论何时何地他都从内心深处热爱和支持着国家和部队的建设。在我们战友兄弟的心目中，他永远是一个伟大的人。

各位来宾，让我们一起将生日蜡烛点燃，祝愿我的战友身体健康，阖家团圆！也祝愿所有在座的各位能够幸福安康，事业发达！干杯！

◎退休老干部生日祝酒辞

范例：

【致辞背景】生日宴会开席前

【致辞人】晚辈

尊敬的各位领导、各位来宾：

大家好！

很高兴大家能在今天欢聚一堂，共同庆祝我们的寿星×××老人的生日。×××作为一名光荣的退休干部，他曾在自己的工作岗位上发挥聪明才智，为国家建设和社会的发展做出了重要的贡献。虽然现在他已经离开了工作岗位，但是单位却仍然流传着他的传说，哈哈。

×××是一位德高望重的前辈，在工作岗位上，他付出了他一生的精力和心血。他心细如发，一丝不苟地对待每一项工作。为了研究一个数据，他曾经通宵达旦地忘我工作，直到将一切都计算透彻才放下手中的纸笔。单位有些新同志对工作较为陌生，他手把手地教，直到每个人都轻车熟路。他就是这样，默默无闻地做着贡献，从来不计较自己付出了多少，任劳任怨地在自己的岗位上发光发热。如今，他从工作岗位上退了下来，将更广阔的天地留给了我们这些年轻人。在这里，我代表我们所有后辈向您郑重地表示：我们一定接过你们手中的旗帜，将你们的精神传承下去，在工作上认真负责，力求上进，沿着你们的足迹稳步前进。

俗话说，“老骥伏枥，志在千里。烈士暮年，壮心不已”。在此，让我们共同举杯，祝愿前辈们晚年幸福，老有作为，继续发挥余热，做出贡献。祝愿前辈们身体健康，长命百岁！干杯！

◎满月宴祝酒辞

范例一：

【致辞背景】生日宴会开席前

【致辞人】来宾

各位亲朋好友、各位来宾：

佳节刚过，喜事又临。今天是×××先生的千金满月的大喜日子，喜庆的气氛笼罩在这里，感染了我们每一个人。在此，我代表来宾朋友们向×××先生和他的爱人表示真挚的祝福，祝愿你们的小宝贝能够健康快乐地成长，幸福地度过每一天。

我们都已经走过了人生的30多个年头，当我们在生活中感悟着自身经历，收获着人生经验的时候，我们也深切地意识到在这个世界上，最重要的东西就是生命。一个新生命的降临是多么值得欣喜，她带给我们快乐和欣喜，让我们初尝为人父母的辛酸苦辣，更重要的是她让我们的生命和血脉得到了延续。可以说，每个孩子，都是上天送给每对夫妻的礼物。

×××先生是一个优秀的人才，他心胸宽广、待人宽厚、性格平和，相信他的千金在未来的日子里，一定会从他的身上吸取所有的优点，成长为一名活泼大方、善良宽容的好姑娘。他们一家，会给这个世界带来美妙的音符，会拥有属于他们的美丽人生。

让我们共同为这个新的生命祝愿，祝愿×××先生的千金健康成长，同时也祝愿各位朋友的下一代都能够茁壮成长，做国家的栋梁之才！顺祝大家身体健康，事事顺心，全家幸福！干杯！

范例二：

【致辞背景】生日宴会开席前

【致辞人】妈妈

各位亲朋好友、各位来宾：

大家好！

今天风和日丽，是一个吉祥如意的好日子。我们全家高兴地迎来了我们家的小宝贝×××满月的日子。首先我要代表我的全家，欢迎各位的光临，并对大家的到来表示最诚挚的感谢。看着躺在襁褓中熟睡的小婴儿，我的内心充满了激动和幸福之情，在此我要向各位三鞠躬，以表达我此时此刻的心情。

一鞠躬，是要感谢大家的到来，谢谢大家能够到此和我们一起分享这份喜悦，你们的到来和祝福，使我们今天的喜庆更加真实，我们也会更加珍惜我们之间的友情和感情。

二鞠躬，是要感谢大家一直以来的关心和照顾。在我怀着宝宝的时候，亲戚朋友们给了我们很多的帮助，让初为父母的我们不至于手忙脚乱。我和丈夫升级做父母，这在我们全家可是一件具有里程碑意义的大事，一时间所有人的目光都集中在这个新生的小宝宝身上。我和丈夫到现在为止，虽然做父母只有一个月的时间，但是我们已经完全感受到了养儿的不容易，也深刻理解了我们的父母曾经的辛劳。在这里，除了要感谢我们的父母，还要感谢我们的亲朋好友和领导同事们，正因为各位的关心和支持，我们才能生活甜蜜，工作也顺利地继续下去。在此还望大家能够一如既往地支持和帮助我们。

三鞠躬，是我要为大家送上我的衷心祝愿。祝愿大家都能工作顺利，家庭美满！

范例三：

【致辞背景】生日宴会开席前

【致辞人】爸爸

各位亲朋好友、各位来宾：

大家好！

今天，惠风和畅，天气晴朗，我们在这里准备了一些简单的酒菜来庆祝我儿的满月。同时，能够邀请到大家前来参加我儿的满月宴，我深感荣幸和喜悦，也非常感谢大家能够前来。今天希望大家都能够吃好喝好，如果有招待不周的地方，还请大家见谅。

初为人父，我的喜悦之情真的很难用语言表达。每当看到儿子天真无邪的笑脸，听着儿子有劲的哭声，我都能感觉到从心底油然而生的快乐。在此，我要感谢带给我这一切的我的妻子。她辛辛苦苦十月怀胎，才孕育了这个健康可爱的小家伙，在这里我要向她说一声，亲爱的老婆，你辛苦了，我爱你。

同时，我也要感谢在座的各位领导、各位亲人和我的朋友们。你们在我的工作上给了我很多支持，在生活上照顾了我很多，在你们身上，我学到了为人处世的真诚，学到了做事情的脚踏实地，我也会用这些优秀的品格去教育我的孩子，让他在以后的人生中，成为一个乐观向上、积极健康的人。

最后，再一次感谢各位的到来。薄酒素菜不成敬意，但是礼轻人意重，希望大家在以后的生活中，天天开心，事业有成，家庭幸福！谢谢大家！

◎周岁生日祝酒辞

范例一：

【致辞背景】生日宴会开席前

【致辞人】爸爸

各位亲朋好友、各位来宾：

大家好！

首先，请允许我代表我的家人，向大家致以最诚挚的问候和感谢，欢迎大家光临我儿子的周岁宴会。此时此刻，我和我妻子的心情都很激动，至于这个小家伙，想必他的心情也十分兴奋，因为今天是他来到这个世界上整整365天的日子。

在这过去的一年里，我和妻子都感受到了为人父母的不易，养儿育女确实是一件无比辛劳的事情，孩子的每一个动作都牵扯着我们的心，但是在这辛苦和忙碌之中，我们也感受到了为人父母的幸福和自豪。今天在座的也有我们的父母，他们对我们的养育之恩我们无以回报，今天就借此向他们说一声：谢谢了！并祝愿他们健康长寿，平安幸福地度过生命中的每一天。

在过去的一年里，在座的朋友们给了我们很多无私的帮助，让我感觉到人间的真情和温暖。在这里，我代表我们一家三口向大家致以诚挚的感谢！并希望在以后的日子里，各位亲朋好友仍旧能够对我们进行善意的批评和指导，愿我们的友情可以万古长青！

今天，我们邀请各位欢聚一堂，虽然饭菜不是多么丰盛，但是我们的心意是实实在在的；虽然酒水很清淡，但是我们的感激是真心实意的。如果有招待不周的地方，还请大家海涵，让我们举起酒杯，祝愿各位工作顺利、万事如意！谢谢大家！

范例二：

【致辞背景】生日宴会开席前

【致辞人】妈妈

各位亲朋好友、各位来宾：

大家好！

时光荏苒，岁月如梭，转眼间时间已经又走过了一年，这一年是平凡的一年，但这一年对我们来说，却是非同寻常的。因为在过去的一年里，我们的家庭多了一个小成员，我们的宝贝×××。

一年前，他来到了我们的身边。我们一开始对他的哭闹总是手足无措，到后来已经能够熟练地给他换尿布了，在这个过程中我们无比辛苦和劳累，但是我们的脸上始终洋溢着幸福的微笑。

这一年对这个小宝贝而言，可能是懵懂无知、充满好奇的一年，他的大脑里也许不会留下任何印记。但对我们一家人来说，真是鸡飞狗跳的一年。每个人都惦记着他，远方的亲人给他的祝福，身边的亲朋送他的玩具，他能够拥有这么多的爱和关注，我感到非常高兴，并在此对大家致以诚挚的谢意。同时，我也是这么感激我的小宝贝，在这一年里，我的心理和生理上产生了巨大的变化，是他让我从一个依赖老公的小女人，成长为一个坚强而又独立的女性。他是上天派下来送给我们的精灵，除了更深沉、热烈的爱，我们也没有什么能够给他的了。

最后，让我们大家都举起手中的酒杯，在此祝愿我的小宝贝能够健康成长，也祝愿大家都能够工作顺利、心想事成、家庭幸福！

◎10 岁生日祝酒辞

范例一：

【致辞背景】生日宴会开席前

【致辞人】爸爸

各位亲朋好友、各位来宾：

大家好！

今天是我的儿子（女儿）×××10 岁的生日，很高兴能够有这么多亲朋好友到场庆祝，我代表我的全家向各位表示热烈的欢迎和衷心的感谢。

10 岁是一个美好的年龄，这个年龄代表着他（她）刚刚感受到生命的华美，又尚未受到社会和俗事的沾染，正是应该无忧无虑成长的阶段。这是他（她）人生路途中的第一个里程碑，在此，我祝愿我的儿子（女儿）生日快乐，希望他（她）在以后的生活中能够健康快乐地成长，努力学习，成为一个知书达理、懂礼貌的好孩子。

同时，×××的健康成长也离不开各位的关心和帮助，希望大家能够继续给予他（她）关心和帮助，相信大家的支持会给他（她）的生命中注入更多动力和活力，他（她）一定会在大家的目光中成长得更加优秀和坚强。我也会牢记大家为他（她）付出的一切，感谢你们在他（她）的成长道路中洒下的每一滴汗水。

最后，让我们举起手中的酒杯，祝福他（她）有一个美好的人生，也祝愿在座的各位都能够天天开心，事事如意！干杯！

范例二：

【致辞背景】生日宴会开席前

【致辞人】妈妈

各位亲朋好友、各位来宾：

大家好！

春去秋来迎来了一年新的开始，花谢花开中我的儿子×××的生日到来了，今天是他年满10岁的生日，很高兴大家都能够前来捧场，和我们的家人一起享受这快乐的一天。对你们的到来，我表示热烈的祝贺和诚挚的感谢。

作为母亲，我深刻地感受到了×××这些年的成长和进步。小时候他只知道到处乱跑，丝毫不顾大人的担心，四处淘气、撒野。现在，他已经会在我下班的时候问我累不累，每天会很乖地做作业、看动画，无聊的时候会缠着爸爸讲故事。看着他一点一滴地成长，我的心里时时会感到喜悦和幸福。孩子是上天送给父母最好的礼物，真的是这样，有了他的陪伴，我觉得我的生命也变得多姿多彩起来。

在此，还要感谢在座的各位，在他的成长过程中，你们都给予了他无私的关怀和呵护，让他在温馨、和睦的环境中成长，让他感受到了亲情和友情的可贵，我相信大家的爱护会在他幼小的心灵中埋下种子，他以后一定会成为一个懂得感恩的好孩子。

让我们举起手中的酒杯，在祝愿我的儿子能够健康成长的时候，我也为大家送去我的祝福，希望在座的各位都能够事业有成，家庭幸福，拥有一个幸福美满的人生！干杯！

◎18岁生日祝酒辞

范例一：

【致辞背景】生日宴会开席前

【致辞人】爸爸

各位亲朋好友、各位来宾：

大家好！

伴随着清晨的第一缕清风，遥望着天边第一缕晨光，我的儿子迎来了他全新的人生——今天，是他18岁的生日，是他成为真正的大人的一天！在此，很高兴大家能够前来参加我儿子18岁的生日宴会，对各位的到来，我表示热烈的欢迎和衷心的感谢！

不得不说，时间真的是个很神奇的东西。看着眼前这个身材挺拔、彬彬有礼的儿子，我恍惚觉得，他还是十几年前那个在地上打滚撒泼的淘气小男孩，没想到时光飞逝，他在我们不知不觉之间已经长大成人，马上就要步入成年人的行列了。在这里，首先我要特别感谢我的爱人，她在我儿子身上倾注了她全部的精力，在她悉心的关心和教导下，我们的儿子才能够健康快乐地成长。

其次，我想告诉我的儿子，从现在开始，你不再是天真的小男孩，而是一个真正的大人了。你要学会坚强、独立和担当，你的肩膀需要扛起你对你自己、对父母的责任，以后还要扛起属于你自己的家庭；你要学会思考，不能再事事都依靠别人；你要学会和别人相处、打交道，学着怎么去做一个受人尊重的人。家庭和社会的责任都是很重很重的，你要学会用你瘦弱的肩膀将这一切都承担起来，你才能成为一个顶天立地的好男儿！

当然，不管怎样，你永远都是我和你妈妈心里的宝贝儿子，永远是我们的骄傲！

我提议，让我们大家干了这杯酒，庆祝小儿长大成人，祝愿他在以后的人生道路上每一步都能走得踏踏实实，也祝愿在座的各位身体健康，笑口常开！干杯！

范例二：

【致辞背景】生日宴会开席前

【致辞人】老师

各位来宾、各位同学：

大家好！

今天是我们班的×××同学18岁的生日，首先，我代表全体师生祝你生日快乐，并向你的家人致以诚挚的问候和衷心的祝贺！

18岁是一个令人羡慕的年龄，是一个神圣而美丽的字眼。它意味着从今以后，你们要担负起更大的责任，承担起更大的使命，思考更加深刻的人生道理，去探求更丰富的知识，让你们的思想变得丰富，让你们的生命充实起来。你们要告别过去的自己，过去的任性、鲁莽、青涩，这无知的孩童岁月将要成为过去，你们要开始一个新的征程，将要体会到不一样的滋味。因为你们长大了，你们将要开始属于自己的真正生活，经历挫折、失败，最后成功，经历艰辛和努力，最后会得到幸福，去付出，最后才能获得收获。

在这个特殊的日子里，你们似乎应该有所感慨。一个人从啼哭声中来到这个世界上，经历六千五百七十个日夜，成长为一名成年人，在这段漫长的时间里，是你们的父母含辛茹苦陪着你们走过的。当你们跌倒哭泣的时候，是他们为你们擦干了眼泪；当你们偷懒贪玩的时候，是他们鞭策着你们勤奋努力；当你们做错事情的时候，是他们为你们收拾烂摊子。天下最爱你们的人就是你们的父母，所以，在今天这个庄严的时刻，你们应该向父母表达自己的感激和敬爱之情！

今天，×××同学会在我们注视的目光中，带着家人殷切的希望和祝福，踏上他全新的人生征程。在未来的人生岁月，我希望可以看到你们的羽翼一天天丰满起来，去勇敢地搏击长空；希望你们能够脚踏实地地做人，勤劳认真地做事，带着你们的信念和追求，用你们的勇气去开创属于自己的新生活。让我们举起手中的酒杯，祝×××同学生日快乐，也祝愿大家都能在人生的道路上，不懈拼搏，步步精彩！

范例三：

【致辞背景】生日宴会开席前

【致辞人】小寿星

各位亲朋好友、各位来宾：

大家好！

首先，欢迎大家今天前来参加我的 18 岁生日宴会，共同庆祝我的生日，我在这里代表我的家人向大家的到来致以热烈的欢迎和诚挚的问候。

18 年前的今天，一声嘹亮的啼哭宣布我来到了这个世界上，我的爸爸妈妈怀着喜悦的心情迎来了他们爱情的结晶。时光如流水一样飞逝，今天，我已经从当初那个在襁褓中呱呱啼哭的小婴儿成长为今天这个风流潇洒、玉树临风、人见人爱、花见花开的英俊少年了。哈哈。在这漫长而又短暂的十八年中，我的爸爸妈妈一直精心照料和呵护着我，亲戚朋友们一直关注着我的成长，我的老师和同学也给了我很多帮助和支持。正因为你们的照顾，我才能健康快乐的成长。

在此，我要对我的爸爸妈妈说，从今天开始我就是一个真正的中华人民共和国公民了，我一定会有“大人”的样子，少犯错误少淘气，好好学习天天向上，让他们少为我操心。如果说今天的我只是一只稚嫩的小鸟，刚刚展开我的翅膀，那么，明天我就要像雄鹰一样，振翅飞翔，搏击长空！我知道，他们会一如既往地支持我、保护我，谢谢我的爸爸妈妈，我爱他们！

同时，我代表我的家人向在座的诸位送上真诚的祝福。祝大家身体健康，工作顺利，生活幸福，万事如意。在此感谢大家能够在百忙之中光临我的生日宴会，希望大家今天放开了吃，一定要吃得开心，玩得尽兴！谢谢大家！

◎30 岁生日祝酒辞

范例一：

【致辞背景】生日宴会开席前

【致辞人】寿星

各位亲朋好友、各位来宾：

大家好！

首先，很高兴大家都能前来参加我 30 岁的生日宴会，也十分感谢大家在百忙之中前来，我代表我的家人对你们的到来表示热烈的欢迎。

人们常说，30 岁是条分界线，30 岁以前的青春和容颜是最美丽的，30 岁之后的容颜虽然少了外表的美丽，却多了内涵，这是永远都不会磨灭的美丽。30 岁的我已经人到中年，回想 20 岁的天真烂漫，虽然恍如昨昔，但已成为历史；回想 20 岁时的健康和活跃，虽然尚存痕迹，但已少了很多争强好胜的心。经历过人生百态，看尽了人间冷暖，剩下的只有一颗处变不惊和宽容忍耐的心，这一切都是在岁月的流逝中经历了世事变换之后沉淀下来的宝贵经验。

30 岁是人生最宝贵的一个阶段，我愿意怀着感恩的心情，对我所经历的一切事情说“谢谢”，无论是好的还是坏的，我都愿意感谢，因为它们让我的生命变得充实而饱满。同时，我要感谢我的父母，感谢他们给了我生命；感谢我的老公，他为我们的家撑起了一把保护伞；感谢我的儿子，他

让我感到了无可比拟的快乐和幸福；感谢我的亲朋好友，你们的关心让我觉得温暖和幸福。在以后的人生道路上，我希望我自己能够不负你们的期望，走得更加坚定、更加稳重。

为了我的这份成熟，也要祝愿大家都能够心想事成，幸福万年！干杯！

范例二：

【致辞背景】生日宴会开席前

【致辞人】老公

尊敬的各位领导、各位来宾：

大家好！

时光如同流水一般逝去，转眼之间又是一年时间过去。今天，我亲爱的老婆迎来她的30岁生日。在这个特别的日子里，首先我要代表我的家人感谢大家能在百忙之中抽空到此参加我老婆的生日宴会，希望大家今天能够吃好玩好，这就是给我们夫妻俩最好的礼物了。

也许是上天的安排，我和我的老婆在茫茫人海中邂逅，从此我们牵起了彼此的手，共同生活在一起。从我们结婚以来，我的老婆为我付出了很多。她以前是一个连家务活都没干过的娇气的千金小姐，可是现在她会做饭、洗衣服，将家里整理得井井有条，还把我的儿子教得礼貌、懂事。也许在大家看来，这些都是身为人妻应该做的事情，但是我知道我的老婆付出了多少心血来照顾我和我们的儿子，她想让我们的家庭生活更加和睦更加温暖。借着今天的机会，我要说，老婆，你辛苦了！从今天开始，你不许再这么辛苦了，由我和儿子照顾你！

在今天这个快乐的日子里，我要祝福我的老婆生日快乐！老婆，你说你不喜欢过生日，因为每过一个生日就代表你老了一岁。但是我要告诉你，在我心里你永远都是最漂亮的，你的美丽与外貌无关、与年龄无关，你的美在你的心灵，你永远都是我最宠爱的天使！我还要感谢上天把你派到了我身边，让我能在每年的这个时候都能够为你的生日祝福，为你的人生喝彩！

最后，请大家都举起手中的酒杯，祝福我漂亮的老婆能够永远无忧无虑，永远年轻漂亮！在此，我也要为在座的各位送上我的祝福：祝大家身体健康，家庭和睦，工作顺利，事业有成！干杯！

范例三：

【致辞背景】生日宴会开席前

【致辞人】老婆

尊敬的各位领导、各位来宾：

大家好！

今天是我老公的30岁生日，非常感谢大家能够在这个喜庆的日子里到此和我们共同庆祝，我代表我的家人向大家致以热烈的欢迎和最诚恳的谢意！

首先，我必须向我的公公和婆婆表示我最诚挚的敬意和感谢。在30年前的今天，是我的婆婆怀着巨大的勇气，将我的老公送到了这个世界上。在这30年里，是他们细心教导和养育他成长，这才能让我遇到这样一个优秀的人，拥有了幸福的生活。借此机会，我要向他们表达我内心的感激和祝福：谢谢你们培养出了这样一个优秀的儿子，他给我带来了很多幸福，我也会一直陪在他身边，一起孝顺你们。

其次，我很感谢我的老公。在我们恋爱的时候，他就容忍着我的各种坏脾气，结婚以后更是处处让着我。我们的婚姻生活能够始终维持着最初的甜蜜的温馨，我的老公功不可没。老公，在这里我要对你说，在我心里你是最棒的，你工作辛苦，我都看在眼里，你为了这个家起早贪黑的忙碌，我都记在心里了。以后我会更加理解你，少发些不该发的脾气，希望我们的生活能够一直这么甜蜜下去，让爸爸妈妈少操一点心。

从我和我的老公相遇到现在，我们已经在一起过了×个生日了。希望以后我们的每一个生日，我们都能够在一起度过，直到永远。最后，我提议大家举起手中的酒杯，为了我们的父母能够身体健康，万事如意，为了我老公能够工作顺利，心情愉快，也为了我们大家的友情能够万古长青，我们干杯！

◎50岁生日祝酒辞

范例一：

【致辞背景】生日宴会开席前

【致辞人】儿子

各位亲朋好友、各位来宾：

大家好！

杯盏交错，酒香四溢，热情似火的康乃馨将这一切烘托得温馨而又美好。我的妈妈正在这样的氛围中，幸福地迎来她50岁的生日。在这里，我代表我的母亲以及我的全家，对于大家的到来表示热烈的欢迎和深深的感谢，谢谢你们为我们带来了一个祥和快乐的夜晚。

我的妈妈是世界上最好的妈妈，我上学的时候，她就为我操碎了心。我参加工作了，她还是时时刻刻都放不下我，担心我在外面受欺负，怕我不会照顾自己。母爱是这个世界上最无私最伟大的爱，天下所有的母亲都只是一味地付出，而从不求回报，我从我的母亲身上深切地体会到了这种无私的爱。所以我提议，大家共同举杯。第一杯，我要为我们这个家庭干杯，祝愿我们之间的亲情越来越浓厚，祝愿我们之间的友情可以万古长青。第二杯，我祝愿天下所有的母亲都能够身体健康，长命百岁，希望你们都能够有一个快乐祥和的晚年！

最后，祝愿我亲爱的妈妈生日快乐，希望她在以后的生活中可以天天开心，岁岁平安，永远健康幸福！

范例二：

【致辞背景】生日宴会开席前

【致辞人】女儿

各位亲朋好友、各位来宾：

大家好！

非常感谢大家可以光临家父50岁寿辰，你们的到来使得这里蓬荜生辉，为我们一家带来了欢乐和幸福，谢谢大家的光临。虽然都是一些粗茶淡饭，但是我们全家的心意都在里面了，希望大家今天都能吃饱喝好！

一棵树木能枝繁叶茂，要归功于大地的养育；儿女的成长要归功于父母的辛劳。母亲的慈爱使我懂得了爱的博大，父亲的严厉使我懂得了爱的含蓄，二老的辛勤养育才有了今天的我，借此机会，我要向养育我的父母说声谢谢，你们辛苦了。

父爱如山，在无形之中让我感受到父亲对我的关心和呵护。父亲是沉默的，在感情的表达上很笨拙，有时心里明明很担心，却还要面带愠色地批评我做事太冒失。有时明明为我感到开心，却只是淡淡地只说一声还不错，还要继续努力。但我能够从中感受到，父亲对我的浓浓爱意和关切之情。

今天，我们欢聚一堂，为我的父亲庆祝50岁的寿辰。祝愿我的父亲在以后的人生里能够开开心心，身体健康，笑口常开，祝愿他和母亲的感情越来越温馨，祝愿他在事业上能够取得进一步的成就。同时也祝愿在座的各位阖家欢乐，万事如意！

最后，请大家开怀畅饮，和我们一起共度这个幸福快乐的时刻。

◎60岁生日祝酒辞

范例一：

【致辞背景】生日宴会开席前

【致辞人】儿子

各位亲朋好友、各位来宾：

大家好！

在我父亲花甲之年的生日庆典之际，我代表我的家人向前来祝贺的各位来宾表示热烈的欢迎和最真挚的感谢！

我的父亲，在今天将要度过他人生第六十个风雨春秋。60年的光阴，将他的额头刻成了凹凸不平的丘陵，60年的风雨，将他的背压驼，将他的腿压弯了。可是，他额头上的条条皱纹里，还深藏着阅人无数的智慧，他佝偻的身躯里，还包含着对我们这些儿女的爱意。人生的风雨在他身上留下了不可磨灭的印记，也带给了他更多淡泊名利、与世无争的豁达态度。这些经过了时间验证的智慧，将是我们这些儿女们取之不尽用之不竭的财富，相信在父亲的教导下我们的人生之路会走得更加顺畅。

父亲含辛茹苦地养育我们长大成人，我们烦恼的时候、迷茫的时候，父亲总能帮我们找到正确的方向。我们遇到了困难，遭遇了坏事，又总是父亲安慰着我们受到伤害的心灵。父亲的养育之恩，我们一辈子都难以报答。借此机会，我祝福我的父亲福如东海，寿比南山，希望我们的家庭永远这么快乐幸福！

最后，也祝各位来宾万事如意，笑口常开！希望今天我们能够拥有一个难忘的聚会！谢谢大家，干杯！

范例二：

【致辞背景】生日宴会开席前

【致辞人】女儿

各位亲朋好友、各位来宾：

大家好！

首先，我代表我的家人向各位的到来表示热烈的欢迎和衷心的感谢！欢迎大家前来参加我母亲的60大寿，感谢大家为我的母亲送来了祝福，带来了快乐。

看着眼前母亲苍苍的白发，我们兄弟姐妹都十分感慨，也十分激动。我们的母亲和父亲辛劳了大半辈子，他们不是高官显贵，也不是社会名流，他们只是这世界几十亿人中最普通最平凡的两位，但是在我们心里，他们是最伟大的。他们的慈爱和严厉鞭策着我们上学读书，学业有成；他们的鼓励和支持激励着我们拥有了自己的事业，并终有所成。没有他们的辛勤劳苦，就不会有现在的我们，能够结交到在座的诸位，也和他们的精心培养是分不开的。

我们正当壮年，他们却老了。母亲操劳了大半辈子，积劳成疾，经常要忍受病痛折磨，但她任劳任怨，从来都不向我们抱怨，怕我们为她担心。做父母的一辈子都在为儿女操心，他们的心里装满了对儿女的期望和关怀，从来都没有自己。在此，我代表我们兄弟姐妹向两位老人表示：我们会牢记你们的教导，将你们的优点和精神传承下去，我们会团结和睦，积极进取，在事业上有所建树，让我们的家庭充满和睦的气氛。

让我们举起酒杯，祝我们的母亲生日快乐，早日康复！祝愿我们的父母身体健康，长命百岁！最后，再次感谢大家的到来，希望各位今天可以开怀畅饮，和我们一起欢度今宵！干杯！

◎70岁生日祝酒辞

范例一：

【致辞背景】生日宴会开席前

【致辞人】儿子

各位亲朋好友、各位来宾：

大家好！

今日宾朋满座，张灯结彩，正值我父亲70岁寿宴，我代表父母和家人向远道而来的客人表示热烈的欢迎和诚挚的感谢！

在座的各位都有自己敬爱的父亲，我们几个兄弟姐妹也要在今天骄傲地告诉大家，我们有这个世界上最好的父亲。他性格温和，待人宽容，从不轻易动怒，有时候还会和我们开一些可爱的小玩笑；他的人格让我们都为之折服，身边很多朋友都被我父亲的魅力感染，都很尊敬他；他毅力顽强，坚忍不拔，从不轻易放弃自己已经下定的决心，再难的事情他都会义无反顾地尽力去做到最好。他的这种精神也鼓舞着我们，在人生的道路上，我们无论遇到什么事情都不会轻易言败。

感谢我的父亲，给了我们生命，教导我们做人，我们今天的成功和父亲是分不开的，都有父亲的一份辛劳和汗水。在此，我祝愿我亲爱的爸爸，福如东海长流水，寿比南山不老松，希望他保持着他活跃的童心，能够越活越年轻！

最后，祝各位来宾生活幸福，工作顺利！让我们共同举杯，度过这个难忘而又欢乐的夜晚！干杯！

范例二：

【致辞背景】生日宴会开席前

【致辞人】寿星

各位亲朋好友、各位来宾：

大家好！

今天是我70岁的生日，感谢亲朋好友们能够专程前来为我祝寿，我也代表我的家人向各位的来临表示热烈的欢迎。今天大家欢聚一堂，希望大家都不要客气，就把这里当做自己的家一样，每个人都能玩得尽兴，吃得开心，就是给我的最好礼物了！

人生数十载，一晃眼就过去了这么多年。仿佛就在昨天，我的女儿们还翘着辫子准备上学，我的儿子们还流着鼻涕上树掏鸟窝，转瞬之间他们都长大了，会面面俱到地为我筹办这场宴会，邀请亲朋好友前来参加。我很高兴他们的成长，他们现在也都在各个岗位上为国家的建设增砖添瓦，我为他们的成绩感到自豪。

我经历过很多磨难，过过很多艰难困苦的日子，多亏了亲朋好友的照顾和鼓励，我才能在困境中自强不息。随着国家的安定和社会的进步，我才得以最终走出困境，回到故乡颐养天年。儿女们的孝顺让我享受到了天伦之乐，亲友们的帮助让我感受到了亲情的温暖，朋友们的支持让我体会

到友情的可贵。我知道，生活中到处都充满了快乐和幸福，不停地追求才能看到幸福的脚步，虽然年纪大了，但我愿意做个追逐幸福的人。

最后，祝愿在座的各位都能够家庭幸福，前程似锦！祝愿我的子女们能够在工作上和生活上都更上一层楼！

范例三：

【致辞背景】 生日宴会开席前

【致辞人】 孙子

各位亲朋好友、各位来宾：

大家好！

今天是我外公70大寿的大好日子，在此，请允许我代表我的家人，向我的外公、外婆送上我最真诚的祝福！也向在座各位的到来表示由衷的感谢和无限的敬意！

在几十年的人生路程中，我的外公和外婆历尽了艰辛，经历过人生百态，品味了人生的酸甜苦辣。他们始终同甘共苦，相濡以沫，结下了累累的硕果，积累了很多人生智慧。他们勤俭朴实，不浪费一针一线；他们真诚待人，从不说言不由衷的话；他们一辈子相敬相爱，举案齐眉，我想他们一定也实现了当初“执子之手，与子偕老”的誓言。

也许在别人看来，我的外公和外婆只是一对平平常常的老头和老太太，但是在我们的心中，他们是伟大的。外公和外婆对我们的呵护和宠爱，让我们有了一个无忧无虑的童年，他们的鼓励和支持，让我们在快乐的环境中成长。我们家的团结和和睦来自于他们的谆谆教诲，我们的事业有成来自于他们的殷切嘱咐。在此，我代表我的兄弟姐妹向外公表示：我们一定会牢记你们的教导，在以后的人生道路上踏实地前行，也会孝敬爸妈、孝敬你们，让你们有个欢乐祥和的晚年生活。

让我们共同举杯，祝二老福如东海，寿比南山，身体健康，晚年幸福！干杯！

范例四：

【致辞背景】 生日宴会开席前

【致辞人】 孙女

各位亲朋好友、各位来宾：

大家好！

今天，我敬爱的外公迎来了他的70大寿。在这个特殊的日子里，首先我要代表我的家人向诸位的到来表示热烈的欢迎，多年来我们一家承蒙亲友们的关心和照顾，感激之情无法言表，就借此机会向你们表示深深的谢意！

我外公经历了70年的沧桑变化，可以说是尝尽了人生的酸甜苦辣。他始终用高标准要求自己，这也奠定了我们人生的起点，他坚忍顽强的精神激励着我们开拓属于自己的事业，我们才会有今天的幸福生活。在这里，我代表晚辈们向他表示：“一定会牢记您的教导，继承您的精神，团结进取，刚毅坚强，在事业上有所建树，使我们的家业蒸蒸日上！”

今天我的外公就迎来了他的古稀之年。我们只希望他能够身体健康，开开心心地度过生命中的每一天。不要天天惦记我们是不是过得好，不要整日念叨儿女们的情况，我们都会好好照顾自己，只要他的身体健朗就是我们最大的幸福和安慰了。

最后，让我们送上衷心的祝愿。祝福我的外公寿诞快乐，祝愿他福如东海、寿比南山，鹤发童颜，精神矍铄，永绽春辉！同时也祝愿在座的各位来宾身体健康，工作顺利，生活美满，阖家欢乐！谢谢大家，我们干杯！

◎80岁生日祝酒辞

范例一：

【致辞背景】生日宴会开席前

【致辞人】儿子

各位亲朋好友、各位来宾：

大家好！

锣鼓喧天，鞭炮齐鸣，在一片热闹非凡的气氛中，我们欢聚一堂，共同庆祝我父亲的80大寿。在此，我首先要代表我们全家感谢到场的所有来宾们，谢谢你们能在今天参加这场宴会，为我的父亲送上祝福。对你们的到来，我表示万分欢迎和诚挚的感谢！

80年的风雨人生路，我们的父亲经历了世事变幻，人生百态。岁月在他的脸上刻画出了年轮，时光在他的头上印下了霜花。他几十年含辛茹苦辛勤劳作，将我们兄弟姐妹养大成人。所以在这个喜庆的日子里，我们首先要衷心地感谢我们的父亲和母亲的养育之恩。是你们给了我们生命，让我们来到这个美丽的世界上，你们用自己的人生经验教导着我们，用自己的心血哺育着我们成长。现在，他们步入了人生的黄昏，黄昏虽然不是一天中最充满活力的时刻，却是一天中最绚丽最壮美的瞬间。我们相信，在我们兄弟姐妹的共同努力下，我们的家族一定会兴旺繁荣，我们的父母一定会健康长寿，安详地度过他们的晚年生活，迎来他们人生的灿烂晚霞。

最后，再次感谢大家的光临，感谢各位领导、长辈和亲朋好友能够前来，并再次祝愿我的父亲身体健康，万寿无疆，晚年幸福！干杯！

范例二：

【致辞背景】生日宴会开席前

【致辞人】女儿

各位亲朋好友、各位来宾：

今天可谓是群贤毕至，欢欣鼓舞的一天，前来祝贺我母亲80大寿的所有父老乡亲、亲朋好友们，谢谢大家能够在百忙之中抽出时间前来赴宴，我代表我的家人对大家的到来表示热烈的欢迎！

我的母亲和天下成千上万的母亲一样，有着一颗淳朴善良的心，和一双勤劳宽厚的手。她为生计操劳了大半生，为我们这些子女的健康成长又操劳了大半生，直到现在，她仍然在为我们身体上出现的一点不适而操心，为我们生活中不顺心的小事儿担心。她的一生是辛劳的一生，是为我们牵挂的一生。

不养儿不知父母恩，当我们这些子女们都有了自己的家庭和孩子，当我们在社会上经历了许多事情，我们才深深地感觉到，母亲不仅给了我们生命和身体，更重要的是她给了我们勤奋节俭、善待他人的精神财富。而这些，才是一个人能够立足于社会的无价之宝。

现在，我的母亲不再年轻，我的父亲也不再伟岸，他们已经到了风烛残年的时刻。作为子女，我们有什么理由能不让他们健康快乐地度过晚年时光，不让他们安康幸福呢。今天，我们在此隆重地为我们亲爱的母亲举办这场生日宴会，不仅仅为了表达我们儿女的孝心，更要让我们的母亲感觉到开心和幸福。日后，我们会更加孝顺父母，敬重父母。我们相信，在我们子女的共同努力下，我们的父母一定会身体健康，长命百岁；我们的家族一定会蒸蒸日上，兴旺繁荣！

我提议，让我们大家共同举杯，为了我们的父母能够健康长寿，心情愉快；为了在座的各位都能够家族兴旺，人生美满，干杯！

范例三：

【致辞背景】生日宴会开席前

【致辞人】来宾

各位亲朋好友、各位来宾：

大家好！

今天是××××年××月××日，在这个春意盎然（夏花灿烂、秋高气爽、瑞雪纷飞）的时节，在这个洋溢着喜庆和温馨气氛的今天，我们大家欢聚一堂，共同为×××老先生庆祝他的80岁大寿。今天是他最高兴的日子，也是他的儿女们最开心的日子，更是我们有缘相聚在此，为他们举杯欢庆的时刻！

80年的岁月如同一幅悠长的画卷，描述了老先生一辈子的奋斗历程；80年的光阴如同一首气势磅礴的诗篇，记载了他一辈子的荣辱繁华。80年的往事可以说是一场沧桑巨变，老先生拥有着丰富多彩的人生。我们从他的家人身上就可以看出来他当年的风范，他艰苦奋斗的精神传承给了他们家的每一个后人。他的儿子是成功的企业家，遵纪守法，性格正直，有老先生年轻时的风范；他的女儿是企业的白领，独立又坚强，相信她的今天也离不开老先生的悉心教导。他的孙子和孙女们更是个个品学兼优。老先生可谓家业殷实，生活幸福。

今天，就让我们大家在这里一起分享老寿星和他的家人的这份开心和幸福，让我们举起手中的酒杯，共同祝福老先生能够身体健康，万事如意，天天开心，永远幸福！干杯！

◎90岁生日祝酒辞

范例一：

【致辞背景】生日宴会开席前

【致辞人】儿子

各位亲朋好友、各位来宾：

大家好！

今天是我父亲90高龄的大寿，值此举家欢庆之际，我们很高兴各位亲朋好友能够光临寒舍，为我的父亲庆祝生日。在此，我代表我的家人向各位的到来表示热烈的欢迎和诚挚的感谢。

我的父亲是个严肃有加又不乏慈爱的人，他一生与人为善，淡泊名利，从来都不做一些玩弄心计争权夺利的事情，他的这种精神也影响了我们兄弟姐妹，我们几个也愿意继承父亲的这种作风，做一个对社会有用的人才。我的父亲格外珍惜亲情和友情，是他维系着我们家的亲朋好友经常保持来往，我们的家族才能如此团结和睦。

俗话说，人生七十古来稀，九十高寿正是福。今天，在我的父亲90大寿之际，身边的子孙亲人都来到他的身边，远方的亲朋好友也通过致电、写信等不同的方式祝福他老人家，足以见到我父亲这一生的高风亮节。在这里，我代表我们兄弟姐妹以及我们的后代，祝福我的父亲能够福如东海长流水，寿比南山不老松；同时也要祝愿各位来宾事业顺利，生活幸福！

为了庆祝我父亲的90大寿，为了加深彼此之间的亲情和友情，让我们共饮杯中酒，喜进长乐餐！干杯！

范例二：

【致辞背景】生日宴会开席前

【致辞人】女儿

各位亲朋好友、各位来宾：

大家好！

今天是×年×月×日，我们大家欢聚一堂，共同庆贺家母的90岁华诞。值此举家欢庆之际，承蒙各位亲朋好友前来为家母祝寿，我代表我的家人向诸位表示热烈的欢迎，并向你们致以最诚挚的问候。

我的母亲是一个平凡的人，但是她也是最伟大的人。90年的春秋寒暑中，她经历过战乱和流离，遍尝人间的酸甜苦辣，她坚持不懈地与苦难作斗争，最终迎来了幸福的晚年生活。前半生的动荡和艰苦铸就了我的母亲身上的很多优异的品格，她勤劳善良，乐于助人，宽厚待人……她在教育子女的时候严爱有加，我们兄妹几个都是在母亲的鞭策和鼓励下才取得了今天的成绩，我们的孩子们也在母亲的教育下懂得了艰苦朴素、尊老爱幼的道理。

没有母亲，就没有我们儿女的今天。谁言寸草心，报得三春晖。今天，我们在这里向母亲献上我们最真诚的祝愿：祝妈妈福如东海，寿比南山，身体健康，心情愉快，度过一个幸福的晚年。同时，也祝在座的来宾们阖家欢乐，万事如意！让我们举起手中的酒杯，为了今天的相聚，为了这真诚的祝愿，干杯！

◎百岁生日祝酒辞

范例一：

【致辞背景】生日宴会开席前

【致辞人】儿子

各位亲朋好友、各位来宾：

大家好！

很高兴大家能够光临我母亲的百岁寿宴，为我的母亲庆祝她的生日，我代表我们全家人对大家的到来表示热烈的欢迎和最诚挚的谢意。薄酒素菜不成敬意，考虑不周之处还望大家能够多多包涵！

在我们成长的过程中，我的母亲为了我们鞠躬尽瘁，含辛茹苦。慈母手中线，游子身上衣，母亲几十年如一日地操劳，为我们熬白了双鬓，熬花了眼睛。我们怎么能够忘记，在夜深人静的时候多少次是母亲为我们盖紧被褥；家中事物的一尘不染和井井有条，都是母亲经常打扫的功劳；我们怎么能够忘记，母亲为我们做的可口饭菜，一日三餐每一道菜都精心烹制；在我们生病的时候，是母亲床前床后地照顾，煎汤喂药；我们怎能忘记，母亲教导我们要诚实做人，踏实做事，懂得未雨绸缪的道理。

如今，我的母亲已经到了百岁的高龄。虽然年事已高，但她依然身体硬朗，尽管在动作上有些迟钝，可她的头脑很清醒。我的母亲为这个家付出了太多的汗水和心血，如今，我们兄弟几个早就成家立业，我代表我的兄弟姐妹们对母亲这几十年来的辛苦付出和任劳任怨表示由衷的感谢，妈妈，您辛苦了！

我提议，让我们共同举杯，祝愿我的母亲能够再接再厉，长命百岁！也祝愿天下的母亲都能够健康长寿，福如东海！干杯！

范例二：

【致辞背景】生日宴会开席前

【致辞人】外孙

各位亲朋好友、各位来宾：

大家好！

今天，我们大家欢聚一堂，共同为我的姥姥庆祝她的百岁生日。我代表我们全家人对大家的到来表示热烈的欢迎和诚挚的谢意，是你们的到来使得这场宴会如此精彩，你们的祝福给我们全家带来了最大的快乐！

在这个大喜的日子里，作为老寿星的外孙，我向大家敬上三杯酒。第一杯，恭祝老寿星的百岁高龄。古人说："三十而立，四十不惑，五十知天命，六十花甲，七十古来稀。"而70岁之后就没有了，可见在古时70岁已经是人生高龄了。但现在，我的姥姥在百岁生日的时候，不仅家业殷实，四世同堂，她自己也身体健朗，头脑清醒，还能操持家务。这是她的福分，但又何尝不是我们一家人的福分呢？我们能够见到健康的百岁老人，并为她祝寿，这也是一件难得的喜事。所以，让我们干了第一杯酒，祝愿我的姥姥再接再厉，争取创造长寿纪录！

第二杯酒，感谢我舅舅的一家。俗话说，养儿方知父母恩，然而在现代的社会上，有些人有了自己的儿女却还是体会不到父母的艰辛和劳苦。在这里，我要感谢我的舅舅一家，他们能几十年如一日地照顾和体贴姥姥，在我的姥姥年迈体弱的时候也没有丝毫反感和厌恶。让我们干了第二杯酒，祝愿我的舅舅，还有在座的各位一生平安，也祝愿天下所有的好人一生平安。

第三杯酒，古文化中有"福、禄、寿"三星，也就是金钱、官位和长寿。在我们看来，有钱虽然能使鬼推磨，却买不到健康和长寿，所以健康长寿更应该成为我们在生活中追求的目标，也是我们最大的幸福。最后这杯酒，我代表我的家人祝福在座的各位，都能够像我的姥姥一样，健康长寿，长命百岁！干杯！

谢谢大家！

常用祝辞

◎生日祝酒辞好句集锦

◆愿我的祝福能够萦绕在你周围，为你带去开心快乐，为你送上温暖真情，陪伴你走过缤纷的人生旅程。祝你生日快乐，永远幸福！

◆眼前燃起五彩缤纷的生日蜡烛，唱起这首熟悉的“生日快乐歌”，让我分享你的快乐，为你送上我的祈愿，祝愿你人生的每一天都能够多姿多彩，希望你能够永远幸福！

◆对儿女们来说，能够有一双理解自己的父母，就是这个世界上最幸福的事情。我拥有着这份幸福，从不曾失去过。今天是您的生日，我要向您说一声：生日快乐，谢谢您多年的养育和教导，谢谢您对我的包容和理解！

◆在×年前的今天，上苍给了我一份珍贵的礼物，那就是你。在如此漫长的人生旅程中，能够有你陪在我的身边，是我这辈子最幸福的事情。祝你生日快乐！

◆你的幽默乐观感染着我们每一个人，你的率真性情让我们为你折服，在你生日的今天，我们祝你生日快乐，希望我们的友谊可以万古长青！

◆今天是你的生日，有了你，我的世界才会如此精彩，我的天空才会如此湛蓝，我才会拥有这大把大把的幸福！感谢上苍让我们相遇，愿你一生平安幸福！生日快乐，我的爱人！

◆今天大家欢聚一堂，热热闹闹地为你庆贺，那么这一桌美酒，就是我对你的祝福：希望你百事可乐，万事芬达，天天乐百氏，月月娃哈哈，年年高乐高，心情像雪碧，永远都醒目！生日快乐！

◆在你的生日来临之时，我愿为你送上我最诚挚的祝福：希望你所有的心愿都能实现，希望你所有的梦想都能成真，所有的追求都能够马到成功，所有的付出都能够得到回报！生日快乐！

◆×年前的今天，一声啼哭将你送到了这个世界上，×年后的今天，×支蜡烛为这个世界庆贺你的到来。也许，你并不是为我而生，可我却有

幸与你相伴，我觉得很幸福，也很值得。希望在我的有生之年，我每年都能够为你点起蜡烛，感谢上苍将你送达到这个世界上。

◆世事的变换在你身上印刻下成熟的魅力，岁月的流逝为你的容颜增添了些许妩媚，在你的生日来临之际，愿所有朋友的愿望都能实现，我们每个人细微的祝福会汇聚成洪流，成为你快乐的源泉。生日快乐！

◆在你生日的今天，请你一定要接受我对你的祝福：愿你的青春之树越来越茂密，愿你的生命之花越来越鲜艳，愿我的祝福能够常伴你身边，愿我的期盼能够给你带来幸福和欢乐！生日快乐！

◆今天，你一年一度的生日来临了，作为朋友，我特意为你送来了深切的祝福：希望在以后的日子里，好事对你穷追不舍，痛苦对你避之不及，情人爱你深至骨髓，开心和你纠缠不清，万事万物顺你而行！生日快乐！

◆在这里我要祝您能够福如东海，寿比南山。松鹤长春，春秋不老；古稀重新，欢乐远长！

◆人生的路途上有风景无数，希望您能够成为今朝的风流人物；未来的旅途中会有很多梦想和挑战，希望您的快乐能够永远领跑在前头！愿我的祝福能够长伴您左右，为您带去幸福和快乐！生日快乐！

◆您的皱纹里掺杂着岁月的痕迹，双手的茧子记载着您一生的辛劳，在这个特殊的日子里，祝您福如东海、寿比南山，愿您永远健康快乐！

◆今天是个喜庆的日子，您辛劳了几十年，终于能够在今天接受我们的祝福和敬意；您忙碌了半辈子，终于能够安逸地享受自己的老年时光。祝您寿与天齐，畅享美好人生！

◎庆生好词

一、一般可用

福寿双全　日月长明　富贵寿老　三祝筵开　天赐福寿　庆衍萱畴
福隆耄耋　海屋添寿　华封三祝

二、寿星是男人

天保九如　天锡遐龄　河山之寿　箕畴五福　如日之升　岳降佳辰

耆英望重　封人三祝　星辉南极　大德之年

三、寿星是女人

蟠桃献颂　淑慎其心　锦悦呈祥　慈竹风和　花灿金萱　北堂萱茂　萱庭日丽　芝皆秀毓　眉寿颜堂　玉树柯兰

四、夫妇二人同一天生日

福禄双星　双星并辉　松柏同春　寿域同证　仙耦齐龄　桃开连理　华堂偕老　极婺联辉　凤凰娱志　举案齐眉

五、政界人士

一路福星　富贵寿考　召鼎齐钟

六、军界人士

颂满饶歌　将星耀彩　将星朗缠　将星腾辉

七、学界人士

桃李盈墙　辅世长民　寿世文章　寿考作人

八、商界人士

天市星明　阛阓长春　寿添海屋　阛阓春秋　弓治箕裘　绳其祖武　矩护高会　输巧娄明

九、农界人士

丈中星辉　永锡难老　春酒介眉　孝悌力田

十、冥寿

壶峤长生　瑶岛添寿　桃熟西池

◎庆生好对

凤侣双飞翼；鸾俦百岁春

合欢花常艳；伉俪寿无疆

朝霞辉翠柏；时雨润苍松

孪生臻百福；双寿纳千祥

椿萱夸并茂；日月庆双辉

博爱人长寿；钟情月久圆

灵椿逢细雨；慈竹润和风

斑衣人绕膝；白首案齐眉

交柯树并茂；合卺筵同开

瑶草奇葩不谢；青松翠柏常青

荷莲香送清和月；棠棣祥开吉庆花

菽水承欢儿女孝；义方是训严慈亲

园林娱老儿孙好；夫妇同耕日月长

父母双寿增五福；儿孙云集祝百龄

花果重新娱晚景；寿星双庆颂遐龄

椿萱并茂儿孙喜；兰桂齐芳父母欢

梅竹平安春意满；椿萱昌茂寿源长

青山不老双新寿；绿水长荣一世人

南极星辉牛斗度；北堂萱映凤凰枝

双星共献齐眉寿；二老欢承益寿杯

瑶觞春介齐眉寿；锦砌晖承绕膝花

椿萱并茂交柯树；日月同辉瑶岛春

风和璇阁恒春树；日暖萱庭长乐花

并蒂花开瑶岛树；合欢酒进碧筒杯

百寿图中昭日月；长生座上敬爹娘

第二章
婚庆祝酒辞

祝酒之礼

◎宾客敬酒礼仪

在场面盛大的婚宴上，务必准备麦克风，让每一个向新人敬酒的宾客都有麦克风可使用，避免来宾听不清祝酒辞的尴尬。你会发现，把整个婚宴敬酒过程录像保存下来，是个不错的主意。如此重要的一件人生大事将留下弥足珍贵的记录，并在日后带给你许多乐趣。

无论是在排练晚餐会抑或正式的婚宴上，敬酒都是极为重要且不可或缺的一环。不过，如同种种历史久远的礼仪一般，敬酒时，也有若干礼节应该加以遵循。

例如：接受敬酒的人不必喝酒，只需坐在座位上，微笑面对敬酒者。

敬酒时，如果席间有十位宾客甚或更多，务必站起身来。如果是在人数较少，彼此都熟识的场合，则可以坐着敬酒。为了引起他人的注意，可以先说句开场白，如“各位女士，各位先生，我想向×××先生（小姐）敬个酒”，或者也可以不必说得那么正式，只要声音比正常说话时大一点儿说。不过，如果你是以敲杯沿的方式来引起他人注意，可千万不要太过用力，以免把杯子敲碎了。

婚宴上每一次敬酒时间不宜超过三分钟。因此，应该避免东拉西扯没完没了。向新人致意时，态度可以严肃，也可以机敏谐趣。话语中可以表达关怀，语气幽默风趣、率真感人，甚至可以戏谑，这些无伤大雅即可。

◎新人敬酒礼仪

婚礼上，新人向来宾敬酒可以说是非常郑重的环节，也是婚礼的一个高潮部分。新人敬酒时酒杯应稳稳端在胸前的位置。饮酒时要注意，要让杯子靠近嘴，而不要用嘴去靠近杯子，这样会显得有失礼节。杯子应举到脸的前下方，注意不要举太高。

带着感谢客人祝福的心情和笑容来举杯，寒暄的时候要把杯子端放在胸前的位置，在大家齐喊“干杯”的时候再将杯子端到脸部的前下方，目光投向起立的客人，不要托着杯肚，轻捏杯腿即可。杯子要举到不和脸部重合的尽可能高的位置，保持优雅的笑容。

新郎新娘都用外侧手持杯子，姿态会比较好看。伸直手臂像欢呼万岁那样的干杯方式要避讳，要尽量保持优雅矜持。

在宴会中新人要到各桌给宾客敬酒，无论是在交谈中还是在行进间，酒杯应时刻端在胸前的位置。不要一只手拿着空杯子乱晃，这样对宾客十分不尊重。

◎伴郎巧说祝酒辞

祝酒辞到底应该是把宴会上所有人都赞扬一番呢，还是穿着礼服，一本正经地与新郎谈友谊？为了活跃气氛究竟应该怎么说呢？

你的角色：作为朋友的伴郎，婚礼那天，你的任务就是告诉新娘还有新娘的亲戚朋友，新郎是一个多么优秀的青年，他不仅是一个好朋友、好男儿，而且他也能够对各种场面应对自如。最好是既有动情的回忆，又适时开些过去的玩笑。

开场：第一件事是简短的介绍，告诉宾客你和新郎认识了多久，你对他了解多少，要让所有人都听出是你们的友谊让新郎选你当他的伴郎。如果你们孩提时就是朋友，那就多讲些那时候的事，好让人知道你和新郎的友情之深。

嬉闹：一旦你说明了你是新郎最好的朋友，你就可以趁机搞些幽默，扮扮洋相，讲讲你和朋友一起干过的坏事——当然不是什么真的坏事——你们在一起时有趣的插曲，如第一次做什么事，认错人的事，旅游冒险之类的故事。小故事应该短而有趣，自始至终体现你和朋友的深厚友谊。

祝福：最后以新郎最好朋友的身份告诉新娘她作了最好的选择，如果你和新娘很熟的话，就说新郎新娘的结合完美无缺。你可以具体到举新郎新娘的共同爱好，如网球、文学评论等。总之，你要跷拇指称赞他们的结合，最后加上你非常希望能继续和新郎及新娘保持友谊。这点很重要，因为这样你才能吸引听众，保证你和新郎往后的友谊。

把你的祝酒辞看成是专为朋友而准备的“电影剧本”，朋友当然是主角，其中还有新郎新娘简短而精彩的表演，让他们玩一些你们中学时玩过的游戏等。你的“剧本”不仅要情节丰富，还要有浪漫的结尾，要留给人无限遐想。

◎新郎挡酒真经

喜宴挡酒、解酒妙招是每个新郎必须要掌握的婚前课程之一。

第一，寻找一个善于周旋的挡酒师，比如伴郎；第二，安排正副挡酒手、挡酒群；第三，避免空腹饮酒；第四，不要相信咖啡、茶能解酒，它们的功效最多只能醒酒；第五，不要依赖解酒药物，最好运用天然食物解酒；第六，不要将汽水或苏打水掺入酒中以冲淡酒精浓度，这样做反而会适得其反。

解酒法一：喝酒前多吃含油脂的食物，如肥肉、蹄膀、牛奶等；解酒法二；饮用高汤，尤以胡萝卜丝鱼汤最能发挥解酒功效。两法齐施，效果更佳。喝酒时，多吃奶酪、蛋、肉类等蛋白质食物，它们有助于酒精的分解。已喝酒过量，不妨多饮用热汤或大量开水，以冲淡酒精的浓度，另外多吃一水果、多喝蜂蜜也为解酒妙招。实在难以负荷可装醉。

总而言之，适量喝酒是婚宴当天的法则，至于不可不喝之酒，则有赖于新郎新娘用心打点才不影响婚宴氛围。

经典祝酒辞

◎主婚人祝酒辞

范例一：

【致辞背景】婚庆喜宴开席前

【致辞人】社会知名人士

各位来宾：

今天是××××年××月××日，是×××先生和×××小姐结下百年之好的大喜日子。亲朋好友欢聚一堂，共同祝愿新人幸福美满，一生祥和平安。

"久热恋，迎来良辰美景；长相思，共赏花好月圆。"×××先生、×××小姐，希望你们永远记住今天这个日子，希望你们心心相印到永远。

新婚，是人生中一个重要的里程碑，它意味着一对新人从此肩负起新的家庭和社会的责任，担负起为人父、为人母的重任，为此，作为主婚人，我希望这对新人婚后要互敬互爱，孝敬父母；事业上相互支持，生活上相互关心，学习上相互促进，共同创造幸福美好的明天。

最后，再一次祝福×××先生和×××小姐新婚幸福，生活美满，永结同心，百年好合！祝天下有情人终成眷属，爱满人间，情满人间；祝在座的各位来宾事业发达，身体健康，万事如意！干杯！

范例二：

【致辞背景】婚庆喜宴开席前

【致辞人】新郎单位领导

各位来宾、各位朋友：

大家好！

受新郎新娘的委托，我非常荣幸地担任××先生与××女士的主婚人！在这神圣而又庄严的婚礼上，在这春光明媚、幸福吉祥的时刻，能为这对珠联璧合、佳偶天成的新人主婚，我和各位的心情一样，特别高兴，格外开心。首先，我们一起祝福这对新人永结同心、幸福美满！

帅气的新郎张良，人如其名。他真诚善良、工作敬业、情趣高雅，无论是工作圈还是生活圈，都是一位公认的才华出众、品德高尚的好青年；美丽的新娘沈莹，名副其实。她清纯晶莹、积极上进、温柔大方，是一位文静贤惠、漂亮可爱的好姑娘。他们的结合，郎才女貌，天作之合，真是才子配佳人，称心又如意！

新婚，是人生的一个里程碑，标志着新生活的开始，也意味着新人从此将肩负起更多的社会和家庭的责任。婚姻既是爱情的结果，又是爱情和生活的开始；婚姻既是相伴一生的约定，更是一种永恒的责任。

新开端，新美景，念念不忘夫妻情。希望你们在今后的人生旅途中互敬互爱、互学互让，共同创造美好的未来，早日收获爱情的结晶。

水有源，树有根，念念不忘养育恩。希望你们饮水思源，努力回报父母和长辈的养育之恩，回报社会、领导和朋友们的关怀爱护。

在这里，我还要宣读一下，新郎××工作过的市安全生产监督管理局全体同仁为新人婚礼献上的一首诗：

张灯结彩迎新人，鼓乐喧天，
良辰美景喜联姻，幸福绵长。
沈府佳婿创佳绩，打造福地，
莹心相夫育儿女，鸿运永久。

这首诗每一句的第一个字和最后一个字连起来就是——××××，天长地久。这也是我和在座的各位嘉宾对新郎新娘的衷心祝愿和祈福。

最后，让我们举起酒杯，祝愿这对新人天长地久，也祝各位来宾、各位朋友平安健康，家庭幸福，工作顺利！干杯！

范例三：

【致辞背景】婚庆喜宴开席前

【致辞人】新人家族长辈

各位嘉宾、各位朋友：

良辰吉日，两家联姻，承蒙×××先生莅临证婚，并如箴勉，介绍人×××先生致辞，语重心长，情意恳切。我作为主婚人，在此表示衷心的感谢。男婚女嫁是人生大事，小辈良缘既定，我的心事也可以了了。从今以后，新郎新娘务必勤俭持家，奉公守法，在外要各尽职责，在内要互慰辛劳，这也是对我们长辈的最好报答。最后，再次向各位表示感谢，请大

家不嫌简慢，多饮几杯。

范例四：

【致辞背景】婚庆喜宴开席前

【致辞人】新郎父亲

各位来宾，女士们、先生们：

今天是我儿子×××与×××喜结良缘的大喜日子，承蒙各位来宾远道而来祝贺，我在此表示最热烈的欢迎和衷心的感谢！我儿子与×××结为百年夫妻，身为父亲我感到十分高兴。你们从相知、相惜、相爱，到今天成为夫妻。从今以后，你们要互敬、互爱、互谅、互帮，以事业为重，用自己的聪明才智和勤劳双手去创造美好的未来。不仅如此，还要孝敬父母。

祝孩子们新婚愉快，早生贵子，幸福美满。

再次感谢亲朋好友光临观礼。如有招待不周之处，敬请各位原谅。粗肴薄酒，不成敬意，请各位开怀畅饮。

◎证婚人祝酒辞

范例一：

【致辞背景】婚庆喜宴开席前

【致辞人】证婚人

各位来宾、朋友们：

大家好！

我是新娘×××的领导及同事。但我今天在这里扮演的，既非领导，也非同事，而是光荣、伟大、神圣的新角色——证婚人！

虽然，我对新郎先生并不非常熟悉，但凭我对新娘的了解，就完全可以准确地推测出新郎曾经一路奔波、饱受磨难，才如愿以偿、修成正果。而新娘作为著名的爱情伯乐当然也是千里挑一地找到了自己的如意郎君。相信两个人一定风雨同舟、长途跋涉，并最终在这个让人难忘的周末走进了神圣的婚姻殿堂，到达爱情长跑的新驿站！此刻，我作为在场每一位贵宾的代表，来读出我们共同的见证，并通过声波、磁场、脑电波等一切无线传输系统，向全世界60亿人口宣布：他们结婚了！

我们无法用语言描述有多么震撼。因为人们都在期待并坚信：这会是一个伟大的历史时刻！他们的结合，将成为人类爱情史上具有划时代意义的伟大里程碑！五十年以后、一百年以后、一万年以后！人们在茶余饭后，仍旧会对他们的爱情故事津津乐道。女人们会以新郎作为标准要求自己的老公。而男人们则总是在老婆面前，假装不经意地提起新娘，以暗示老婆效仿。

说到这里，我不知道新娘新郎是否感受到了婚姻之重。你们的父母、家人、同事、朋友以及一切关心你们的人，从此刻起，都会充满期待地注视着你们的婚姻之路。你们已经告别过去，走上精彩的人生新舞台。在这个舞台上，你们将扮演丈夫、妻子、父母、儿媳、女婿等诸多角色，也肩负着时代寄予你们的重托。我在这里作为证婚人，能够代表大家给予你们是“祝福”二字。祝福你们能够相亲相爱，和和美美，白头偕老。不要辜负家人，不要辜负朋友，更不要辜负全世界所有关心你们并对你们寄予深深祝福的60亿人民！

最后，我提议：让我们斟满酒杯，为这对新人的美满结合，为他们的幸福生活，也为在座诸位的有缘相聚，干杯！

范例二：

【致辞背景】婚庆喜宴开席前

【致辞人】证婚人

女士们、先生们，各位来宾：

今天是×××先生和×××小姐喜结良缘的好日子，我受双方家长委托担任证婚人，感到格外荣幸。

俗话说：有缘千里来相会。这对新人他们一经相遇，就一见钟情，两颗真诚的心撞在了一起，闪烁出爱情的火花。他们相爱了，他们志同道合，他们是天生的一对，地作的一双。

在他们的新生活即将开始的时候，我祝福新郎新娘新婚愉快，白头偕老，美满幸福！希望你们在今后的共同生活中互敬互爱，和睦相处，互相照顾，工作努力，学习进步！衷心祝福你们共享爱情，共经风雨，互相珍惜，永结同心！并恭祝各位嘉宾健康快乐，万事顺意！经国际侦查组织缜密侦查，实地探访，发现×××先生不但为人忠诚，而且英俊潇洒，×××小姐更是热情奔放，温柔大方。再经我国各项法律程序审核，两人完全

具备结婚资格，最后我初步统计今天到场人数，已达到掌声投票的法定人数，所以我宣布×××先生和×××小姐婚姻合法有效，大家赞成的用掌声支持！好，没有一个反对票，全是赞同票！

下面我将接受新人及主婚人重托，代表中华人民共和国民政部，在所有嘉宾见证之下，向两位新人宣读并颁发结婚证书。

最后，我提议：让我们举杯祝愿这对新人的幸福就像这杯中的美酒一样，愈久愈醇美，愈久愈珍贵，干杯！

范例三：

【致辞背景】婚庆喜宴开席前

【致辞人】证婚人

各位来宾：

大家好！我是证婚人×××，刚才在下面我已经同另一位证婚人×××同志，共同检查过×××先生和×××小姐的结婚证了，确实不是假证，现在我宣布：×××、×××两位已经是一对合法夫妻。一会儿，大家可以放心地喝喜酒了。

爱情是个古老而又年轻的话题，也是不朽的人生主题，许多人已经拥有，更多人正在追求。站在我们面前的这两位新人，是在工作中相识、相知、相爱的。他们有着初恋时“月上柳梢头，人约黄昏后”的热烈心跳，也有热恋中“冷落清秋伤离别”的难舍难分。经历了“似水柔情，如梦佳期”的苦苦期盼，也品尝过“相知不渝，同心永结”的浪漫温馨。终于迎来这携手共赴红地毯的幸福时刻，同时也让在座的各位嘉宾感到凡尘自有真情在，到底人间喜事多。

此时此刻，我要送给两位新人的只有最诚挚的祝福：愿你们在今后的工作和生活中，互帮互让，互敬互爱，琴瑟合鸣，白头偕老。让我们举起酒杯，祝愿他们婚姻生活的每一天都甜甜蜜蜜，干杯！

◎介绍人祝酒辞

范例一：

【致辞背景】婚庆喜宴开席前

【致辞人】介绍人

各位来宾，女士们、先生们：

你们好！

清风拂面流淌着醉人的甜蜜，流云飞扬传递着诚挚的祝福。今天，作为介绍人，很荣幸地与两位新人及各位亲朋好友共享这喜庆的时光。新郎×××仪表潇洒、气质儒雅、才华横溢。新娘×××温柔贤淑、通情达理、秀外慧中。俊男和靓女，各自家庭幸福和谐，至善至美。他们的结合真可谓是才子佳人世间两美，金童玉女耀眼双星。

6月28日，农历初六，这是个特别吉祥的日子，二六永顺，二八即发。天上人间最幸福的一对即将在这良辰佳日喜结连理，共续良缘。今天，高朋满座，美乐轻扬，欢声笑语，天降吉祥。在这美好的日子里，在这大好时光中，天上人间共同舞起了美丽的霓裳。今夜，必将星光璀璨，多情的夜晚又将增添两颗耀眼的新星。新郎和新娘，情牵一线，踏着鲜红的地毯，已步入幸福的婚姻殿堂，从此，他们将相互依偎，徜徉在爱的海洋。这正是：红妆带绾同心结，碧沼花开并蒂莲。

×××先生和×××小姐，是我作为介绍人的第一篇习作，开头竟是出乎意料地完美，在深感得意的同时，我还特别想祝愿两位新人，要将你们今后的人生续写得更加精彩动人。为此，我以介绍人的名义，以长辈的姿态，希望你们结婚以后，工作上相互鼓励，事业上齐头并进，生活上互相照顾，遇到困难要相濡以沫、同舟共济，出现矛盾要多理智少激动、多理解少猜疑。新娘要孝敬公婆、相夫教子，做一位人人称赞的贤媳良妻；新郎要为妻子撑起能遮风挡雨的保护伞做妻子雷打不动的坚固靠山。要情之所钟，爱之所系，倾心如故，白首如新。

最后再次祝福新郎、新娘：你们要让恋爱时期的浪漫和激情一直延续到永远。做到白首齐眉鸳鸯戏水，青阳启瑞桃李同心。海枯石烂心永远，地阔天高比翼飞。

让我们一起举杯，衷心祝福这一对新人情切切，意绵绵，百年偕老，共浴爱河。

干杯！

范例二：

【致辞背景】婚庆喜宴开席前

【致辞人】介绍人

各位来宾：

大家好！

今天，在这个秋高气爽的日子里，我非常荣幸地在这里作为×××、××的婚姻介绍人向大家介绍这一对新人被爱神丘比特神箭射中的相识、相知、相爱的过程。其实，说我是他们二人的婚姻介绍人，还不如说我是惊梦人。大家从他们两人的名字中是否看到了玄机，看到了天意？看×××，不仅名字蕴涵了威武强悍、孔武有力，而且身材高高大大，形象俊朗潇洒、倜傥风流。再看××，帝王贵气中缱绻妩媚、娇小玲珑、婀娜多姿、仪态万方。一对新人，姓，乃一张一王，遍地吉祥；名，乃一刚一柔，相得益彰。这岂不是天作之合？如此说来，他们的姻缘早已注定。我只是在他们两人沉浸在爱情的梦幻中时，来到了他们身边。那是去年夏天的一个中午，正是夏花绚烂的季节，我对痴痴寻觅爱情的×××说："小子，佳人早已在身侧，何需举头望婵娟？张开怀抱去拥抱幸福的未来吧。"又在一个周末的下午对翘首等待心上人的××说："丫头，你的白马王子正跪在你的脚下，不要在梦里追寻了，抓住他的手，抓紧你美好的明天吧。"他们两人一惊，梦醒了。爱情果实结在这金色的秋天。所以呀，我今天虽然以介绍人身份出席，实有浪得虚名之嫌。他们的婚姻顺天意承天德，实乃天生一对，地造的一双。

今天，这家酒店也契合了天意。"北海明珠"——暗寓着北方爱情的海洋里一对新人珠联璧合。

值此喜庆时刻，我向一对新人提三点建议：首先是新郎，希望你今后不仅要做好本职工作，成为一名合格的人民卫士，也要全身心呵护你们的婚姻。努力，不！必须成为你们爱情的守护神。二是要对新娘说，新娘，你成长在警察世家中，现在，你又光荣地成为一名警察的妻子，所以希望你一定要辅佐好丈夫的事业。三是共同提给两位新人的，你们要学会"常回家看看"这首歌，并且要把它演绎到你们日后的行动中，用心孝敬双方父母，报答他们的养育之恩。

最后，我提议：让我们举起酒杯，祝福这对新人永结同心，白头到老，干杯！

范例三：

【致辞背景】婚庆喜宴开席前

【致辞人】介绍人

各位来宾、各位朋友：

大家好！天公作美，月老玉成，今天是×××小姐与×××先生新婚大喜的日子，作为两位新人的介绍人，我感到由衷的高兴和无比的自豪。

俗话说得好："千里姻缘一线牵。"今天这对新人的幸福结合，这是上天的安排，命中的注定。今天他们将心贴着心、手拉着手、肩并着肩走上婚姻的红地毯。他们二人，一个是在镇政府书写人生精华的办公室人才，一个是在中学造就人类灵魂的工程师。他们的结合是天作之合，佳偶天成。

天遂人愿，大楼之外是艳阳高照、暖意洋洋，大厅之内是高朋满座、情意浓浓，这昭示着二位的爱情甜甜蜜蜜，美美满满，昭示着×、×两家的感情百尺竿头，更进一步。

古人云：人生有三不朽——爱情、事业、文章。我衷心地祝愿二位从今以后携手并进，互敬互爱，悉心经营好共同的爱情，努力打拼好各自的事业，齐心协力一同书写好人生最壮丽的篇章。

今天，在座各位有缘相聚也是一种缘分，来，让我们为缘分，为爱情，为婚姻，干杯！

范例四：

【致辞背景】婚庆喜宴开席前

【致辞人】介绍人

各位来宾：

二位新人的相识，最初是由我介绍。今天有情人终成眷属，我自然分外欣喜。我的任务已经完成，新人美好生活即将开始，谨以此表达我衷心的祝愿。

新婚标志着新生活的开始，也意味着一对新人肩负起社会和家庭的责任。希望你们在今后的共同生活中，互敬互爱，相敬如宾，夫妻永远恩恩爱爱，让爱情之树永远长青。夫妻并肩携手共创美好的未来。也希望你们孝敬父母，团结邻里，尊老爱幼，阖家欢乐，共享天伦。

最后，我提议举杯祝福这对新人生活美满幸福，也祝愿在座的各位嘉宾、各位朋友，事业有成、前程辉煌，干杯！

◎新人亲戚祝酒辞

范例一：

【致辞背景】婚庆喜宴开席前

【致辞人】新娘阿姨

女士们、先生们：

晚上好！

在这阳光灿烂，万紫千红，春夏之交的季节里，一对新人——×××、×××，经过花前月下的浪漫，时间老人的考验，双方家长的赞同，于吉日良辰携手走进了婚姻的殿堂，并在这里举行盛大的结婚喜宴。在此良辰今宵，我受新郎新娘及其双方家长的委托，对各位来宾的光临表示热烈的欢迎和衷心的感谢！是你们送来了温暖，送来了友情，送来了吉祥，送来了最美好的祝福。在此谢谢你们了！

新郎和新娘并肩战斗在同一单位——××移动通信分公司。用他们专业术语来说“相知多年，值得信赖”，相识、相知、相爱，他们品读了爱情这三部曲。今天让我们斟满酒，举起杯，共同祝愿二位新人常相依、心相伴、花常开、情相连，为他们甜蜜的今天，幸福的明天，干杯！同时也为各位嘉宾今晚有缘相会，干杯！

范例二：

【致辞背景】婚庆喜宴开席前

【致辞人】新娘姑姑

各位来宾、各位亲朋好友：

今天是两位新人的大喜之日，作为新娘的姑姑，我代表在座的各位亲朋好友向新娘新郎表示衷心的祝福，同时受新娘新郎的委托向各位来宾表示热烈的欢迎。

在人生最喜庆的时刻，我衷心祝福你们小夫妻能够互相信任、互相扶持。在这个令人羡慕的日子里，你们应该开心，所有的亲友都在为你们的新婚祝福，你们也将永远幸福、快乐地生活在一起。王子和公主结婚之后要面对很多的现实问题，生活不是童话，希望你们能够有心理准备。同时，也希望你们能够在今后的生活中相互磨合、相互宽容、相互谅解，把生活过得像童话一样美好。

最后，我提议：为了两位新人的富足生活，为了双方父母的身体安康，也为在座诸位嘉宾的有缘相聚！干杯！

范例三：

【致辞背景】婚庆喜宴开席前

【致辞人】新郎的叔叔

各位领导，各位亲朋好友、小朋友们：

大家中午好！

今天山含情，水含笑。在这山花烂漫、生机勃发的季节，在这充满生机和希望、充满温馨和浪漫的美好时刻，我们在此欢聚一堂，为我的侄子、侄媳举行隆重而又简朴的婚礼，共同祝福他们踏上人生新的旅途。侄子小时候顽劣，现在不错，侄媳漂亮贤惠、知书达理，两人通过相识、相知、相爱，结成幸福美满的一对，除了缘分以外，离不开各位领导和亲朋好友的关爱、帮助，在此，我代表家人向你们表示衷心的感谢！同时，还非常感谢新娘父母为我们养育了这么一位优秀的媳妇！

看着侄子从呱呱坠地、蹒跚长大，到今天携手心爱的人步入圣洁的婚姻殿堂，作为长辈，我很激动，也由衷的高兴。此时此刻，除了美好的祝福外，剩下的就是殷切的期望：婚姻是一所学校，期望你们在这个学校里，相互学习，取长补短，共同进步；婚姻是一座城堡，期望你们在这座城堡里相敬如宾，相濡以沫，举案齐眉；婚姻是一首长诗，期望你们有如诗般的生活，永远有歌声和笑声相伴；婚姻更是一种责任，期望你们能够在实现自身价值、社会价值的同时，信守各自的诺言，执子之手，与子偕老，承担起做好丈夫妻子、儿子女儿的双重责任。千言万语、万语千言，要说的祝福话语很多，要讲的期望也很多很多，总之，祝愿你们爱情之树常青，永远幸福！

最后，还要恳请各位领导、各位亲朋好友在今后的日子里一如既往地关心、帮助他们。在此，我提议：让我们为今天的新婚之喜，为这对新人的幸福，为在座各位的身体健康！干杯！

范例四：

【致辞背景】婚庆喜宴开席前

【致辞人】新娘的舅舅

各位来宾、亲朋好友：

大家上午好！

今天是我五妹和妹夫的长女、我的外甥女×××与×××成亲的大喜日子！看到两个孩子携手走进婚姻殿堂，身为长舅的我感到由衷的欣慰！承蒙各位来宾和亲朋好友在百忙中远道而来，在此我向大家表示衷心的感谢和良好的祝愿！

推开秋天的大门，走进金色的十月，美酒飘香，红艳的玫瑰为这喜庆之日尽情绽放！蓝天可以见证，彩云可以倾诉，守望在地平线上的两颗心终于相依。两个孩子坚守了这份始于大学时代的挚爱，爱的天空下如今是收获的季节！

希望他们在今后的生活中感受爱的真谛，体会家的温暖！要学会负起责任、学会换位思考、学会宽容相待、学会相互扶持、学会彼此分享和欣赏，做到执子之手，与子偕老！

在这个大喜的日子里，我谨代表女方的亲属祝福你们：祝你们夫妻恩爱，在漫漫人生路上携手并进、相依相伴、不离不弃、百年好合！更希望你们带着我们的祝愿，幸福、快乐地飞翔，用勤劳的双手和智慧去创造更加美好的、属于你们的未来！

世界上最令人喜悦的事情莫过于有情人终成眷属，各位来宾，让我们为今天的喜宴，为明天的幸福！干杯！

范例五：

【致辞背景】婚庆喜宴开席前

【致辞人】新郎堂兄

各位来宾、亲爱的朋友们：

在这美好的夜晚，让我们为这对幸福的恋人起舞，为快乐的爱侣歌唱，为火热的爱情举杯，愿他们的人生之路永远洒满爱的阳光。

在开局之前，我送我们在座的所有来宾一副对联。上联是：吃，吃尽天下美味不要浪费。下联是：喝，喝尽人间美酒不要喝醉。横批是赵本山的一句至理名言：吃好喝好！我也衷心地祝愿我们在场的所有来宾、所有的朋友们家庭幸福，生活美满，身体健康，万事如意！

最后，让我们举起手中的酒杯，共同祝福这对龙凤新人新婚愉快，白头偕老，永结同心！干杯！

◎新人父母祝酒辞

范例一：

【致辞背景】婚庆喜宴开席前

【致辞人】新娘母亲

尊敬的各位来宾、亲朋好友：

大家好！

首先，请允许我代表我全家向远道而来的各位，表达最真诚的感谢，感谢大家，百忙之中前来参加小女×××与女婿×××的婚礼！

在这样一个喜庆、欢乐的时刻，作为母亲，我百感交集，心中除了喜悦，更多的是对女儿的不舍，毕竟，20多年来，我们视女儿为掌上明珠，她是我们生命的延续，是我们的快乐和希望。今天，我很高兴地看到她遇到了生命中最重要的另一半，作出了她一生中最重要的选择！

作为父母，我们向女儿表示深深的祝福！

女儿、女婿，20多年的含辛茹苦，父母把你们养大成人，给了你们健康的身体、幸福的生活和快乐的回忆，现在又把你们送进了婚姻的殿堂，我们尽了心、尽了责、尽了力！当你们牵手同行、品尝幸福的时候，当你自己也为人父、为人母的时候，当你们事业、家庭蒸蒸日上的时候，望你们不要忘了父母的养育之恩，不要忘了师长们的关心、教诲！知恩图报，长存一颗感恩的心！

现在，我们把爱女交给×××，感到很放心，还望×××能包容她、呵护她，给她一生的幸福和快乐！

妈妈祝福你们相知相爱、互谅互让、举案齐眉、白头到老。

最后，我提议：让我们共尽一杯酒，祝福这对新人百年好合！干杯！

范例二：

【致辞背景】婚庆喜宴开席前

【致辞人】新娘父亲

各位来宾、各位至亲好友：

今天，是我们×家的女儿与×家之子举行结婚典礼的喜庆日子，我对各位嘉宾的光临表示热烈的欢迎和诚挚的感谢！

今天，是一个不寻常的日子，因为在我们的祝福中，又诞生了一个新的家庭。在这喜庆的日子里，我希望两位青年人用仁爱、善良、纯正之心，用勤劳、勇敢、智慧之手去营造温馨的家园，修筑避风的港湾，创造灿若朝霞的幸福明天。

在这喜庆的日子里，我万分感激从四面八方赶来参加婚礼的各位亲戚朋友，在十几年、几十年的岁月中，你们曾经关心、支持、帮助过我的工作和生活。我也希望你们在以后的岁月里关照、爱护、提携这两个孩子，我拜托大家，向大家鞠躬！

我们更感谢主持人的幽默、口吐莲花的主持使今天的结婚盛典更加隆重、热烈、温馨、祥和。

这对新人的婚姻生活即将起航，我提议：为他们的幸福干杯！

范例三：

【致辞背景】在婚庆喜宴开席前致祝酒辞

【致辞人】新郎母亲

尊敬的各位来宾、亲朋好友：

今天是我儿子×××和儿媳×××百年好合、永结同心的大喜日子。首先，我要向各位来宾的光临表示最诚挚的欢迎。

此刻，我无比激动，我有千言万语要对我的儿子、儿媳说：愿你们夫妻恩爱，从今以后，无论是贫困，还是富有，你们都要一生一世、一心一意，忠贞不渝地爱护对方，在人生的路途中永远心心相印，白头偕老，美满幸福。

同时，我还衷心地希望你们：尊敬父母孝心不变，依然是一个好儿子、好女儿，还要当一个好女婿、好媳妇。

最后，我提议：让我们干了这杯酒，共同祝这对新人幸福、美满干杯！

范例四：

【致辞背景】婚庆喜宴开席前

【致辞人】新郎父亲

两位亲家、尊敬的各位来宾：

大家好！

今天我的儿子与×××在你们的见证和祝福中幸福地结为夫妻，我和太太无比激动。作为新郎的父亲，我首先代表新郎、新娘及我们全家向大家百忙之中赶来参加×××、×××的结婚典礼表示衷心的感谢和热烈的欢迎！

缘分使我的儿子与×××相知、相惜、相爱，到今天成为夫妻。从今以后，希望你们能互敬、互爱、互谅、互助，用自己的聪明才智和勤劳的双手创造美好的未来。

祝愿二位新人白头到老，恩爱一生，在事业上更上一个台阶，同时也希望大家在这里吃好、喝好！

来！让我们共同举杯，祝大家身体健康、阖家幸福！干杯！

◎新人单位领导祝酒辞

范例一：

【致辞背景】婚庆喜宴开席前

【致辞人】新郎单位代表

各位领导、各位嘉宾、朋友们：

大家好！

今天，我们欢聚一堂，共庆×××先生和×××女士喜结良缘，我感到无比的荣幸和由衷的喜悦。在此，我谨代表新郎工作单位——××××，衷心祝愿他们二人新婚愉快、幸福美满、天长地久！同时，我也代表各位来宾向新人献上殷切的希望和美好的祝愿：希望你们在婚姻生活中，一要互相帮助，共同进步，真正做到恩恩爱爱，甜甜蜜蜜，以心换心，心心相印；二要不忘父母养育之恩，孝敬双方父母，团结兄弟姐妹，以仁爱、善良、纯洁之心，用团结、勇敢、智慧之手去营造温馨的家园，修筑避风的港湾，共创美好的明天。在此，我以“六心”相赠：希望你们忠心献给祖国，孝心献给父母，爱心献给社会，痴心献给事业，诚心献给朋友，信心留给自己。

最后，让我们共同举杯，祝愿新郎新娘永结同心，白头偕老，幸福万万年！干杯！

范例二：

【致辞背景】婚庆喜宴开席前

【致辞人】新郎单位领导

各位来宾、朋友们：

你们好！

×先生是××××单位的业务主干，×女士温柔贤惠，今天是你们大喜的日子，我代表××××单位全体员工衷心地祝福你们：新婚幸福、美满！

愿你俩百年恩爱双心结，千里姻缘一线牵；海枯石烂同心永结，地阔天高比翼齐飞；相亲相爱幸福永远，同心同德幸福常在！

为你们祝福，为你们欢笑，因为在今天，我的内心也跟你们一样的欢腾、快乐！

我提议：让我们一同举杯，祝福这对新人百年好合，白头到老！干杯！

范例三：

【致辞背景】婚庆喜宴开席前

【致辞人】新娘单位领导

各位来宾、朋友们：

喜临门，喜洋洋。在此良辰美景，让我们举起酒杯，向新人表示真诚的祝福。

祝福你们，新郎新娘，祝福你们的美满结合。从相识、相恋到喜结良缘，你们经历了人生最美好的时光。你们的爱情是纯洁的、真挚的。千里姻缘，天作之合。在对理想和事业的追求中建立的新家，正是你们谱写美妙爱情交响曲的延伸。

祝福你们，新郎新娘，祝福你们新婚快乐。中国有句俗话："男大当婚，女大当嫁。"两性结合的爱情让人得到最大的快乐。今年洞房花烛，来年生个胖娃娃。愿你们良宵花烛更明亮，新婚更甜蜜。真诚祝愿共浴爱河的俊男靓女，尝遍人生欢愉和甘甜。

祝福你们，新郎新娘，祝福你们爱情之树常青。愿你们相知相敬，恩恩爱爱，和和睦睦，白头偕老；愿你们尊敬父母，孝心永远不变，依然是个好儿子、好女儿，还要当个好女婿、好媳妇；愿你们工作、学习和生活，步步称心，年年如意。

各位，让我们举起酒杯，共同祝愿新郎新娘，幸福美满，心想事成！干杯！

范例四：

【致辞背景】婚庆喜宴开席前

【致辞人】新娘单位领导

各位来宾，女士们、先生们：

晚上好！

在这欢声笑语、天降吉祥、花好月圆、天作之合的喜庆日子里，我们相聚在这里，隆重庆祝×××先生与×××小姐喜结良缘。

今天，我十分荣幸地接受新郎新娘的委托，步入这神圣而庄严的婚礼殿堂为这对新人致新婚祝酒辞。在这里，首先请允许我代表二位新人以及他们的家人对各位来宾的光临表示衷心的感谢和热烈的欢迎！同时，让我们衷心地为他们祝福，为他们祈祷，为他们欢呼，为他们喝彩，为了他们完美的结合，让我们以醇香的美酒，祝福新郎新娘，祝愿他们的生活像蜜糖般甜蜜，他们的爱情像钻石般永恒，他们的事业像黄金般灿烂。干杯！

◎伴郎伴娘祝酒辞

范例一：

【致辞背景】婚庆喜宴进行中

【致辞人】伴郎

尊敬的各位来宾、朋友们：

大家好！

今天作为×××的伴郎，我感到十分荣幸。

我与×××同窗十载，岁月的年轮记载着我们许多美好的回忆。我们曾经在上课时以笔为语、以纸为言，谈论着我们感兴趣的话题；曾经在宿舍内把酒问天，挥斥方遒；曾经逃课去吃早饭、溜玩一会儿，回来时在老师严厉的目光下相视一笑，正襟危坐。可无论我们怎样地“不努力”，每次考试都名列前茅。

有一次我和×××闲聊，他说如果谈恋爱一定会去追×××。如今，他成功了，终于如愿以偿地娶到了美丽而柔婉的×××，我和全班所有同学为他感到自豪和由衷的高兴。

“名花已然袖中藏，满城春光无颜色。”

结婚是幸福、责任和一种更深的爱的开始，请你们将这份幸福和爱好好地延续下去，直到天涯海角、海枯石烂，直到白发苍苍、牙齿掉光！今晚调皮璀璨的灯光将为你们作证，今晚羞涩地躲在云朵后的那位月老将为你们作证，今晚在座的两百位捧着真诚祝福之心的亲朋好友将为你们共同作证。

最后，让我们共同举杯，祝愿这对佳人白头偕老，永结同心！

谢谢！

范例二：

【致辞背景】婚庆喜宴进行中

【致辞人】伴郎

女士们、先生们：

大家好！

今天我们一同站在×××的婚礼上，见证一个新的美好姻缘的开始。

我做新郎的好朋友已经将近两年，在这段时间里，我有幸作为一个旁观者了解了一对恋人从相爱到结婚的过程。用两个字概括，那就是坎坷。一次次的电话，跨洋跨洲；一次次的长途奔跑，劳顿不已。其间有欢乐，有悲伤；有戏言，有争吵；有时哈哈大笑，有时泪流满面。谁说恋爱只会有笑容！

但是，最终他们走到了一起，他们的爱情开花结果。我一直在想，是什么令他们坚持到了最后，不管是一年前跨洲长途奔波，还是两年前的隔洋相望？我想，爱、信任和彼此对未来的信心使他们笑到了最后。

朋友们，难道我们不应该从他们身上学到点什么吗？也许你的另一半离你很远，也许你们之间出现了矛盾，但是请你相信，只要彼此努力，希望始终伴随。请相信，明天的婚礼你是主角。

最后，让我们再次祝福这对新人。愿你们互相珍惜，同心永结；用轻盈的脚步去踏绿美丽生活的芳草园，用劈浪的英姿去搏击人生路上的烦恼，用深沉的爱去温暖父母夕阳的暮年；祝你们共享爱情，共度风雨，白头偕老；祝你们青春美丽，人生美丽，生命无憾！

朋友们，让我们为这世界上最美好的事物——爱情，干杯！

范例三：

【致辞背景】婚庆喜宴进行中

【致辞人】伴娘

各位朋友：

今天是文远兄和兰妹妹大喜的日子，作为和兰妹妹从小一起长大的朋友，我谨代表文远兄和小兰的所有朋友，恭祝两位新人新婚快乐，白头偕老。

小兰是个很有情趣的女孩。记得我们小学二年级的时候，兰妈妈给小兰买了一个棕色的小布熊作为生日礼物，小兰可喜欢那个小布熊了，每天都要抱着小布熊才能入睡。

几天后，兰妈妈突然发现小布熊的衣服被剪成了一条一条的，小兰说她在帮小熊做衣服。在其后的两周里，兰妈妈有时发现小布熊被绳子捆成各种形状，有时发现小布熊被“化了妆”，有时发现小布熊身上布满了烧灼和滴蜡的痕迹。

兰妈妈看到小布熊又脏又破，于是偷偷把小布熊扔掉了——小兰发现小布熊丢失后伤心地扑到妈妈怀里大哭：“妈妈快帮我找回小布熊，妈妈快帮我找回小布熊……”兰妈妈眼含泪水，轻轻抚着小兰的头：“兰儿，莫哭，妈妈向你保证，总有一天你的小布熊会回来的……”

再一次对两位新人表示衷心的祝福，也祝贺小兰又重新找回了她的小布熊！朋友们，来，让我们举杯祝福，小兰和她的小布熊像童话故事中的公主和王子一样——从此过着幸福快乐的生活！干杯！

范例四：

【致辞背景】婚庆喜宴进行中

【致辞人】伴娘

尊敬的各位来宾、朋友们：

大家好！

×××以其美丽与良好品德在同学和朋友中深受欢迎，今天她终于将自己今生托付给了与她相知相爱的人。

我与×××是大学同学，四年的相处让我们成为无话不谈的挚友。毕业后我们天各一方，但时间与空间的阻隔并没有影响我们的友谊。当我知道自己将要做×××的伴娘时，心中的喜悦不言而喻。今天，我来到这座城市，参加×××的婚礼，为的就是能向他们二位表达我的祝福。

祝愿他们永结同心，执手白头；祝愿他们的爱情如莲子般坚贞，可逾千年万载不变；祝愿他们在未来的岁月里甘苦与共，笑对人生；祝愿他们婚后能互爱互敬、互珍互谅，岁月愈久，感情愈深；祝愿他们的未来生活多姿多彩，儿女聪颖美丽，永远幸福！

我提议：让我们共同举杯，祝愿这对新人百年好合！干杯！

◎来宾祝酒辞

范例一：

【致辞背景】婚庆喜宴进行中

【致辞人】来宾代表

女士们、先生们，朋友们：

大家好！

今天是好朋友×××的大喜日子，小弟得以参加盛会，万分荣幸。在此，我谨向新人表示衷心的祝贺和美好的祝愿，向养育他们成长成才的双方父母、亲眷和前来贺喜的各位来宾、好友表示真挚的谢意与问候！

二位新人可谓郎才女貌，佳偶天成。百年修得同船渡，千年修得共枕眠。无数人偶然堆积而成的必然，怎能不是三生石上精心镌刻的结果呢？用真心呵护这份缘吧。我希望你们互助互谅，共同努力，创造美满幸福的家庭。

最后，我提议：让我们举杯祝愿新郎、新娘健康快乐，鸾凤和鸣，白头偕老！干杯！

范例二：

【致辞背景】婚庆喜宴进行中

【致辞人】来宾代表

先生们、女士们：

你们好！

在这金秋十月的大好日子里，我接到了他们的喜帖，于是喜气洋洋地赶来祝福。新郎的潇洒、新娘的美貌可谓是今年秋天最美丽的画面。秋天是丰收的季节，预祝他们的生活和事业像秋天一样硕果累累。

为此，让我们共饮杯中酒，衷心地举杯祝愿新郎新娘：新婚幸福，百年好合！干杯！

范例三：

【致辞背景】婚庆喜宴进行中

【致辞人】来宾代表

各位来宾、各位朋友：

金色的十月，秋高气爽，这是一个播种希望、收获幸福的季节，是开拓未来、拥抱欢乐的日子，在这喜庆的时刻，我们欢聚一堂，共同见证×××、×××在此踏上爱情的红地毯，步入温馨的婚姻殿堂。甜蜜的爱情在这一刻升华，美好的生活从此共同品味，让我们用世界上最美好的词语祝福他们。

祝他们天成佳偶百年好，美满良缘到白头，愿他们夫妻恩爱相敬如宾，事业、爱情双丰收。

来宾们、朋友们，让我们共同举杯，为了这美好的时刻，为这对洋溢着幸福的新人，干杯！

◎新人祝酒辞

范例一：

【致辞背景】婚庆喜宴开席前

【致辞人】新郎

亲人们、朋友们：

在党的亲切关怀下，我和×××在以经济建设为中心的革命道路上相识相知，结成了志同道合的革命伴侣，在此我郑重宣誓：和×××同志永远跟着党走，忠诚于党给我们的婚姻，永不叛党！

顺便宣布两条纪律：

一是未经本人同意，谁也不能擅自离场；二是我已经作好被你们灌醉、灌晕的准备，希望各位坚持到底！

长话短说，下面我宣布：开始战斗！

范例二：

【致辞背景】婚庆喜宴开席前

【致辞人】新郎

各位领导、各位亲朋好友：

人生能有几次最难忘、最幸福的时刻？今天我才真正从内心感到无比激动、无比幸福，更无比难忘。今天我和×××结婚，我们的长辈、亲戚、知心朋友和领导在百忙之中远道而来参加我们的婚礼庆典，给今天的婚礼

带来了欢乐，带来了喜悦，带来了真诚的祝福。借此机会，我们真诚地感谢父母把我们养育成人，感谢领导的关心，感谢朋友们的祝福。

我还要深深感谢我的岳父岳母，您二老把唯一的掌上明珠托付给我，谢谢你们的信任，我也绝对不会辜负你们的期望。我要说，我可能这辈子无法让你们的女儿成为世界上最富有的女人，但我会用我的生命使她成为世界上最幸福的女人。

有专家说，现在世界上男性人口超过30亿，而我竟然有幸得到了这30亿分之一的机会成为×××的丈夫，30亿分之一的机会相当于一个人中500万元的彩票连中一个月，但我觉得今生能和×××相伴，是多少个500万元都无法比拟的！

最后，祝各位万事如意，阖家幸福。请大家共同举杯，与我们一起分享这幸福快乐的时刻。干杯！

范例三：

【致辞背景】婚庆喜宴即将结束之时

【致辞人】新娘

各位亲朋好友、各位领导：

今天是我与×××向全世界宣布永结同心、百年好合的日子，借此机会我想表达心中对父母、对公婆的感谢。感谢你们含辛茹苦20余年，把我们养大成人。从我们呱呱落地的那一刻起，你们把所有的爱都给了我们，这说不尽、道不完的父爱和母爱是无法言表的。可我们在成长的过程中，常常不懂事，惹你们生气，让你们担心。如今，我们都已长大成人组成家庭，现在是我们尽孝心、赡养你们的时候了，×家（男方家）多了个女儿，×家（女方家）又多了个儿子，请父母们放心，我们将会是世界上最幸福的一家人。

最后，请大家与我们一起分享这杯承载着幸福的美酒。祝大家万事如意，心想事成。干杯！

◎军人婚礼祝酒辞

范例：

【致辞背景】婚庆喜宴进行中

【致辞人】新人的同学

各位来宾、各位朋友：

今天，阳光明媚，天上人间共同舞起了美丽的霓裳。今夜，星光璀璨，多情的夜晚又增添了两颗耀眼的新星。新郎×××先生和新娘×××女士，情牵一线，踏着红地毯幸福地走进了婚姻的殿堂，从此，他们将相互依偎着牵手撑起一片爱的蓝天。我作为他们的同学，也是二人从小到大的朋友，此时也激动不已、幸福不已、欢喜不已。

今天是一个特别吉祥的日子，天上人间最幸福的一对将在今天喜结良缘。今天，西班牙王储费利佩正式迎娶他美丽的平民新娘。此时，×××先生也与西班牙王子一样，幸福地拥有了人间最美丽的新娘。我说，其实最幸福的当属我们眼前这二位了。因为，新郎新娘各自刚刚在娘胎成形的时候，就被在军中戍边的父辈们玩笑似的指腹为婚了。他们青梅竹马、两小无猜，从小到大不曾分开。幼时牵手走进军中幼儿园，儿时牵手走进小学校园，少男少女时牵手走过初中和高中，长大了又双双考进了同一所重点军事大学，两人在长辈的呵护下一帆风顺牵手走过了××个春夏秋冬。他们是天注姻缘，是最幸福的一对，今天的大典之后他们将永远牵手，一起走到夕阳红霞耀满天。

在激动、幸福、欢喜的时刻，我诚心地对新郎新娘说：我们身为军人，同时又都是军人的后代，无论何时都不可忘记祖国之重托，今后的路还很长，让我们一如既往，以祖国为重，用我们的脊梁同千千万万个脊梁一道筑起坚不可摧的钢铁长城。

自从离开家乡，我们就很难见到爹娘，不是我们不爱，而是爱得更深，爱得更广，爱得不同凡响，我们会用报效祖国的一片赤诚回报我们的爹娘。祖国需要我们，人民也需要我们，为了国家和人民的安宁，为了天下所有爹娘的幸福安康，请相信我们的新郎和新娘一定会继续努力，比翼双飞，让美丽的风采在绿色军营镌刻幸福、吉祥和辉煌。

有一句话是这样说：拥抱新郎，喜气洋洋，拥抱新娘，吉祥满堂。最后，请允许我代表各位来宾敬新郎和新娘一杯酒，也让我们在座的每一位都同沾喜气、共享吉祥！干杯！

常用祝酒辞

◎婚庆祝酒佳句

◆女士们、先生们，朋友们！让我们为这对佳人的最佳组合，干杯！

◆女士们、先生们！我提议：为这对新人干一杯，祝他们永浴爱河，白头到老，干杯！

◆女士们、先生们，朋友们！现在我提议：为新郎、新娘的美好前程，为在座各位来宾、朋友的身体健康，干杯！

◆一束鲜花分外香，诗情画意里面装，愿你们今后的生活就像这鲜花一样，永远鲜艳奔放。让我们给予掌声，为新人祝福。

◆女士们、先生们！我提议：为玛丽和她决定永久去爱的男人约翰的健康，干杯！

◆尊贵的先生们、高贵的少爷们，贤惠的女士们、漂亮的小姐们！玛丽的母亲和我总是盼望着见到她准备嫁的男人。她选择了约翰，实现了我们的心愿。我们想让你们所有的人知道我们今天有多么高兴。请和我一起祝愿他们的婚姻长久、幸福，干杯！

◆女士们、先生们，朋友们！现在，我高兴而友好地提议：为爱情，干杯！

◆今天参加婚礼的，有各级领导，有挚友同窗，有友爱的亲朋，也有邻里老乡，有娘家人的代表，也有各行各业的朋友。在此，我代表双方东道主，对各界朋友的大驾光临，表示热烈的欢迎和衷心的感谢。

◆名花不放不生芳，美玉不磨不生光，不经一番寒彻骨，哪得梅花扑鼻香？女士们、先生们，我提议：为×××女士、×××先生的新婚之喜，干杯！

◆红烛摇曳，锦帐添香；良人似玉，淑女如花。尊贵的先生们、高贵的少爷们，贤惠的女士们、漂亮的小姐们！为我们的有缘相会，为庆祝×××女士和×××先生相亲相爱、新婚大喜，让我们斟满红葡萄酒，干杯！

◆为爱干杯，需要一份勇气，需要一份成熟，不管爱与被爱，温馨、浪漫，抑或苦涩、惆怅，都是一杯人生的老酒，和着泪吞下，那是苦涩，和着蜜吞下，那是沁人心脾的甜蜜！

◆让我们祈祷，让我们祝福，让我们举起手中的酒杯，共同祝愿这一对玉人新婚愉快、永结同心、白头偕老，携手共创更美好的明天，干杯！

◆我觉得，不！我们所有的人都觉得，×××先生能得到×××女士这样的妻子，可以说是男家的骄傲。×××女士能够找到×××先生这样的丈夫，可以说是女家慧眼识英才。他们俩真可谓郎才女貌，不！应该说是才貌双全。我不是诗人，无法用世上最美好的语言来赞美他们。但是我要说，他们的结合是天赐良缘，珠联璧合。我不是牧师，无法向上帝去祈祷，但我要祝福他们琴瑟永合，白头偕老。在此，我提议：大家全体起立，为了新郎新娘的幸福，干杯！

◆人生的旅途，并非都是鲜花与美酒，还有坎坷与磨难。作为伴侣，就要携手并肩，一同去搏击那风雨春秋，君不见彩虹虽美却短暂。只要人长久，千载情悠悠。朋友们！让我们共同举杯，为新郎新娘新婚幸福，干杯！

◆女士们、先生们，朋友们！现在，我高兴而友好地提议：为了两位新人的辉煌明天，为了双方父母的身体安康，也为了在座诸位嘉宾的有缘相聚，干杯！

◆女士们、先生们，朋友们！为了上天的安排，为了我们将来的幸福，干杯！

◆美丽的新娘就好比是一杯玫瑰红酒，而新郎就是那红酒杯，就这样二者慢慢品那融合的滋味。恭喜你们！酒与杯从此形影不离！祝福你们！酒与杯恩恩爱爱！

◆愿你们婚礼之日分享的喜悦，将伴随你们共度人生的岁月。

◆是爱情把你们结合在一起，是爱情使你们心连心，愿你们年年岁岁都像初萌爱情般依恋。

◆海枯石烂同心永结，地阔天高比翼齐飞。

◆相亲相爱幸福永，同德同心幸福长。愿你们情比海深！

◆由相知而相爱，由相爱而更加相知。人们常说的神仙眷侣就是你们了！祝相爱年年岁岁，相知岁岁年年！

◆愿爱洋溢在你甜蜜的生活中，让以后的每一个日子都像今日这般辉煌喜悦！

◆愿你们恩恩爱爱，意笃情深，此生爱情永恒，爱心与日俱增！

◎婚庆幽默祝酒佳句

◆男的最后想通了，女的终于看开了，恋爱虽然让人成熟，结婚更能使人进步！安慰好哭泣的情敌，告别了单身的兄弟，毅然走进围城里的80平方米。

◆憧憬着漫漫无边的婚姻长路，计算好不停涨价的油盐酱醋，相互的关爱，相互的搀扶，心甘情愿的领受，为每一次嘘寒问暖的欣慰，每一次上缴工资的幸福，举杯庆祝！

◆矛盾也许在所难免，挣钱多未必能赢得话语权，虽然经济基础决定上层建筑。书上说婚姻是爱情的坟墓，因为没有婚姻，爱情会死无葬身之处。

◆爽快地交出存折的密码，顺利地收藏好初恋的情书，用结婚的壮举，给所有单身汉带来最大的鼓舞！

◆让我们热情高涨，满怀期待，强烈祝贺，一个好男人的幸福生活从此——盛大开幕！

◎婚庆祝酒佳词

1. 对新人的祝辞，按阶段分，可分婚礼前、婚礼日两种

婚礼前，对于新人的祝辞：

志同道合　喜结良缘　百年好合　珠联璧合　比翼高飞　连枝相依
心心相印　同心永结　爱海无际　情天万里　永浴爱河　恩意如岳
知音百年　爱心永恒　白头偕老　天长地久

婚礼日，对新人的祝辞：

恭贺新婚　婚礼吉祥　新婚大喜　结婚嘉庆　新婚快乐　龙凤呈祥
喜结伉俪　佳偶天成　琴瑟和鸣　鸳鸯福禄　丝萝春秋　花好月圆
并蒂荣华　幸福美满　吉日良辰

2. 对新人的父母所用祝辞也各有差别，对新郎父母的祝辞

令郎婚禧　家璧生辉　祝福早孙　贺子纳媳　增祺添丁

对新娘的父母所用祝辞：

令爱婚禧　福得佳婿　恭贺女嫁　于归志喜

对双方父母共贺祝辞：

恭贺秦晋　贺继朱陈　联姻嘉庆　结亲兼福

◎婚庆祝酒辞素材

一、春天结婚

喜鹊喜期报喜讯；新春新燕闹新房

花烛辉联元夜月；风箫吹彻玉堂春

十里好花迎淑女；一庭芳草长美男

春山春水春常在；喜事喜人喜日来

春风笑引比翼鸟；红雨催开并蒂莲

春回谐凤律；风静奏鸾箫

春和花并蒂；日暖树交柯

日掩芙蓉帐；春添锦绣帏

花深处鸳鸯并列；枝稀间凤凰共栖

芙蓉帐里春宵暖；梅柳江头物候新

桃符新换迎春帖；柏酒还斟合卺杯

春光入院花容艳；喜气盈门人意和

二、夏天结婚

向晓红莲开并蒂；朝霞彩凤喜双飞

酷暑锁金金屋见；荷花吐玉玉人来

枝头榴花红艳艳；绣帏凤侣情殷殷

出水红莲开并蒂；朝阳彩凤喜双飞

镜里芙蓉花含笑；筵中佳偶酒合欢

双双黄鹂鸣翠柳；对对红鳞戏碧波

两朵喜莲开三夏；一世良缘到百年

云路高翔比翼鸟；龙池深种并蒂莲

玉楼冰簟鸳鸯枕；宝钿香娥翡翠裙

三、秋天结婚

丹桂香飘云路近；玉箫声绕镜台高
秋色平分佳节夜；月华常照美人妆
桂苑月明金做屋；蓝田日暖玉生烟
黄花酿酒合欢醉；绣阁增辉喜烛明
皓月清光增客兴；中秋佳节乐宾筵
丰收诗画铺大地；新婚歌舞庆良辰
借得花容添月色；权将秋夜代春宵
绣幄宵长情馥郁；桂枝香透月团圆
云开月镜辉玉佩；香护纱窗艳锦袍
秋色淑华吉祥止止；威仪徽美乐意陶陶
绣幕风清凤箫吹处；金轮月满鸾镜圆时
丹桂香飘姻联两姓；蟾宫月满喜照双星
彩凤和鸣梧桐阴茂；关雎雅化蘋藻仪修
稻熟麦香丰收张喜宴；秋高气爽两姓结新婚

四、冬天结婚

评花赋就梅妆额；咏絮诗成雪满阶
凤管久谐箫史配；梅花已点寿阳妆
好句联吟初夜月；卺杯醉饮小阳春
点额新梅香绣阁；回阳丽日暖妆台
摇落红梅毡铺地；飘来瑞雪花缀帏
律应黄钟谐凤卜；春回紫帐协熊占
带雪梅花飘东阁；临风兰气入香帏
月满一轮辉宇宙；梅香千里到门庭
金鸡昂首祝婚礼；喜鹊登梅报新春
黍谷春回祥开燕舞；兰闺宵永梦绕蝶飞
锣鼓声声欢歌阵阵；梅花朵朵情谊绵绵
红梅有信似心灵美好；白雪无尘如爱情纯真

第三章
聚会祝酒辞

祝酒之礼

◎家庭聚会重“情”最为礼

家庭聚会一般要突出亲情的因素，父母的祝福都是要突出对子女的关心和期盼，不要拿长辈高高在上的姿态来教育、压制晚辈。尤其是家庭在节日期间聚会，高高在上来教育孩子，只会增添孩子的反感，破坏节日气氛。如果遇到孩子刚好处于青春叛逆期，就很难接受。

在家庭聚会时，致辞人如果是长辈，他们的祝酒辞应该如丝丝柔软的春雨，沁入子女的心扉，真正打动他们的心。

如果致辞人是晚辈，祝酒辞可以略显活泼一点。这样一方面更能活跃聚会时的气氛，一方面也凸显撒娇的成分，令父母感觉家庭的温馨。如，可以以开玩笑的口气这样说说：“祝愿老爸老妈和和气气，幸福美满，做个只羡鸳鸯不羡仙的人间伉俪。”

总之，家庭成员之间的聚会，重在亲情，致辞人的一言一行，都要让家庭成员倍感家的温暖，这是家庭聚会祝酒辞最大的特点。

◎朋友聚会贵在“真”

俗话说“千金难买是朋友”，朋友之间的情意是非常难得的，朋友之间经常聚聚会，既可增进彼此的感情，又可放松心情，朋友之间的小聚因此是最为普遍的。

朋友之间感情的特殊性决定了朋友聚会祝酒辞的特殊性。一般来说，祝酒辞就显得更为轻松活跃，越是熟悉的人，说的话就会越没有拘束，可以调侃过去的岁月，夸张一下现在的生活，幻想一下将来的样子，内容涉及方方面面。

与朋友之间聚会风格相似的，还有同学之间的聚会。

学生时代积累的友谊是最为纯真的，也是很值得珍惜的，不论你们是否熟悉、是否打成一片，当临近毕业或是多年不见再次相聚时，都会生发出许多的感慨，好像不知不觉地亲近了许多。毕业宴上，大家表现得更多的是依依不舍，常说的话不外乎是对母校、对老师和对同学的眷恋，以及对同学们走向社会后的祝福，比如“苟富贵，勿相忘”之类的。因此，同学之间再次相见，其情感的浓烈程度，比朋友之间有过之而无不及，仅用表情和动作表现出来重逢时的兴奋是不够的，大家在喝酒之前都会说上几句，来表达自己激动的情怀，比如，“×年没见过了，很想大家，感谢这次活动的组织者，让我们这些阔别了×年的老同学终于相聚到一块了”，等等。

鉴于朋友聚会和同学聚会的特殊性，致辞人在这些场合发表祝酒辞的时候，情意一定要真挚，心灵之间的碰撞，亲情和友情之间的升华才是最主要的，是高于形式的，不要将商务应酬中那些心计和算计加进去。

◎战友、乡友聚会不拘一格

亲朋好友，师生之间的聚会，由于多半都是自己人、熟悉的人，所以在发表祝酒辞时，不用特别的严肃拘谨，可以略带幽默，气氛活跃才是最主要的，因为这样的聚会，都是很长时间没见的家人、朋友之间的聚首，是盼望已久的聚会。但人类的感情不止亲情和友情，还有一些其他复杂的情感，如战友情、驴友情、网友情，这些情意比较复杂，致辞人在发表祝酒辞的时候，要学会把握分寸，见到不同的人说不同的话。

战友的情谊是在特殊的年代、特殊的背景下形成的，因此他们的聚会就显得比较有意义。因为他们共同经历的东西实在是太多，所以他们在祝酒辞里偏重于回忆曾经的峥嵘岁月、意气风发的年代，也会关心彼此现在的生活。例如，在战友聚会时，致辞人可以说："共同的经历造就了我们特殊的情感友谊，这种经历过生死考验的友情是一辈子真诚不变的。回忆起曾经的岁月，感慨万千，而现在看到大家过得还好，就很欣慰了，祝愿大家事事顺利，祝愿我们友谊长存！"

驴友和网友可以说是因为共同的爱好走到了一起，所以说聚会时可以拿兴趣说事。如驴友可以说："我们这种交友方式渐渐被大家所接受，希望我们的团队能够渐渐壮大，多交些志同道合的朋友，路上有你为伴，幸哉！幸哉！"网友之间的聚会则是从虚拟走向现实的突破，可以借此称赞："这是一个很好的突破，希望借此机会，我们大家能成为现实中的朋友，彼此熟知，彼此了解，彼此关怀。"

老乡情是出门在外之人感受最深的情谊之一，一首歌里唱得好"老乡见老乡，两眼泪汪汪"，常年在外奔波之人见到老乡，虽然之前不熟知，但能迅速达到心灵的契合，所以在老乡聚会时，祝酒辞里要显现出老乡的重要性以及共同的家乡面貌之类的，例如"有了老乡做伴，在远方就不会觉得孤单，有了老乡做伴，在异乡就不会彷徨，互相聊一聊家乡的变化，心灵上也会安慰许多"，等等。

总之，聚会时，要根据不同的场合、不同的身份说不同的话，这样的话，就会让你的祝酒辞达到事半功倍的效果。

◎聚会致辞人须把握要点

虽然聚会是现代人最常用的沟通感情方式，但也不能因此太随意，无论是亲人之间聚会，还是战友、网友之间聚会，致辞人在祝酒的时候，有两点是必须要把握的：

一、内容须有祝福语和敬语

发表感言一般都会以祝福的语言结尾，寄托着对大家的美好愿望，表达对美好生活的憧憬。如，对待长辈可以说："祝您福如东海，寿比南山，年年有今日，岁岁有今朝"；对晚辈可以说"希望你学习进步，聪明伶俐，将来学业有成，可以为家庭撑起一片天空"；对朋友可以说"希望我们的友谊如美酒一样，历久弥香”；对同学可以说“共同的学生时代、共同的回忆，铸就了我们钢铁般的友谊，苟富贵，勿相忘，希望我们在各自的事业上都能闯出一片天地来，期待着下次的聚首”等。

发表感言时也必须用敬语，比如希望大家共同举杯时，必须用“请”字；对待师长，必须用“您”“您好”之类的。这是日常交往的基本礼仪，即使是不拘小节的人，听到别人对自己以礼相待，也会很高兴，因此有助于增进感情和聚会的喜庆性。

二、话语要简明扼要

祝酒辞不要长篇大论，表达了对大家的祝愿和对这次聚会的期待就可以了。因为大家好久不见，更多的是想互相聊聊天，了解一下现在的状况，而祝酒辞只是在聚会时起到活跃气氛的效果，说话时还是以简练为好。

◎聚会敬酒的礼仪

聚会是人与人沟通感情比较常见的手段之一，这个场合的一举一动都会彰显个人的修养与见识。因此，无论你是否身为致辞人，都要掌握祝酒时的基本礼仪，不要做出一些贻笑大方的事。

一般来说，要全面掌握敬酒的礼仪，要注意以下几点：

一、了解敬酒的顺序

按照一般情况，应首先敬在座的辈分最大或地位最高的人，敬酒时长辈可以同时和一个或一个以上的晚辈喝，但是晚辈不能同时和两个以上长辈喝，一般敬酒的顺序是顺时针敬。

如果是生日宴，先敬寿星，其次是寿星配偶，再次是爷爷奶奶，然后是其他长辈，平辈最好也敬，顺序按照从你自己的座位开始，顺时针顺序即可。

如果是朋友之间的聚会，那么就采取由远及近、前大后小的顺序，不要漏掉任何人。如果有人因为生活习惯或健康等原因不适合饮酒，也可以委托亲友、部下、晚辈代喝或者以饮料、茶水代替。作为敬酒人，应充分体谅对方，在对方请人代酒或用饮料代替时，不要非让对方喝酒不可，也不应该好奇地“打破砂锅问到底”。

另外，有特殊人物参加的聚会，例如跟领导一起赴宴，那么敬酒的时候，要根据职位，由高及低开始敬酒。

二、喝酒时应注意的事项

喝酒，在中国礼仪文化中，从来都不是将酒倒进口中那么简单，细微之处都是礼仪，酒宴上还应注意一些细节问题。

有人提议干杯后，要手拿酒杯起身站立。即使是滴酒不沾，也要拿起杯子做做样子。将酒杯举到眼睛高度，说完“干杯”后，将酒一饮而尽或喝适量。然后，还要手拿酒杯与提议者对视一下，这个过程就算结束。在中餐里，干杯前，可以象征性地和对方碰一下酒杯，碰杯的时候，应该让自己的酒杯低于对方的酒杯，表示你对对方的尊敬。用酒杯杯底轻碰桌面，也可以表示和对方碰杯。当你离对方比较远时，完全可以用这种方式代劳。如果主人亲自敬酒干杯后，要求回敬主人，和他再干一杯。

敬酒的人如果没有碰到对方杯子的话，至少要喝得比对方多；要是碰上杯子了，就豪气点，说句，“我喝完，你随便”。

酒桌上要低调，也别老说自己不能喝，要是一不小心说错话了，那最好的办法就是自觉地罚酒，大家都欢喜。

要是有领导进酒给你的话，那可就要给足面子咯，不管能喝不能喝，一口闷掉，绝不二话。

最后一杯，就是传说中的福气酒，不管怎么样，最好给喝掉吧，其实不关福气什么事，这是规矩。

经典祝酒辞

◎家庭聚会父母亲祝酒辞

范例一：

【致辞背景】除夕之夜

【致辞人】父亲

亲爱的孩子们：

晚上好！除夕之夜是家家户户团聚的日子，奔波在外的孩子此时多半已与父母团聚，我们家也不例外。在聚少离多的日子里，我们长辈们最盼望的就是这一刻，家人相聚，享受美好的天伦之乐。在今天这个辞旧迎新的夜晚，我作为父亲，对在座的你们说出我的祝福与期盼。

看着你们一天天地长大、成才，我和你们的妈妈都很欣慰，这一点可以放心了，不用担心将来你们的生活，但有一点让我还有些顾虑，那就是你们是否能够很好地处理人际关系。社会上的人际关系是一门很深的学问，这是你们在学校学不到的知识，要慢慢去领会并接受它。你们在外奔波，很是辛苦，压力都很大，接触的人和事都很多、很复杂，要学会去适应。刚出学校的你们，都是意气风发，棱角鲜明，难免会碰壁，当你们被现实洗刷、打磨之后，肯定会有所领悟。所以作为父亲，我希望你们提前了解这些，在将来的人生历程中少走些弯路，在事业上有所收获，这样你们就会对生活充满激情，全身心地投入其中，最后取得事业上的成功。

顺便说一句，假如在生活中或事业上遇到什么不顺心的事，就跟我和你们的妈妈打电话说说，这里永远是你们心灵的停靠站，会给你们最无私的帮助和建议。最后祝愿孩子们工作顺利、天天开心！

范例二：

【致辞背景】儿子 18 岁生日宴

【致辞人】父亲

亲爱的儿子：

如今，你已长成一个阳光、帅气的棒小伙子，爸妈以你为荣，祝我亲爱的儿子生日快乐。

18 年前，一声嘹亮的啼哭，向这个世界宣告了你的到来，那就是你，我们的儿子。谢谢你，儿子！谢谢你 18 年来陪伴我们走过的每一天。你的降临，让我们懂得了什么是责任，什么是义务，也是你让我们对父母给予孩子的爱有了全方位的理解与阐释。正是因为有了你，我们才会如此地热爱生活，热爱工作，热爱身边所有的人和事，我们才能如此地善待周边的人，只因心中充满了爱。

你牙牙学语时，喊出来的第一声“爸爸、妈妈”，不知道让我们兴奋了多长时间；吃着你盛的第一碗饭，我激动得热泪盈眶；拿着你得的第一名奖状，爸爸自豪地竖起了大拇指。看着你一天天长大，并在学业和做人上取得了不错的成绩，爸妈真是感到无比的荣幸，很有成就感。

孩子，今天是你的生日，也是你离开爸爸妈妈怀抱的时刻，你要去远方寻求知识和做人的道理，虽然有些不舍，但好男儿志在四方，爸爸和妈妈不会成为你的绊脚石，我们会全心全意地支持你，我们只是希望，我们恒久不变的爱，能化作你发奋求知的动力，助你达到理想的彼岸。你能成为对社会对祖国有用的人才，是我们最大的心愿。

本来不允许你喝酒，但是你已经成年，作为一个纪念吧，来，让我们举起酒杯，为你的明天喝彩，为美好的未来干杯！

范例三：

【致辞背景】女儿即将出嫁时的聚餐

【致辞人】母亲

亲爱的女儿：

几天后你就将迈入婚姻的殿堂，你即将成为别人的妻子！

首先，无论贫穷还是富足，你都要和他一块承担。我们每个人每一天都在经受考验，考验你对所处的环境、所接触的人和事，是否拥有一份淡然的心态。不要因为富贵就去极力地讨好他，挖空心思地去奉承他，而丧失了自我，处在被奴役的地位。也不要因为他的贫穷，而去讽刺他，去诋毁他，你要相信自己的选择和眼光，同时妈妈也在替你把关。他的拮据只是暂时的，像他这样有远大理想，并肯为此付出、拼搏的人，将来一定会生活幸福，有你的相伴和鼓励，他会更早地找回属于他的东西。

其次，去爱，去珍惜，要学会欣赏自己的另一半，欣赏他的优点，包容他的缺点。但这并不意味着姑息他的缺点，你可以试着去改变他的缺点，使得不良的习性也渐渐成为优点，但要记得：习惯的形成不是一朝一夕的，所以不要急功近利，要慢慢改变。

再次，同甘共苦，相濡以沫。俗话说“糟糠之妻不下堂”，一起奋斗，一起拼搏的夫妻的感情会历久弥坚，生活中并不是一帆风顺的，会经历许多的风浪，只要你们携手并进，并肩努力，再大的风浪也摧不垮你们，总会有长风破浪的时候。

最后，无论疾病还是健康，都要患难与共。生活的河流有潺潺而行，有奔流直下的湍急，也有九曲十八弯的舒缓；有风平浪静的浅滩，也有跌宕起伏的旋涡。人生不如意的事十之八九，说不定人生的某个转角就会毫无预兆地出现困难。这就要求我们要不抛弃、不放弃，所谓“疾风知劲草，板荡见忠臣”，越是困难的时刻，夫妻的感情也会越深，正如我和你爸爸的感情一样。因为我们经历过风雨，所以任何困难都不能难倒我们。

来，让我们端起酒杯，祝愿你从现在开始有一个崭新的生活，也有一个更美好的明天！干杯！

范例四：

【致辞背景】全家的聚会

【致辞人】母亲

亲爱的孩子们：

这个时刻是我最盼望的，全家人欢聚一堂，有说有笑。但我深知，我不能老幻想着把你们聚集在我的身边，你们都有了自己的生活、自己的事业，你们已经长大，长大的雏鹰就要离开妈妈的怀抱，去闯出自己的一片天空。今天，我们全家人难得聚在了一起，我很珍惜这来之不易的团圆的机会，仔细地看看你们，一遍一遍地更新脑海中停留的对你们的印象。

××，你作为老大，从毕业就开始承担起对弟弟妹妹教育的义务，减轻了我们许多的负担，对此，我们既欣慰，又歉疚。你承担了我们肩上的责任，任劳任怨，许多自己的事情都却考虑不上。今年，老二和老三已经毕业，可以照顾好自己了，所以，妈妈再啰唆一句：“你也老大不小了，自己的终身大事是该考虑了。”

××，作为家里的男子汉，你的父亲也慢慢上了年纪，你要担当起对全家的责任。你的脾气有点冲动，作为刚步入社会的学生，你要懂得收敛，社会这个大熔炉会把你锻造成为一个合格的人，就看你往什么方向发展了，我希望你走上的是正确的道路。

××，你的能力，我和你爸爸是相信的，唯一担心的就是你的脾气。你的脾气要收敛一点了，要学会努力克制。你和姐姐生活在一起，你们姐妹要互相体谅，凡事站在对方的立场上考虑问题，不要动不动就使性子。还有就是，不要当月光族，要有计划地存点钱，说不定哪一天就派上用场了。

××，作为家里最小的，你是最幸福、最受宠的孩子，无论你干什么全家人都很支持你，就像现在，只剩下你一个人上学，那么你可以没有什么顾虑地继续求学，全家人是你坚强的后盾。

××，作为儿媳妇，你是很好的，为我和你爸爸操尽了心，我也从心里把你当做自己的女儿，只是给你说一声：工作不要太辛苦啦，注意身体！

你们大家出门在外，有什么不顺心的，就打个电话回来，生活上的烦恼，给妈妈说说，工作上的忧虑，给你们的爸爸谈谈。

好了，该说的也说完了，大家举起酒杯为全家的人的美好明天，干杯！

◎朋友聚会祝酒辞

范例一：

【致辞背景】小学、初中时代的朋友聚会

【致辞人】朋友

亲爱的朋友们：

时光转眼即逝，一眨眼，我们已从懵懂无知的少年变成了高大挺拔的青年，但值得庆幸的是，我们之间的友谊并未随着时间和空间的拉长而变得淡漠，而是如白酒一样，历久弥香。

今天，我们欢聚一堂，追忆我们曾经的美好岁月，共同见证我们的友情是多么的坚不可摧。我们大家在一起笑过、哭过、爱过、恨过、打过，也追悔过，可记得曾经的我们为了守住自己的“阵地”，也在课桌的中间狠狠画了一道“三八线”；为了警醒自己不要迟到，也学着鲁迅在书桌上刻上了一个“早”字；为了吃上两毛钱三袋的冻冰水而得意洋洋；为了得到老师的表扬，把自己的花盆搬到学校，说是捐了；为了树立自己的威信，也学着武侠剧中的英雄侠客，建立帮派，并划分等级；等等。当年这些小事，如今想来，多么令人怀念啊！

岁月带走了我们儿时的容颜，却带不走我们之间的情谊和快乐。人和人的交往讲求一种缘分，有些人很久很久不联系，却可能比天天都见面的某些人更亲近。有些人仅仅相交了几个月，却可能比认识数十年的某些人更投机。我们作为从小一块玩到大的朋友，就是那种好久不联系，但见面也不会显得尴尬，而且有说不完的话的那种类型，这是我们应该感到无比幸福的。

朋友要像茶一样历久弥醇，而不是甜腻的可乐，喧嚣过后，曲终人散，

我们就是那种淡而有味，历久弥香的茶一样的朋友。让我们为这茶一样的友情，干杯！

范例二：

【致辞背景】10 年未见的好友们聚会

【致辞人】朋友

朋友们：

每每捧起咱们的合影，想象着我们当年的一颦一笑、举手投足，心中总有一个疑问：那曾经意气风发的热血青年，今天是否已经被岁月磨平、棱角全无，正在为生活而努力拼搏？亲爱的朋友们，你们现在过得怎样？

今天，看到熟悉的容颜出现在我的面前，我真是太激动了。你们的到来让我非常高兴。最令我兴奋的是我以为大家身在各地，会因为各自的工作、家庭等原因，不能全到，谁知凡是联系到的朋友，几乎都来了！最让我意外的是，远在国外的 × ×也恰巧回国，参与到我们的队伍中，这是多么的令人兴奋呀！稍有些遗憾的是，× ×因为临时有事而不能到来，但他已经给我发过短信，让我把他对大家的祝福带给大家。美中总有不足，我想这就是人生吧。

总之，认识你们，和你们结为朋友，是我今生最大的收获。以后我们要一起努力，让我们的友谊地久天长。

现在，让我们用友谊紧系每一颗心，用行动证明我们的力量，让我们在五年以后的今天、十年以后的今天，乃至半个世纪以后的今天，都能够不断展示我们创造的辉煌！最后我提议：为了我们伟大而纯洁的友谊，干杯！

范例三：

【致辞背景】毕业聚会

【致辞人】学生代表

亲爱的同学们：

今天我要邀请同学们和我一起共举五次酒杯：

第一杯酒献给我们的老师。四年来，我们的老师为我们付出了太多太多。请全体同学起立，为永生难忘的“师生情”干杯！

第二杯酒献给我们的缘分。四年前，我们怀着一样的热情、梦想和憧憬，从全国各地相识相聚在 × ×学校 × ×班。在这四年里，我们生活在一个温暖的大家庭里，度过了人生最纯洁最浪漫的时光。兄弟姐妹们，为四年前的“千里有缘来相会”，干杯！

第三杯酒献给我们的明天。时光荏苒，日月如梭。从毕业这天起，我们马上要从学生成为各个战线上的工作者，然后成家，为人父，为人母。同学们，为人生“角色的转换”，干杯！

第四杯酒献给我们美好的大学时光。四年的时光，足以让我们回味无穷，留下美好的回忆。在我们中间，将来有的可能改行另谋发展，事业有成；有的成为人民教师，有的下海经商挣大钱；有的成为记者、编辑……但无论人生浮沉与贫富贵贱如何变化，我相信同学间的友情始终是纯朴真挚的，而且就像我们桌上的美酒一样，越久就越香越浓。朋友们，为我们“纯朴真挚”的友谊，干杯！

第五杯酒献给我们的友谊。一日同学，百日朋友，那是割不断的情意和缘分。在即将分离之时，祝同学们身体安康，事业发达！只要我们心不老，青春友情就像钻石一样恒久远……为“地久天长”的友谊，干杯！

最后，同学们，让我们定下日期，为有朝一日的再次相聚，干杯！

◎毕业周年聚会祝酒辞

范例一：

【致辞背景】毕业 10 年的同学聚会

【致辞人】××学生

亲爱的同学们：

十年前，我们正是二十出头朝气蓬勃、风华正茂的青年，我们从五湖四海相聚在一起，度过了一生中最美好的大学四年时光。转眼间，我们又走过了十个春秋，今天我们的聚会实现了毕业时的约定，又重聚在一起，共同回味当年的同学少年，并分享十年来的酸甜苦辣。

今天，看到昔日熟悉的面庞，我激动不已。首先是非常意外，想不到有这样多的同学参加。同学们平时工作都很忙，事情也很多，但都放下了，能够来的尽量都来了，这就说明大家彼此还没有忘记，心中依然怀着对老同学的一片深情，仍然还在相互思念和牵挂。

第二是非常高兴，我们欢聚一起的激动人心的场面，让我回想起了

2001 年的夏天，当时我们依依不舍挥泪告别的情景，如在眼前。想不到这一别，就是十年，我们分别得确实太久太久了。人的一生还有多少个十年？今天的重聚怎么能不叫我们高兴万分、感慨万分呢？

第三是深感欣慰。记得当年在学校时，我们大多都带有浓郁的书卷气、学生气，如今社会这所大学校已将我们历练得更加坚强、成熟，各位同学在各自的岗位上无私奉献，辛勤耕耘，成为社会各个领域的中坚力量，这些都使我们每一位老同学深感欣慰。

同学们，我们分别了十年，才盼来了今天第一次的聚会，这对我们全体同学来讲是多么具有历史意义的一次盛会。今后无论走遍天涯海角，难忘的还是同学情啊，我们应该珍惜这次相聚，回忆一下过去，描述一下现在，展望一下未来。

同学们，让我们为更美好的未来，举杯共祝，干杯！

范例二：

【致辞背景】20 年同学再聚首

【致辞人】学生 × ×

亲爱的同学们：

学生时代的我们，总觉得日子很漫长，毕业遥遥无期，谁知道转眼间我们就各奔东西，又眨眼已分别 20 年。

20 年后的今天，当我们用自己的智慧和汗水，在实现人生价值的过程中，品尝人生的苦、辣、酸、甜之后，才发觉让我们最难以忘怀和割舍不掉的依旧是那份师生情、同学情。这份情谊如同飘扬在深夜的歌声，慰藉了我们这些为生活在外打拼的人们，使我们孤独的心灵得到了一丝的安慰。

当年我们在一起的欢声笑语、苦辣酸甜，经常不经意地出现在异乡的梦里，毕业时的相互嘱托，站台上的挥手告别也常闪现在我们眼前，于是我们再也不能以忙碌为由而淡漠彼此的情谊。纵然人间有许多美好，然而有哪一种能比得上我们同学情谊的真诚、质朴！如果说世上有一种情义像百合花一样纯洁、美丽，那就是同学之间的情义。深深的同学情就像陈年的美酒，愈久愈纯香，愈久愈珍贵；深深的同学情，就像人生情感世界里最绚丽的一道风景。一生的情感世界因你而精彩，因你而丰富！

人生有几个 20 年？20 年后再聚首的我们是多么的感慨，多么的激动，请允许我用找来的一首套用岳飞的词，来表达我内心的感情：20 功名尘与土，八千里路云和月。忆往昔，恰同学少年，风华正茂，一段天真！抚今朝，值老壮华发，神定气闲，几多至诚？人生如歌，流水年华杳然逝，雄关漫道陌路生，人间百态总关情。青山依旧在，几度夕阳红。金樽相对，往事皆付笑谈中，展望他年再重逢。干杯！

范例三：

【致辞背景】半个世纪的相逢

【致辞人】××同学

亲爱的同学们：

你们好！

不容易呀，不容易呀！在阔别了半个世纪的今天，我们终于相聚了。50年啊，多漫长的岁月呀，50年弹指一挥间，昔日风华正茂的同学们如今已两鬓斑白。

50年后再聚首，让人兴奋和自豪！兴奋的是我们健在的同学们仍然拥有一颗年轻的心，健康的身体；自豪于我们还保存着一份至纯之情、至真之情！延续至今的友情、真情、热情让人兴奋不已！感动至深！这是一个令人激动的时刻，在这激动人心的欢聚时刻，我在这里，用一颗虔诚的心，首先向这次活动的组织者、倡导者，致以崇高的敬意！向你们说一声：你们辛苦了！如果没有你们的话，说不定我们这些身在东西南北，是难以在阔别50年之际又重逢相聚。再次向你们表示诚挚的谢意！然后，向参加本次聚会的全体同学致以深切的问候！今天的聚会，使我们阔别了50年之久的同学，演绎出了一幅动人的、介于生死的画面，我相信，此时此刻，我们每个人都心情激动、感慨万千！最后，向那些不能到来的同学，表示深切的思念。

50年的时光匆匆而过，已在我脑海里烙下了深深的印记。50年的时光，足以让我们在滚滚红尘中体味人生百味。现在的同学们已经是退居二线，在家安享晚年，享尽人间的天伦之乐，祝福同学们身体安康，阖家幸福。我们坚信，我们的身体会更加健康，我们的家庭会更加幸福，我们会一年又一年，去更多地见证国家的发展，子孙的成长！

今天是毕业后的50周年大聚会，我铭记在心，珍藏在心，终身不忘！让我们举起酒杯，为大家的下个50年喝彩、祝福！

◎师生聚会祝酒辞

范例一：

【致辞背景】毕业宴

【致辞人】老师

亲爱的同学们：

似乎真的到了该说再见的时候了，该向这段充满浪漫、充满欢笑、充满豪情壮志，也充满酸涩与淡淡忧郁的学生时代说再见了，作为你们的老师和朋友，好像有很多话要交代，但此时此刻，却又不知如何开口。

当你们第一天踏入大学的校园，你们意气风发、志气昂扬，让我依稀看到了曾经的自己，和你们在一起，使我回到了纯真的年代，这对我来说是最值得珍惜的回忆。在一起的四年里，我们有欢笑，也有矛盾，但很庆幸，我们的矛盾和欢笑增加了我们之间的友谊，这是超越师生情谊的，我真的感到很荣幸，你们没把我当做高高在上的老师，而是将我当做无话不谈的朋友。

快乐的时光总是这么短暂，转眼间，大学四年生活即将结束，你们即将踏上新的征程，而我也要与你们分离。但我不会因此而难过，反而为你们感到欣喜，因为新的社会角色在等待着你们，新的环境正在召唤你们，你们会有一个更美好的明天。

作为你们的朋友，我对你们有几点要求：你们要马上适应新的环境，否则就要落后。社会上与人相处，不像学校里那样纯洁，要慢慢修好这门学问，因为这是在学校里没有的课程。但是当你们在社会上拼搏时，累了、厌倦了的时候，不妨回过头，回忆一下学校的美好时光，学校里令人回味无穷的往事，会给你落寞的心情带来丝丝暖意。

今夜，让我们举起酒杯，为即将踏入社会的你们，干杯！为我们曾经的美好回忆，干杯！为我们至诚不变的友谊，干杯！

范例二：

【致辞背景】师生聚会

【致辞人】学生

尊敬的老师、亲爱的同学们：

首先热烈祝贺我们的相聚，感谢同学们从四面八方赶来，感谢恩师们百忙之中抽出时间参加我们的聚会。

曾经的我们怀着一样的憧憬和梦想，怀着一样的热血和激情，走进××大学的校门。四年间，我们生活在温暖的大家庭里，度过了人生最纯洁、最浪漫、最美好的一段时光。为了我们的健康成长，我们的学校、我们的老师为我们提供了无微不至的关爱和照顾。今天，我们特意把他们请了回来，参加这次聚会。对诸恩师的到来，我们表示最热烈的欢迎和衷心的感谢。

我们怀着对母校和老师的感激，走上了各自的岗位，开启了各自的创业之旅、幸福之旅，踏上了成家与立业的新旅程。几年来，大家成长、大家成人，感受为人子女、为人父母、为人师长的苦与乐，幸福与艰辛。几年来，大家耕耘、大家进取，在自己的工作上兢兢业业。今天，我们再次相聚，畅谈离情别绪，互勉事业腾飞。一番畅谈、几度哽咽，我们更加明白人世间什么东西最为可贵，更加珍惜我们真挚的友情，更加感恩老师的培育与教诲。

同学们，让我们端起手中的美酒，重拾当年的美好回忆，重温那段快乐时光，畅叙无尽的师生情、学友谊吧。现在我提议，为我们的如愿相聚、为恩师的健康与幸福、为我们下一个新征程的新开启和我们永远的快乐与幸福，干杯！

◎战友聚会祝酒辞

范例一：

【致辞背景】八一建军节上的聚会

【致辞人】战友

亲爱的战友们：

大家好！

今天，我们怀着激动的心情，在此欢聚一堂，共同庆祝八一建军节。

对于我们在座的战友来说，八一建军节是一个意义非凡的节日，虽然我们已经脱下了身上的军装，但军人的魂依然与生命同在。20年前的金秋十月，我们带着憧憬与梦想，穿上崭新的军装走向了新的征程，从此我们成了一名军人。如今翻开过去陈旧的回忆，我们又回到了那段激情燃烧的岁月。我们乘坐同一列北上的列车，我们一起走过那段难忘的军旅生涯：我们跑越野、翻单杠、学狙击等。在部队，我们是战友、是老乡，是为了一个共同目标走到一起的朋友；在部队，培养了我们钢铁般坚固的友情，正如歌声中唱的那样："人生中自从有了当兵的历史，一辈子也不懊悔，青春更无悔。"还有那句话："当兵你会后悔三年，不当兵的话，你会后悔一辈子。"

部队这所大熔炉，练就了我们钢铁般的意志，培养了我们吃苦耐劳、艰苦朴素、一身正气、刚正不阿的精神，这些对于我们来说都是受益终身的。星移斗转，沧桑剧变。20 年时光，弹指一挥间。铁打的营盘流水的兵，是人生军旅短暂的瞬间写照。现在的我们在各自的岗位上都干出了一份成绩：有的战友已经是单位的栋梁、骨干，有的成为成功的企业家，有的成为基层干部，带领老百姓致富……我们的战友能拥有今天的辉煌，是与曾经的部队经历分不开的。

在这激情涌动的时刻，我由衷地希望战友们在庆祝第 × 个建军节的日子里，让"创造美好的未来"这个共同的目标，把我们的心更加紧密地联系起来，让我们的友谊天长地久。愿战友们带着美好的祝福、深情的希望，在各自的工作岗位上努力学习，开拓创新，创造出美好的业绩。

最后，让我们举起酒杯，祝愿每一位战友为自己的人生增添新的、更加美好的一页，祝愿每位战友天天都有一个好心情，心想事成、家庭幸福美满，祝愿我们的战友创造精彩、拥抱辉煌。干杯！

范例二：

【致辞背景】退伍多年战友的重聚首

【致辞人】战友

战友们：

今天让我站在多年未见的战友面前发表演讲，此时此刻，我的心情非常激动，面对一张张熟悉而亲切的面孔，心潮澎湃，感慨万千。

想当初，我们意气风发，怀揣着许多梦想，踏上了从军的历程。而如今，我们的脸上已经刻上了岁月的痕迹，但我们军人那种积极向上的精神头依然保留着，这是我很高兴看到的。20 年悠悠岁月，弹指一挥间，真挚的战友情却更加浓烈。我们期盼的相聚今天实现了，相聚之后，大家依旧保持着部队中的品质，看上去依旧那样的乐观、坚强，这是部队赋予我们的。

回望当年我们朝夕相处的美好时光，苦乐与共的峥嵘岁月锻造了你我情深义重的战友之情。训练场上，你我毫不逊色；林荫小路，我们共同学习进步；比武练兵，我们大显身手。熠熠闪光的军功章，记录着我们长大的青春，这一切是我们永生难忘的回忆。

难忘的三年军旅生涯眨眼而过，我们相拥告别，在《送战友》的歌声中，告别了多彩的军旅生涯，怀揣着另一种渴望，我们走上了不同的工作岗位。因为我们保留着军人那种不屈的、迎难而上、艰苦奋斗的优秀品质，我们因此都干出了不错的成绩。尽管，现在由于我们各自忙工作，忙家事，相互之间联系少了，但军营中结成的美好友情，并没有随风而去。今天，我们从天南海北，相聚在这里，畅叙往情，我想，通过这次老战友聚会，我们之间的情谊将更加深厚。

最后，我提议，让我们举杯，为我们此次的相聚，为我们的友谊长存，干杯！

◎驴友聚会祝酒辞

范例一：

【致辞背景】驴友聚会

【致辞人】××驴友

亲爱的朋友们：

因为共同的爱好，共同的生活指向和价值观，我们走到了一起，这是很大的缘分！我们平时只是小规模的出行，许多驴友只是听过，而没有在现实生活中见过，非常高兴今天我们相聚在×大酒店。

这是我们驴友协会成立以来的首次大规模聚会，受到了大家的热烈欢迎，因为我们的驴友遍布全国各地，所以说全部到齐真的很不容易。让我很感动的是，有的驴友为这次聚会，特意请了假，从外地赶来，把我们的聚会放到了最重要的位置，对此我表示热烈的欢迎，对今天到场的朋友表示衷心的感谢！

一年前，为了出行有伴和有一个规范的组织，在大家的号召下，××驴友协会诞生了！短暂的一年来，协会迅速扩大，从几个人发展到今天上百人。在此我代表××驴友协会对认可、支持、帮助该协会的所有朋友表示由衷的敬意和感谢，希望大家继续关心、爱护这个协会，并愿这个协会越来越好！

朋友们，驴友协会今后的成长，就靠各位的努力了。我们有理由相信，有今天在座的各位朋友的支持、呵护，有各位驴友的帮助，我们的协会一定能克服各种困难，逐渐成长起来。

让我们拥抱明天，走向辉煌！干杯！

◎网友聚会祝酒辞

范例一：

【致辞背景】群建立1年后群友聚会

【致辞人】群主

亲爱的朋友们：

非常高兴今天我们相聚在××大酒店。这是我们群成立以来的首次聚会，受到了大家的热烈欢迎。在此之前，大家对彼此的认识，只停留于网络，从未见到真正的人，从未像真正的朋友一样坐下来聊一聊，更不必提介入彼此的生活。因此，对于今天到场的所有群成员，我表示热烈的欢迎，也向为我们这个群辛勤工作的朋友表示衷心的感谢！

一年前，为了共同的爱好、共同的话题，在大家的号召下，××群诞生了！短暂的一年来，××群迅速扩大，从几个人发展到今天上百人。在此我代表××群对认可、支持、帮助该群的所有朋友表示由衷的敬意和感谢，希望大家继续关心、爱护这个群，并愿这个群越来越好！

在××群这个大家庭里，我们分享不同的观点，交流不同的心得，让我们在一次次的交往中，心灵距离越拉越近。虽然我们之前没有见过面，但大家的心已经彼此熟悉，使我们之间的情意如同兄弟姐妹一样。今天这个聚会使我们从网络走进现实，更拉近我们之间的距离，让我们的友谊长存吧！

朋友们，××群在今后的成长道路上，还有赖今天在座的各位朋友的支持、呵护，有各位群友的帮助，我们的群一定能克服各种困难，逐渐成长起来。

让我们拥抱明天，走向辉煌！干杯！

范例二：

【致辞背景】论坛成员的首次聚会

【致辞人】论坛管理员

各位朋友：大家好！

和煦的春风吹来了××论坛人们的心声，大家要求聚会的愿望终于实现啦，今天这次聚会是我们从××论坛走到现实生活的第一次聚会。这是一个很好的开端，我相信以后还有更多这样的机会来增进我们之间的情意。

很多朋友平时忙于工作和学习，时间都很难安排，我们只是在网络上进行交流，发表自己的观点，互通有无。因此，这次的聚会就显得那么的难能可贵，是具有历史意义的，所以大家好好珍惜这次机会。借此机会，就让我们在一起好好聊一聊、乐一乐吧！谈谈现在、畅想未来，谈谈工作、事业和家庭，如果大家成为现实中的朋友，那么我们的这次聚会就是一个圆满成功的聚会！愿我们的聚会能更进一步加深朋友之间的友谊，使我们能互相扶持、互相鼓励，把自己今后的人生之路走得更加辉煌、更加美好！

朋友们，遗憾的是有很多网友因特殊情况或这样那样的原因，未能参加今天的聚会，希望我们的祝福能跨越时空的阻隔传到他们身边。最后祝愿××论坛的全体成员家庭幸福、身体安康！

一次短暂相聚，也能加深我们的友谊，使我们成为一生一世的朋友，让我们珍惜这样的情意吧。亲爱的朋友们，为我们地久天长的友谊，为我们明天的再次相聚，干杯！

◎同乡聚会祝酒辞

范例一：

【致辞背景】同乡会

【致辞人】老乡

同乡们，朋友们，亲人们：

你们好！

今天，我们能够相聚在一起，首先应该感谢这些人：联谊会的筹备组织工作人员，为此次老乡联谊会流下了汗水的发起者。我在这里，代表大家对他们表示衷心的感谢，也向所有参与今天聚会的老乡致以崇高的敬意！

一首歌里唱的好：“老乡见老乡两眼泪汪汪，一口家乡话，句句诉衷肠，老乡见老乡心儿滚滚烫，一壶家乡酒，滴滴暖胸膛，家乡话呀分外亲，家乡酒呀格外香，出门在外不容易啊，老乡帮老乡。”这首歌道出了背井离乡游子们的心声，老乡的情意如此之深，我们要团结一心，谁有困难的话，就提出来，谁有能力的话，就拉一把。

“有朋自远方来，不亦乐乎！”大家的到来，为同乡联谊会的举办，增辉添彩。我相信在大家的共同努力和支持下，老乡会会越办越好，会发扬光大，会走向辉煌！现在，让我们把酒杯斟满，让美酒漫过杯边，让我们留下对同乡会的祝愿，让我们留下自己的款款深情，让我们彼此的情谊留在心间，让我们将这杯酒喝个底朝天！

来，让我们共同举起杯吧！祝大家家庭幸福，事业成功，前程似锦！祝我们的友谊，地久天长！

范例二：

【致辞背景】老乡会

【致辞人】老乡

亲爱的老乡们：

我们怀揣着梦想和憧憬，承载着家人和乡亲们的期望，离开了故乡，离开了那片生我们、养我们多年的土地，来到被人们向往的都市，开始了为梦想的拼搏。从此，我们便与家人相分离，与故土相分离。

曾几何时，我们也是夜里幽梦忽还乡，想要看看那片热土。无数个日子里，只要想起父母，想起家乡，我们的心中便充满了力量，无论在外是多么的艰辛，我们心中总有个力量和信念在支撑着我们，那就是父母和家乡。但家乡在千里之外，怎么慰藉我们的相思之苦呢？

今天，来自××的老乡们聚到一起，老乡会成立了。在这里，因为我们有共同的家园，我们不再孤单；因为我们能够共同地勉励，我们告别了忧伤。在这里可以尽情地把感情宣泄，把压力释放，让友爱升华，让浓郁的家乡之情在你我之间流淌，让我们欢乐的歌声穿越时间和空间的阻隔，飘到家乡的上空，回荡在父母的耳旁，让我们的笑脸在异乡绽放，怀揣着自信满满的心情把生活创造，把蓝图描绘，把事业酝酿。

割不断的乡情把我们连到一起，我相信凭着我们不屈的精神，不怕苦、不怕累的奋斗精神，只要我们脚踏实地，开拓进取，一定能够在新的一年里把辉煌创造，让我们心连心，手牵手，故乡之外有故乡，不似亲人胜似亲人。

来，让我们举杯，为我们家乡的明天喝彩，为我们的同乡情喝彩，为我们的美好生活喝彩！干杯！

常用祝辞

◎聚会祝酒辞好句集锦

一、给家人的祝酒佳句

◆鞭炮声声辞旧岁，锣鼓阵阵贺新年，在这举国欢庆的节日里，我们全家人终于团聚，欢度新春佳节，非常兴奋。希望全家人能够和和睦睦共度每一天，更希望我们的亲人们能够事业上一帆风顺，生活上幸福美满！

◆时光流逝，岁月如梭，带走了我们的容颜，却无法带走我对家人浓浓的爱，只会使它愈加深厚，祝愿家人永远幸福安康。

◆感谢爸爸和妈妈在过去一年对我工作上的大力支持，希望二老在新的一年里万事如意、心想事成、身体健康！祝福你们！

◆这一刻，有我最深的情感，让瑞雪盛满满心的祝福，点缀此时欢乐祥和的氛围，愿家人拥有一个幸福快乐的新年！

◆“瑞雪兆丰年”，借朵朵洁白美丽的雪花，带着我美好的祝愿，飘到你们的身边，永远伴随着你们，祝你们新年如意，事业有成！

◆父母含辛茹苦把我们一个个抚养长大，常年的奔波劳苦和生活的重压，使得岁月已在他们的脸上留下了深深的印痕，两鬓也沾满了霜花。所以，在今天这个喜庆的日子里，我们首先要说的就是，衷心感谢二老的养育之恩！

◆十岁是人生旅途中的第一个里程碑，具有重要的意义，愿爸爸、妈妈的辛勤付出能够为你的成才添薪加火，在此我祝愿我的女儿生日快乐，学习进步，各个方面全面发展，愉快健康地成长，将来成为一个有能力、

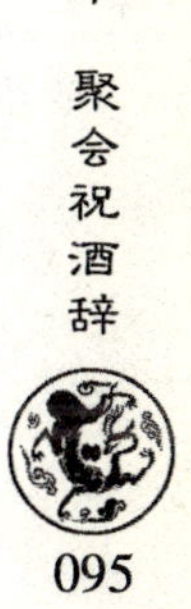

有学问、人见人爱的孩子。

◆今日秋高气爽、阳光明媚，这么好的天气当然带来好的消息，今天全家人终于相聚一起，看着这喜庆的场面，感慨万千，感谢所有的兄弟姐妹！愿我们的情谊比钢铁还要坚固！

◆二十多年来，父母把我们抚养长大，培育成人，是他们给了我们生命，给了我们不断进步的机会，如果没有他们，我们现在的成就就无从谈起。所以我今天在这个聚会中，要对父母说声："谢谢！您辛苦了，愿您们身体健康、心情愉快，永远伴随您们的左右。"

二、给朋友的祝酒佳句

◆今天是我的大喜之日，各位亲朋好友能够在百忙之中抽出时间来为我庆贺，首先让我代表我的家人向各位的到来表示最衷心的感谢！感谢你们的祝福！感谢你们的光临！感谢你们多年来对我的大力支持！

◆不管时光如何改变，不管你我身在何方，我将永远记住这一天。祝我们友谊长存！

◆陪你走过的虽是几个春秋，却奠定了我们一辈子的友情！在这个特别的日子里，激动人心的时刻，我由衷地祝福你！

◆在阳光明媚、硕果飘香的日子里，朋友们欢聚一堂，这是一次难得的历史性聚会。

◆岁月带走了我们的容颜，却带不走我们之间的情谊。

◆朋友要像酒一样历久弥醇，经得起岁月的考验，而不是甜腻乏味的饮品，我们就是那种淡而有味，历久弥香的酒一样的朋友。

◆现在，就让我们高高举起斟满的酒杯，为共同的回忆干杯、为曾经的岁月干杯、为永恒不变的友谊干杯！祝愿我们大家身体健康、家庭美满、心情愉快。

◆对于那些没有联系上，或者是有其他原因不能到来的朋友，我们表示深深的惋惜，希望我们的祝福能够到达他们的耳边，让他们记住这些永远不变的朋友，回忆起我们共同的岁月。

◆"海内存知己，天涯若比邻"，"在家靠父母，出外靠朋友"，为我们的友谊干杯！

◆"月是故乡明，情是故乡深"，让我们手牵手，心连心，故乡之外有故乡，不是亲人胜似亲人。

◆这杯酒虽非陈年佳酿，但香醇美味，伴随着全体同乡的情和意喝下去，感觉如同玉露琼浆一般！

◆此时此刻的相聚，暂时填补了我们的牵挂，但今后我们的思念还会永远，这就是一生一世的朋友情谊。让我们把聚会变成一种期盼，让我们把相聚再次换为现实，记住这个时刻，让这个时刻永远定格在我们每个人人生的记忆里！我们的友情会海枯石烂永不变质。

◆亲爱的朋友们，你们在我的生命中占据了重要的位置，感谢这么多年你们给我这么多的帮助与付出，在此，我真诚地敬大家一杯，感谢大家对我的情谊。

三、给同学的祝酒佳句

◆时光转瞬即逝，一眨眼，我们已从懵懂无知的少年变成了高大挺拔的青年，但值得庆幸的是，我们之间的友谊并未随着时间和空间的拉长而变得淡漠，而是如白酒一样，历久弥香。

◆有一位作家曾经说过："童年是一场梦，少年是一幅画，青年是一首诗，壮年是一部小说，中年是一篇散文，老年是一套哲学。"人生的每个阶段都有它特殊的含义，而人生的每个阶段都有陪伴你的人，感谢大家陪我走过了青少年时期，共同填写了我多彩的人生。

◆友谊是人们最值得珍惜的东西，特别是同学之间的友谊，更是犹如陈年老酒，历久弥香。

◆让我们大家共同举起这历久弥香、象征友谊的美酒，愿我们敬爱的老师工作顺利，愿我们大家的这份深情厚谊，能够地久天长，为我们美好的明天，干杯！

◆五十年的时光，让我们在人世间奔波，品尝世间百味；五十年的时光匆匆而过，已在脑海里烙下了深深的烙印，友情是脑海中最深的那条，为我们的同学情谊，干杯！

◆今夜，让我们举起酒杯，为即将踏入社会的自己，干杯！为我们曾经的美好回忆，干杯！为我们至诚不变的友谊，干杯！不论今后我们各自走向何方，我只能说一句：苟富贵，勿相忘。

◆初入大学校园，我认识了大家，四年后的六月，我又离开了大家。

此时的我，想要的依然是重逢；想说的依然是祝福。但愿我们的同学情谊能够永恒，想对大家说：牵挂你们，在春季的桃花烂漫时；思念你们，在夏季的雨打荷花时；想着你们，在秋天的黄叶翩翩飞舞时；祝福你们，在冬天的漫天雪花中。

◆时间如水，转眼间迎来了你的生日，想透了脑袋才发现，满载的祝福才是我要送给你的最好礼物，愿我的祝福永远伴随着你，希望你能够心想事成，一切都顺利。在这特别的日子里，我想告诉你：认识你真好！

◆同学之间的缘分是无尽的，我们是今生永远的同学！正是因为同学之间这份浓浓的情谊，互相思念，互相扶持，大家一路走来，才会越来越好！

◆今天的聚会是大家盼望已久的，期待已久的心从全国各地汇聚一块，伴随着这优美的旋律，我们的心更加亲近，回忆过往，倾诉现在，展望未来，随着时间的推进和音乐进入高潮，我们的内心激情澎湃。我相信，此时此刻，我们每个人都感慨万千！让我们共同享受这一时刻吧！

◎聚会好词

一、对长辈表示庆祝

身体健康　寿比南山　福如东海　福禄寿喜　年年有余　富贵吉祥
万事如意　笑口常开　万事大吉　吉祥如意　花开富贵　金玉满堂
恭喜发财　岁岁平安　幸福安康　喜庆有余　竹报平安

二、对晚辈表示庆祝

学业有成　名列前茅　岁岁平安　聪明伶俐　事事顺心　青年才俊
品学兼优　后起之秀　少年有为　鹏程万里

三、对朋友表示庆祝

道义之交　管鲍之好　他乡故知　清交素友

四、对老师表示庆祝

桃李天下　教无常师　良师益友　能者为师　青出于蓝　师道尊严

研桑心计　一字之师　尊师重道　春风化雨　呕心沥血

蜡炬成灰泪始干　循循善诱　诲人不倦　桃李满门　先圣先师

良工心苦　门墙桃李　良师出高徒　鞠躬尽瘁　诲人不倦

教导有方　默默无闻　孜孜不倦　德才兼备　辛勤劳碌

五、对生意人表示庆祝

生意兴隆　财源广进　恭喜发财　年年有余　大吉大利　一帆风顺

龙马精神　岁岁平安。

六、宴会祝福

一帆风顺　身体健康　事事如意　事事吉祥　笑口常开　工作顺利

◎聚会好对

故土有缘举杯庆聚首；宏业无际推盏祝团圆

故土有缘亲朋好友举杯庆聚首；伟业无边精英贤者畅饮贺相识

忆往昔风雨飘摇同船渡；看今朝文期酒会共相知

二十载，同学聚首忆往昔，过眼云烟事；四十岁，事业皆成看当今，大展宏图情

两袖清风渡林泉；一头白发归故里

不让岁月染双鬓；好凭余热献丹心

正气贯宇雄鹰入青天；高风亮节老骥抒壮志

墨好文更佳，风流亦倜傥；师生情谊浓，文书难表全

省三敦五廉悌称义满腹离骚忠孝能载千秋册；经天纬地成竹在胸一腔热血俯首甘为孺子牛

墨宝挥洒感恩情；金樽捧起祝福酒

忆同学少年，风华正茂；看群英聚首，友情更浓

忆往昔军营好儿女并肩保家卫国；聚今朝时代领跑者携手光宗耀祖

双亲年已高，且把话拉拉；百善孝为先，常回家看看

去岁曾究千里目，鲲鹏展翅乾坤大，国正华年花烂漫；今年更上一层楼，桃李争春天地宽，人逢盛世寿增添

碧水长流年更丰，和睦人家幸福多，阖府同话相聚情；青山不老国增艳，向阳村舍春光媚，全家畅饮丰收酒

国永昌，家永睦，福永生，兴万代子孙，绘千秋伟业；人长久，月长圆，春长在，翻一页日历，存百年基业

十年树木，百年树人；万事吉祥，福泽千秋

第四章 商务祝酒辞

祝酒之礼

◎几种商务祝酒辞的要点

商务宴会的目的主要是为了加强公共关系，增进企业内部和客户之间的感情，消除误会，增加了解。所以一般情况下，每个商务宴会都会有一个核心话题，祝酒人的发言要围绕着这个主题来开展。

下面就介绍几种不同场合下的商务宴会祝酒需要注意的要点。

一、迎宾会

迎宾的祝酒辞通常适用于机关部门或者企业公司举行的非常隆重的庆典或者大型聚会，举办方为了对到场的宾客表示热烈的欢迎，经常选择这种方式祝酒。这种欢迎方式，除了是对到场的宾客的一种欢迎和尊重，还能传达出主办单位友好来往的态度，表达能够和宾客互相交流和合作的愿望，能为宴会营造出一种良好的氛围。

针对迎宾会的这种特点，在祝酒的时候就应该有一定的针对性，在主办单位进行祝酒之后，宾客代表再进行答谢的祝酒辞。

迎宾会的祝酒辞和所有的祝酒辞一样，祝酒辞也是分为称呼、开头、正文和结尾四个部分。

称呼：在迎宾祝酒辞的称呼中，应该使用尊称，通常都是“尊敬的×××”或者是“亲爱的×××”。

开头：在祝酒辞的开头，最重要的就是对到场的宾客表示欢迎和感谢。表示感谢的时候，语言可以很朴素，也可以很简短，但是一定要让到场的宾客感受到祝酒人的真诚。在这里常说的话：“我对今天来到这里的所有嘉宾表示热烈的欢迎和最诚挚的谢意”。

正文：迎宾祝酒辞的正文，虽然形式多样，但有一定的模式和套路：

第一部分，致辞人要对举办这次宴会的原因和目的做一些简单的介绍。例如“今天我们在这里举行盛大的宴会是因为我们成功地举行了×××”就是比较经典的祝酒用语。此外，可能会有一部分宾客是第一次到访，不太了解情况，所以主办单位的祝酒人可以对本公司的情况做一个简短的介绍，让大家都能知道大概的情况。通常可以用“×××公司是一个……”这样的句式来介绍，介绍的内容要侧重于好的一方面。

第二部分，可以进一步详细地介绍一下双方交往以来建立的友好关系及其意义。这里可以由某一件具体的事情入手，也可以将双方之间的联系过程概括出来，但是一定要注意语言的精练。这一点是祝酒最重要的部分，是特别需要注意的。

正文的语言要求尽量朴实、简洁，太多华丽的辞藻只会让人觉得空有其表，尽量使用短句，使宾客都能清楚知道每一句所要表达的意思。

如果是在对外宾的欢迎宴会上，可带些中国传统文化的色彩，使用一些古语和格言，例如“有朋自远方来，不亦乐乎”、“有缘千里来相会”等富有中国特色的语句，会让祝酒辞增色不少。如果在现场遇到主宾双方的意见不一致，祝酒人应该坚持求同存异的原则，要将双方一致认同的作为主体部分，尽量避免谈论双方的不同意见，必要时，可以使用委婉和语义模糊的语句，这样便于营造友好的氛围。

结语：在祝酒辞的最后，一定要注意使用敬语来表示对大家的祝福，例如“祝愿各位在×××度过一段美好的时光”。

以上是迎宾祝酒辞的必备结构，不管什么场合下的迎宾祝酒辞都不能缺少的组成部分。但是在迎宾的时候，随着国籍、团体、时间、地点和参与人员的身份不同，内容也应该有所不同，不能千篇一律让人感觉到乏味。

二、答谢会

在商务的交往的过程中，答谢的祝酒辞一般是指在主人发表完迎宾祝酒辞之后，到场的来宾对于主办单位的热情接待表示感谢的祝酒辞。答谢会在祝酒的时候，重点就是要表达出对主办单位的感谢之情。

在祝酒辞的开头，可以对主办单位开门见山地表示感谢之情。“我们用最真挚的谢意和最诚挚的祝福感谢×××对我们长期的支持和帮助”，是答谢祝酒中很经典的祝酒开场白。

开场白之后，是答谢祝酒辞的主体部分，主体部分一般有两层意思。

第一层意思，致辞人可以结合宴会现场的一些具体的安排，对主办单位的精心安排表示感谢，并且作出相应的评价；也可以结合一些具体的事例对双方之前的合作关系和取得的成绩表示肯定。常用的句型就是“从现场的× ××看出，主办方非常看重这次的宴会，作出了精心的安排，从×××细节可以看出主办方的行事风格是×××。对于这样的热情招待我们表示对×××的感谢”或者“之前我们并不决定和×××合作，但是之后发生的一件事情却让我们改变了之前的想法……”等。

第二层意思，致辞人可从自身的心情和感受来扩展。这些感受一般都以赞颂主办单位所取得的成就和所作出的贡献作为出发点，也可以以讲述对主办单位的美好印象等方面入手。经典的句式如：“感谢×××在××年的时间里面，对我们的关怀和帮助，使我们能够一起在激烈的市场竞争中站稳自己的脚跟。”

如果需要对自己的员工表示感谢，一般从对员工们爱岗敬业和无私奉献的精神入手，通常可会用“在过去的×××时间里面，所有的员工都为公司的发展作出了巨大的贡献，公司能取得今天的成就，离不开你们的每一滴汗水”这样的句子来开始。如果是对媒体表示感谢，常用的句式如：“没有在座的各位媒体的支持和帮助，我们也不会在这么短的时间内就取得今天这样的成就”，着重强调的是他们在宣传方面所起到的作用。

最后是祝酒辞的结尾部分，致辞人一般都要对主办单位的热情招待再一次表示感谢，可说“再一次地感谢×××对我们大家的热情款待”。同时还要表达自己的美好祝愿，比较经典的祝福语“希望我们和×××今后能进一步的加强合作，让我们共同发展壮大”。除此之外，还可以表示自己坚

定的决心，例如“在新的竞争中，我们将继续全力以赴，力争取得更好的成就来回报大家的厚爱”。

三、开业庆典

开业酒，一般都是酒店、商场等场所为了庆祝开业而举办的一种商业活动，一般会选择在特定的日期举办，邀请的人员也是特定的。中国中小企业众多，可以说每天都有人在举行开业活动，因此开业庆典的祝酒辞也是非常重要的。

举行开业酒具体说来，举办开业宴会有以下几方面的作用：

第一，可以帮助自己打造良好的形象，提高知名度。

第二，可以扩大相关的社会影响、吸引社会各界的关注。

第三，可以进行很好的宣传作用，吸引更多的顾客前来。

第四，可以和以后的合作伙伴奠定基础。

第五，可以激起所有员工的骄傲和自豪感，为以后的工作创造一个良好的开端。

开业对于一个企业来说所起到的作用是巨大的，所以在开业的宴会上的祝酒就需要格外的慎重。下面谈一谈进行开业祝酒的要点。

开业祝酒的祝酒人一般由单位的主要领导人、负责人或者到场的嘉宾来担任。

在祝酒的最开始，主办方首先就要对到场的嘉宾表示欢迎和感谢，常用的开场白是“我谨代表×××对各位嘉宾的到来表示最热烈的欢迎和最诚挚的感谢，感谢你们和我们一起分享这喜悦的时刻”。

接下来就是祝酒辞的主体部分。因为是开业宴会，到场的嘉宾对刚成立的单位肯定不了解，所以在开场白之后，要对本单位的情况进行介绍，让所有的嘉宾都能对单位的具体情况有所了解。这一点祝酒人可以根据单位的实际情况来具体阐述，可以是单位最大的特色，也可以是单位的主要功能以及硬件设施等具体方面。这一部分常用的语句是“我们单位是一个以×××为宗旨的大型×××类机构”。在介绍的时候一定要坚持实事求是，不夸大，也不有所保留，这样才能有助于单位今后的发展。

除此之外，还可以对在开业初期遇到的困难进行一些说明，在提出困难的同时，一般会用“尽管我们在开业初期会遇到×××的困难，但是我相信在大家共同的智慧和努力之下，在大家的帮助和支持之下，一定会克服各种困难”等语句来表示自己的决心。

还有一点也是需要注意的，因为刚刚开业，所以在祝酒中还可以表达自己希望赢得各界支持的这种愿望。例如，“现在我们就是一颗正在发芽的种子，想要长成参天大树，希望在我们今后的发展中，领导能够继续关心和支持我们、社会各界的朋友也能监督我们，希望大家能给我们更多地提供一些宝贵的意见和建议，我们的成长离不开大家的帮助”就是比较常用的话语。

在祝酒辞的最后，需要再一次地对到场的嘉宾表示感谢，然后提出自己的希望和祝愿。“再一次地感谢到场的嘉宾，在此我祝愿我们单位能够××××，也祝愿在场的所有人都能××××！”

四、其他商务宴会

除了上面介绍的迎宾、答谢、开业的宴会之外，商务宴会还可以分为许多其他不同的场合，例如招商引资、签约仪式、展览营销、企业年会、楼盘的推介、品牌的发布等都是商业宴会的形式之一。虽然它们没有上面三种形式使用的频率高，但也有一些共性的问题需要致辞人注意：

第一，祝酒要围绕某一个核心来具体展开。致辞人在祝酒的过程中，不能天马行空地讲一些无关的说明，这样会让嘉宾如坠云雾，听了半天也不知道究竟，这就是一篇失败的祝酒辞。

招商引资的宴会，其主体可以体现当地的特色，或吸引投资商的特点。签约仪式后的祝酒辞，其核心内容可以是对签约的双方作出相关的介绍和赞扬。展览营销相关的祝酒辞，则应该表现自身产品的特色。企业年会以总结为主，楼盘致辞的主要内容可以是楼盘的图解、品牌的发布、楼盘和品牌的特色和基本信息。

第二，祝酒辞应该条理清晰。先讲什么，后讲什么，哪一部分是重点，哪一部分只需一句话带过等，这是最重要的。酒会的主题有很多，大家都急着欢宴，没有人爱听致辞人长篇大论、或不知所云的废话，只有条理清晰的祝酒辞才能让宾客把握祝酒人最想传达的信息，祝酒辞也就相对更容易被接受。

第三，语言要精练。不管是什么场合下的祝酒辞，语言的精练都是必备的，在商务宴会中尤其需要如此。因为商务宴会中往往暗藏商机，留给人一个良好的印象可能会给自己带来无限发展的机会，但也有可能因为一句话而失去合作伙伴，所以尽量不要长篇大论惹人厌。当然，语言的精练并不意味着越短越好，太简短会给人不真诚的感觉，必要的烘托场合气氛的话还是要有的。

以上三点是在其他商务宴会中需要共同注意的，做到以上三点可以让祝酒辞更加完美。总之，一篇优秀的祝酒辞会使祝酒人在各种商务交际场合中如鱼得水，实现自己的交际价值。在酒会中，衡量一篇祝酒辞成功与否，可以看看你的话说完后，是否在座的人都举起了自己的酒杯情不自禁地干了杯中的酒。

◎商务宴会的礼仪

在商务宴会中，自己的言谈举止不仅是自己的形象问题，更关系到所在企业的形象。良好的礼仪，除了能增加个人魅力之外，还能给企业加分不少，甚至有可能带来新的商机，所以商务礼仪一定要引起重视！

各种商务宴会中都需要讲究礼仪，不同的场合，需要注意的礼节也有区别，从宴会的准备阶段到宴会的结束，时刻都需要注意自己的行为是否合乎礼仪的要求。下面，根据一般宴会的流程来对基本的商务礼仪进行简单地说明。

一、商务邀请礼仪

在举办商务宴会之前，主办方要对固定的对象发出邀请，注意在发出邀请的时候，应该符合双方的身份和现在的实际关系，这样才能收到被邀请者良好的答复。

邀请分为正式邀请和非正式邀请。非正式邀请一般是当面发出邀请、打电话或者是传话发出邀请，是口头的形式，比较随意，一般应用于商界中非正式交往之中。正式的邀请就要讲究礼仪，一般都是以书面的形式来通知被邀请人。在正规的商务交往中，必须要以正式发出书面的邀请函。

正式的邀请一般的形式有请柬、书信、传真、便条等，其中请柬的规格是最高的，也是商务交往中比较常用的邀请形式。在大型商务宴会中，只有用请柬的方式发出邀请才能与宴会的档次相符合。

请柬有正文和封套两部分组成，不管请柬是自己制作的还是购买的，在格式和行文上都要符合礼仪规范。

请柬的格式一般以横式的请柬为主。如果是自己制作请柬，就要注意，请柬的纸张一般很厚，对折之后左边的外侧是封面，右面的内侧就是正文部分。请柬的封面一般都以红色为主，并且“请柬”这两个字一定要在封面上出现。请柬的内侧，可以是红色，也可以是其他的颜色，但是黄色和黑色是比较忌讳的颜色。

在请柬的行文上。在写请柬正文的时候，一般选用黑、蓝两种墨水，其他鲜艳的颜色是不合乎礼仪规范的。

在请柬的正文部分，应该包括的内容：活动的举办形式、时间、地点、活动的邀请、联系方式以及被邀请人。按照国际惯例，在正文的左下方要有“备忘”的内容，提醒被邀请者按时参加宴会。

对于被邀请人姓名的处理，一般都会标明在请柬的封套上面，而邀请者的姓名可以在正文中出现，也可以在落款的地方，这两种方式都是可以接受的。

如果商务宴会中有外宾参加，那么这一部分的请柬则要求用英文书写，并且所有的字母都要求是大写，不分段，没有标点。行文的时候最好用第三人称，这是国际习惯。另外注意，“备忘”要换成英文缩写“P. S.”，以示对外宾的尊重。

在发出请柬的时候要注意，一般要提前一到两周送出，因为要留有时间余地，保证被邀请者能根据宴会时间作出调整和安排。

除请柬之外，有的主办单位还有用书信形式发出邀请的，因为比较随便，一般应用于熟人之间，内容也就不必拘泥于某种形式了。不过书信最好是打印出来的，邀请人需要亲笔签名，这样显得比较正式，被邀请者会感受到主办单位的盛情。

二、商务答复礼仪

从商务交往的角度来说，邀请活动是一种双向活动，当主办方发出邀请之后，作为被邀请的人，则需要尽快作出相关反应，怎样答复才能既符合自己的利益，又不失礼节。

因为邀请人是以正式的请柬来发出邀请的，所以在答复的时候，被邀请者应用书面的形式给予答复以示庄重，使用口头的形式是不妥当的。

如果对方是正式邀请，那么在写答复信的时候，一般使用第三人称，文字尽量简短，不用署名。而如果对方是以书信形式邀请的话，在进行答复的时候通常使用第一人称，行文中的内容要包括：感谢对方的邀请，愉快地接受对方的邀请，以及即将用什么样的心情去参加宴会。篇幅可以稍长，最后要署名。

如果自己并不想参加宴会，也要及时进行回复，这样便于主办方作出其他安排。这种拒绝的答复要求委婉，语言简明。这时候被邀请者在回复的时候，在内容上首先感谢对方的邀请，对自己不能参加表示遗憾，将不能出席的理由简单陈述一下，最后还要对邀请人表示感谢，表明今后还是会有见面机会的。

三、商务宴会的座次安排

在收到了被邀请人的答复之后，主办方就要安排宴会的座次了，在商务宴会中这些细节一定要注意。

在中式的宴会中，一般以右边的座位为尊，或者是面对大门为主位。而其他宾客的座次则根据和主位的距离来判断，距离主位越近，地位就越尊贵。

如果被邀请人中有地位特别尊贵的客人或者是上级领导，应该安排在主席台上。此外还应该保证一桌上的客人都有话题可以说。宾客之间，男女嘉宾之间安排得不要太靠近。

而西方的商务宴会大部分都是以冷餐或者酒会的形式来举行，都是自由取餐，所以对座次是没有要求的。

四、商务宴会的接待礼仪

在宴会正式开始之前，主办方要在规定的时间之前到达宴会现场，以便接待即将到来的各位嘉宾。这种接待工作是非常讲究礼仪的，具有很强的政策性，一定要认真对待。

首先，要确定邀请的规格。在发出邀请之前，就应该清楚这次宴会的规格，在迎宾的时候规格就要和宴会的规格相符。一般来说，负责迎宾的人员在地位、身份上都要和到场的嘉宾是相适应的。如果迎宾的规格高于邀请的规格会造成浪费，而如果规格太低的话，则会让到场的嘉宾心生不悦，给人的第一印象就大打折扣，之后的宴会气氛也不会太好。所以在迎宾之前一定要确认邀请的规格。

其次，掌握到场嘉宾的状况。宴会主办方的接待人员应该对嘉宾中的重要人物的基本情况有所了解。这些基本的情况应该包括对方的姓名、性别、年龄、婚否、籍贯、民族、宗教信仰、政治倾向、所属党派、职务级别、业务能力、专长爱好、主要禁忌等。只有了解了这些信息，才能在接待的时候规避可能出现的不恰当的行为。如果能在这些人物面前表现良好的仪态，会大大提高主办方的形象。

再次，要随机应变。如果祝酒活动已经开始了，那么接待人员就应该马上停止自己的一切活动。而在祝酒即将结束的时候，则应该给宾客的酒杯快速斟酒，便于在祝酒的最后饮用。这种快速应变的能力需要对场面的基本状况有所了解，这一点就要靠接待人员个人的反应能力了。

五、点餐礼仪

所有的宾客都已经抵达，主办单位宣布宴会正式开始之后，就应该上菜了。所谓“民以食为天”，对吃的比较讲究。不要以为餐桌上就没有限制了，可以想吃什么就吃什么。在商务宴会中，包括所有的宴会在点餐上都要讲究礼仪。

一般来说，在宴会的现场点餐是不太现实的，因为众人的口味不同，如果要满足每个人的需求非常困难，也会耽误大量的时间，是非常不划算的。所以一般都是主办单位事先已经点好的，而主办单位在点餐的时候应该注意以下几点：

第一，要注意控制预算。因为是商务宴会，肯定有已经计算好的预算，所以在点餐的时候，要对预算心里有数，根据宴会的档次和地点来控制。既不能有损主办单位的脸面，又不能超出预算。如果是一般性的商务宴会，则可以将每道菜的价格控制在 100 元左右。而如果是比较大型的重要的商务场合，则必须要有像鲍鱼、鱼翅等档次比较高的菜品。

第二，要根据座次的人员组成来点餐。一般来说是有多少人就点多少餐，如果是男性较多，可以适当地增加分量。

第三，要注意菜肴的搭配。一桌菜不能全是荤菜，但是也不能全是素菜。最好是荤素搭配，一般荤菜要占到2/3。如果是男性较多的餐桌，则可以适当地增加荤菜的数量，女性较多的餐桌，适当的增加清淡类的菜品。而且在所有的菜品中，还要做到冷盘和热餐的搭配，一般就是各占到1/2的比例，或者是冷餐占1/3为宜。还有一点是非常重要的，宴请地方的特色菜和酒店的特色菜肴是餐桌上必不可少的。这样能体现出主办单位的细心，给宾客一种被尊重的感觉。

除了以上几点是需要注意的之外，还有几点是在点餐时应该避免的。

第一，要注意宾客中是否有宗教信仰的宾客，如果有的话，就应该在点餐的时候避免出现他们的禁忌菜品，在港澳台中表现的格外明显。在安排座次的时候，可以将这些有宗教信仰的嘉宾单独安排。

第二，考虑到嘉宾的身体状况和饮食习惯。因为身体的健康状况对一些菜品也是有禁忌的。例如患有心脑血管类疾病的人不适合吃脂肪含量高和胆固醇含量太高的食物，患有消化系统疾病的人不适合吃血脂含量高、不利于消化的食物。此外，不同地方的人有自己的饮食习惯，湖南和四川的嘉宾偏向于吃辣，但是东南沿海的则倾向于吃清淡类菜肴，也可以在点餐的时候照顾到。

第三，考虑嘉宾的职业规定。因为职业原因，在就餐上面有一些有特殊的规定。例如国家公务员，在宴会中是不能大吃大喝，超过国家规定的标准的。这一点有政府官员出席的情况下更要考虑到。

六、离席的礼仪

俗话说“天下没有不散的宴席”，再热闹的宴会有结束的时候。一般宴会时间在两个小时之内，主办方应该征求大家的意见，委婉地提出宴会结束，并要感谢嘉宾们的到来。

宴会结束后，主办方应该确保所有驾车来的宾客的安全，对于年老和比较尊贵的宾客，可以询问返回的方式，在条件允许的情况下可以亲自送回。

这些都是在宴会正常程序结束之后要注意的，相对来说，只要确保每个宾客能够安全返回即可。但是对于参加宴会的嘉宾来说，在宴会中会因为各种情况出现中途离席的情况，这时候，就需要掌握一定的技巧，既能让自己有礼貌的抽身，也不至于让主办方觉得尴尬。

首先，在即将离席的时候，只需要和身边的两三个人打好招呼，再私底下告知主办方即可离开。千万不要和每一个人都打招呼，让自己的离开人尽皆知。这样原本热闹的宴会气氛就会受到破坏，知道有人离开，宴会也会马上一哄而散而大煞风景。

其次，中途离场要向主办方说明原因，并表示歉意，不能什么话都不说就悄悄离开。而且告知主办方之后，也不能拖拖拉拉，应该马上就走人。不要因为一个人而耽误他们太多的时间。因为他们有很多事情要处理，被耽误太多的时间会在其他宾客面前失礼。

最后，如果不是其他宾客自愿离开，千万不要去鼓动其他宾客和自己一起离开，这样会破坏宴会的气氛。

即使在宴会的最后阶段，也要保持自己良好的风度。如果因为在离席的时候考虑不周，那么前面的努力都是白费的，所有良好的礼仪都是要有始有终的。

七、其他注意事项

现在很多大型的商务宴会都是以冷餐会或者酒会的形式来举办的，所以对参加宴会的嘉宾的服装也是有要求的。这样的场合是不适合穿休闲服出现的。必须以正装出席，如果是在晚上，女性可以穿晚礼服参加。

对于女性参加者来说，不要素面朝天，也不要浓妆艳抹，适当的淡妆即可。这样是对主办单位的一种尊重，也能表现自己的仪容大方。不要非议他人的妆容，保持缄默是最好的办法。在整个宴会的过程中，不要当着其他嘉宾的面补妆，这样是非常不礼貌的行为。

在冷餐会中，会提供葡萄酒或者红酒，在这里也有必要对喝酒需要注意的问题说明一下。

一般在拿酒杯的时候使用拇指、食指、中指轻轻地握住杯脚，小指放在杯子的底座上固定。这样就能避免手指的温度增加酒的温度。在服务员倒酒的时候，应该将杯子放在桌上，倒好了之后再取。

在喝酒的时候轻摇杯子，不要一口喝完，也不要在喝酒的时候观看别人喝酒，这是对他人的一种不尊重。此外，说话或者吃东西的时候喝酒都是很不礼貌的行为。女性要注意在喝酒的时候，不要将唇彩印在酒杯上，

应该及时用餐巾擦掉，不要直接用手去擦。

经典祝酒辞

◎各种答谢会祝酒辞

范例一：

【致辞背景】答谢宴会

【致辞人】酒店经理

各位来宾，女士们、先生们：

大家晚上好！

首先，请允许我代表我们××酒店的全体员工，对今晚出席酒会的嘉宾表示诚挚的感谢和问候。今天，整个××酒店都焕然一新，充满了喜庆的气氛来欢迎八方宾朋。各位在百忙之中抽出时间来参加今晚的晚宴，不仅是对我们过去工作的肯定，更是对我们酒店未来发展的支持。我谨代表××酒店祝大家身体健康、工作顺利、家庭幸福、万事如意！

××酒店自×年开业以来，在社会各界的支持和帮助下，在各位顾客的关心和光顾下，已经走过了光辉而曲折的×年。×年来，我们始终秉承着“顾客就是上帝”的宗旨，始终以客户的需求、客户的意见为自己的最高行为准则，建立了广泛的客户群，获得了大众和社会的肯定。×年来，我们和社会上的各界朋友，特别是在座的各位建立了深厚的友谊，在各位的支持下，酒店先后获得了“××××××××”、“××××××××”的荣誉称号，进一步打开了自己的知名度和信誉度。今天举办这个答谢会，一方面是祝贺酒店的×年生日，另一方面也是要借助这个机会，将大家聚集在一起，感谢你们这么多年的支持和鼓励。在今后的日子里，我们××酒店会百尺竿头，更进一步，一如既往地用我们的真诚和努力，为各位创造出宾至如归的环境。

最后，让我们举起酒杯，为了美好的明天和更好的合作而干杯！

范例二：

【致辞背景】答谢宴会

【致辞人】总经理

各位领导，各位来宾，女士们、先生们：

大家晚上好！

今夜星光璀璨，今夜无人入眠，今夜，我们欢聚一堂，来庆祝××银行成立×周年。首先，请允许我代表我们银行的所有工作人员，向到会的各位来宾、各位朋友，表示最衷心的感谢和问候！

俗话说“一个篱笆三个桩，一个好汉三个帮”，对于一个商业社会中的金融机构来说，更是这个道理。××银行成立×年来，有过辉煌的时候，也遇到过不少的坎坷，但不管怎样，始终有你们——我们最忠诚的朋友和伙伴们，风雨同舟。在座的各位，都是我们××银行的老朋友、老客户，多年来，我们一起经历了各种各样的风风雨雨，从无到有，从小到大，一步一步走到今天这样的地位。通往成功的路上是孤寂的，但这样的孤寂有了你们的陪伴，也就变得绚烂了。自××××年的金融危机以来，国际风云变幻莫测，但我们××银行始终保持了稳定的经营状况，各项工作都顺利进行，并取得了长远的进步。这和你们在座的各位的支持和帮助是分不开的。我相信，在大家的共同努力合作下，明天会更加美好！

最后，请大家举起各自手中的酒杯，为了我们更美好的明天，干杯！

范例三：

【致辞背景】×××企业的年会

【致辞人】企业领导

尊敬的各位领导和亲爱的朋友们：

大家晚上好！

今天是我们×××企业一年一度举办年会的日子，每年的这个时候也是辞旧迎新的日子。我们在这里欢聚一堂共同庆祝这个我们大家高兴的日子。在这里我代表×××企业的所有领导对今天到场的各位表示热烈的欢迎，同时在这里也对×××企业这一年来所有付出辛勤汗水和劳动的员工及其家属表示崇高的谢意，发自内心的对他们说一句：谢谢你们这一年的辛苦努力！

对于×××企业来讲，过去的一年是非常不平凡的，在过去的时间里面，我们争分夺秒，利用所有的时间来完成项目的开发，在面对众多的竞争者，我们的项目最终凭借质量过硬、稳定性高等优势通过了项目的审批。

我知道，我们之所以能拿到项目，凭借的是我们×××企业的实力。而这实力的背后，离不开所有员工的努力和付出。

我深刻的记得，在项目的施工到了最艰难的时期，我们遇到了很多困难，但是没有一个员工想到放弃，也没有一个员工因为困难而退缩。为了能够如期的完成项目，几乎所有的员工都是睡在施工地点的，就这样他们夜以继日，不断地努力拼搏，终于如期完成。在相关单位对项目质量进行检测的时候，没有一处是不符合标准的。

说实话，我真的很敬佩他们，不仅能按时完成任务，还能保证质量。可想而知，他们是付出了很多的努力的，同时也离不开他们家人的支持。正是因为他们的努力让我们的员工没有后顾之忧，才能专心地工作。

在这里，我对我们可敬的员工和他们的家属再一次表示感谢，谢谢你们的辛苦付出，没有你们的付出，企业是不可能取得今天这样的成就的。你们的贡献将会被永久地记录在企业的历史中。

最后，我提议，为了我们企业的可敬的英雄们，我们大家一起举起手中的酒杯，敬大家！祝愿大家身体健康、阖家幸福！

范例四：

【致辞背景】×××品牌答谢媒体的宴会

【致辞人】×××品牌的领导

尊敬的各位来宾和所有的媒体代表们：

大家中午好！

冰雪消融、草长莺飞，我们迎来了生机勃勃的春天。在这样一个阳光灿烂、春光明媚的日子里，我们大家在这里欢聚，共享盛宴。我首先代表×××品牌所有的员工对能前来参加这次宴会的嘉宾们表示热烈的欢迎！同时，今天是媒体的答谢会，所以对来到现场的各界媒体致以春天一样温暖的问候和感谢，感谢他们一直以来对×××品牌的支持和关心。

×××品牌到今天已经有××年的历史了，现场的各位都见证了它一路走过来的历史。对我们所有的员工来讲，这就是所谓的缘分和幸运，能够和大家拥有共同的回忆。

这些年来，×××品牌已经被越来越多的人接受了，影响力也越来越大，这些成就都离不开在场的各位的鞭策和鼓励。今天借这个机会，我代表×××品牌的所有员工对大家的厚爱表示最诚挚的谢意。我们也将在今后的工作中，设计出更多受欢迎的作品，为受众提供越来越多的花样和款式。我们也将更加自信面对各种各样的考验和挑战，会以更大的热情投入到工作中去，不辜负大家对我们的期望！

我们知道前方的道路并不好走，我们还是会遇到很多挑战，所以我们还需要在场的各位继续帮助我们、支持我们。只有在大家的齐心协力之下，×××品牌才能攀登上更高的山峰，实现一览众山小的愿望。希望这一路上你们能和我们一起见证这个愿望的实现。

古时候都有人咏诗来助酒兴，在这里，我也效仿古人用一首咏春的诗歌来祝酒，“春江潮水连海平，海上明月共潮生。滟滟随波千万里，何处春江无月明”。祝愿各位身体健康、工作顺利，也祝愿×××品牌的明天更加美好！干杯！

◎品牌发布会祝酒辞

范例一：

【致辞背景】发布会

【致辞人】公司总经理

尊敬的各位来宾，女士们、先生们：

大家晚上好！

首先，感谢大家在百忙之中，能够来参加我们××公司××品牌汽车的新品发布会。我谨代表公司领导和全体员工，并以我个人的名义，向到会的各位表示诚挚的感谢和衷心的祝福！

这是一个竞争激烈、胜者为王的时代，对于所有的企业来说，产品好才是王道，顾客满意才是最终目的。我们××公司成立×年来，始终把客户放在第一位，把产品研发放在核心位置，生产出了一系列畅销车型，深受广大车友朋友们的喜爱。目前，公司已经是国内×大生产商之一。面对成绩，我们不骄傲，不满足，加强对产品的研发力度，以顾客的需求为着力点，终于，研发出了这款×××车型。这款车是公司集中优势资源，集中打造的面对中下层客户的最新产品，是在收集了广大消费者的意见建议后有针对性地生产的。它集中了现在市场上中低端车的一切优势，是一款具有很高性价比的产品。希望可以得到广大车友的肯定，并为大家的生活

带来便利。

现在，我提议：大家举杯，祝××车型大卖！干杯朋友们！

范例二：

【致辞背景】发布会

【致辞人】市场部经理尊敬的各位来宾，女士们、先生们：

大家晚上好！

很高兴今天能够和大家在这里欢聚一堂，举行我们××品牌的夏装发布会晚宴。首先，对今晚能够在百忙之中抽空前来参加活动的各位来宾表示感谢，你们的关注就是我们前进的最好动力。

××服装公司成立于×年，是一家专门生产女装的企业。公司成立×年来，一直在女装市场上保持着领跑者的姿态，随着中国加入WTO和世界经济的发展，我们××公司更是已经走出了国门，迈向了世界。

多年来，在社会各界的支持帮助下，在广大女性消费者的力挺下，在公司各级员工的不懈努力下，××服装已经成为了服装市场上的一个不可不提的服装品牌，深受广大女性消费者的喜爱。××服装，永远走在潮流的前线，我们的理念：没有不漂亮的女人，只是你的衣柜里少了一件漂亮的衣服。

今天，我们在这里举办夏季新品发布会，这些产品都是我们的最优秀的设计师根据国内外最流行的元素设计出来的，相信会得到广大消费者的喜爱。

让我们举起眼前的酒杯，祝××女装今夏大卖！

◎企业年会祝酒辞

范例一：

【致辞背景】公司年会

【致辞人】董事长

尊敬的各位同仁：

大家晚上好！

爆竹声声辞旧岁，梅花朵朵迎新春。转念间，又到了辞旧迎新的时候，在这里，我代表我个人，并以公司的名义，对在座的各位员工表示最诚挚的问候和最衷心的祝福。谢谢你们一年来对公司所作的贡献，谢谢你们的付出和牺牲，谢谢大家能够来参加今天这个年会。

我们××企业成立以来，一直在国内的手机生产商里名列前茅，已经被广大的消费者所认可。过去的一年，是手机行业的大洗牌时期，3G 智能机风起云涌，苹果 iphone 引发的科技狂潮，手机大鳄诺基亚的逐渐弱势，都已经引起了行业的巨大震动。在这样的背景下，我们紧跟时代的潮流，加大产品的研发力度，先后研制出了××××系列，×××××系列手机，在国产智能机中，走在了前列。在国内手机市场的洗牌中，不但没有失去原有的地盘，反而还开拓出了新的市场份额。这样的成绩，离不开在座每一位员工的付出与智慧，没有你们，便没有××的今天，消费者也就不能使用到质优价廉的手机产品。

在这里，我想对每一位辛勤付出的员工说一声："你们辛苦了！"不过，你们的付出都是有回报的，××有了一个更为光明的前景，我们会为了这个梦想而继续不懈奋斗！

最后，请大家举起酒杯，为××的明天，为自己的梦想，为全国××位××手机的忠实用户，干杯！

范例二：

【致辞背景】酒店年会

【致辞人】酒店董事长

尊敬的各位来宾、各位同仁：

大家晚上好！

又到了辞旧迎新的时候，今天我们欢聚一堂，来对酒店过去一年的工作进行总结点评。

首先，让我们以热烈的掌声对今天来参加我们年会的各界朋友表示感谢！祝大家在新的一年里，财源广进、家庭幸福、身体健康、万事如意！

过去的一年里，我们××酒店取得了很大的成绩，这跟在座的所有成员是分不开的。对于我们酒店的员工来说，正是因为你们的辛勤付出，因为你们用自己的真心和责任心，使顾客们产生了宾至如归的感觉，使公司的销售额在过去的一年里取得了长足的进步，使我们酒店的文化在社会上得到了广泛的认可。对于在座的各位嘉宾来说，谢谢你们的信任和支持，谢谢你们选择了××，谢谢你们对我们工作的认可和支持。没有来自你们的认可，我们的工作便失去了动力和意义。

在新的一年里，我希望广大员工能够继续发扬现在的精神和劲头，好好工作，天天努力；广大的顾客朋友能够继续相信我们，继续支持我们！我们会用更好的服务，更热忱的态度，欢迎每一位朋友到酒店来！

让我们为了更美好的明天，端起手中的酒杯，祝大家新年快乐，万事如意！干杯！

◎发布会祝酒辞

范例一：

【致辞背景】新书发布会

【致辞人】作者

尊敬的各位朋友，女士们、先生们：

大家晚上好！

首先，请允许我对各位能够莅临这次发布会现场表示最热烈的欢迎和感谢！

我从事写作行业已经××年了，抱着对文字工作的喜爱态度，对文学理想的追求，××年里，我先后发表了《××××》、《×××××》、《××》等一系列畅销书。一路走到今天，首先要感谢的就是我的忠实读者粉丝们，没有你们的支持和肯定，就没有我继续写下去的动力；其次，还要感谢各大图书出版公司，谢谢你们给予我最好的资源，让我的作品能够以一种最完美的形式面世；再次，还要感谢在座的前来捧场的媒体朋友们，谢谢你们对我作品的关注和报道，能够使更多的人了解我，支持我。

《×××》是我的第×本书，也是目前为止我最喜欢的一部作品。这本书耗费了我近三年的时间，从构思、选材一直到写作，我都是抱着精益求精的态度来完成的，书中的每一部分都是我近年来对人生、对社会认识加深所融入的真情实感，对于目前这个浮躁的社会来说，不失为一小股清风，能够为读者带去一丝清凉和透彻。

我相信，在各位的帮助下，我的这部新作品一定可以得到大众的认可，为了这个目标，让我们举起各自手中的酒杯，干杯吧！

范例二：

【致辞背景】杂志发行会

【致辞人】杂志总编

尊敬的各位来宾，女士们、先生们：

大家晚上好！

今天，是我们杂志出版发行的好日子，虽然现在正是酷暑时节，但这份杂志无疑为大家送上了降温解暑的好方法，值得期待。

首先，请允许我代表我们杂志社的全体同仁，向今天来到现场的所有嘉宾表达最诚挚的感谢和祝福，祝你们工作顺利，一切如意。

这本《×××》杂志是我们杂志社筹备了一年的作品，近年来，随着社会生活水平的提高，人们在满足温饱的基础上，开始对时尚有了很高的要求，杂志这种事物也不再是稀缺资源，开始进入了寻常百姓家。在这样的背景下，我们杂志社领导们高瞻远瞩，拍板决定开始对这本杂志立项。经过精密的准备工作，在一年之后的今天，我们终于可以将这本杂志推出了！

我们××杂志社成立于××××年，是一家深受读者朋友欢迎的媒体企业，其间出版发行过很多销售爆棚的优秀杂志，在行业中一向处于领军地位。多年来，我们保持活力的秘籍就是紧跟时代步伐，时刻关注读者的需求，重视创新、勇于创新。《×××》杂志这一最新产品，就是这一思想理念的产物。

我相信，凭借我们杂志社一向的信誉和我们这份杂志的品质，再加上在座各位的共同支持关心帮助，这份杂志一定可以获得成功。现在，我提议：让我们为了这个目标，共同干杯吧！

◎商务会议祝酒辞

范例一：

【致辞背景】两国商务会议宴会

【致辞人】商务部长

敬爱的各位来宾，女士们、先生们：

大家晚上好！

首先，代表×国政府对各位的到来表示诚挚的感谢和衷心的问候。×国和×国一向都是友好国家，双方今年已经是建交×周年了。政治上的亲

密无间，同时也促使着我们两国在经济上的友好合作。

一直以来，两国的领导人都十分重视相互间的来往跟合作，并为此不遗余力地进行推进工作。今天各位能够欢聚一堂，在这里把酒问天，正是两国间互相交往、互相促进的一大结果。

截止到×年，双方的经贸往来金额已经达到了×××亿元，其中，民间交往×××亿元，政府主持签订的协议×××亿元，同比增长百分之××，这一切都表明，××两国的快速发展期已经到来，双方已经建立起来了较为成熟和完整的体系，实现了跨越式的发展。今后，我相信，在这样好的势头下，明天一定会更好。

最后，让我们举起酒杯，为了更美好的明天，为了两国人民的友谊，为了更远大的前程，干杯！

范例二：

【致辞背景】推进××县工业发展促进会

【致辞人】县委书记

尊敬的各位领导、各位来宾，女士们、先生们，朋友们：

中午好！

在各位的大力支持下，××县工业发展促进会，已经圆满结束了。在此，我代表县委、县政府对各位来宾、各界朋友的真诚帮助和热情建议，表示最衷心的感谢和最诚挚的敬意！

为了答谢大家对××县的厚爱、扩大交流、增进感情、加强合作，今天我们特在这里举办宴会，祝愿我们的友谊地久天长，我们的事业兴旺发达！

××县是资源丰裕的宝地，山清水秀，人杰地灵，××县人的热情令来到这里的每一位朋友感动，也将无限的商机奉献给每一位投资者。今天召开的促进县里工业发展的会议，是我们寻求合作，寻求发展的开端，更是与大家共创美好明天的开始。我们真诚地希望各界朋友关心支持××县工业的发展情况，也真诚地欢迎大家到我们这里来投资发展，与我们共谋发展、共创伟业。

最后，让我们共同举杯，祝愿××县的明天更美好；祝愿大家身体健康、万事顺意、事业腾达、财源滚滚！干杯！

◎展销会宴会祝酒辞

范例一：

【致辞背景】××国际汽车展销会宴会

【致辞人】展销会负责人

尊敬的各位朋友，各位来宾，女士们、先生们：

大家晚上好！

时间过得真快，又到了一年一度的××国际车展盛大开幕的时候了，首先，我代表展会的所有工作人员，对参加我们展销会的各位厂家表示衷心的感谢和诚挚的问候，向关心和支持我们工作的新闻媒体单位和爱车一族表示感激和祝愿。

随着我国经济的快速发展，人民生活水平的提高，汽车这一事物不再是奢侈品的代表，而是日益走进了寻常百姓家。人们对汽车的选择也不仅仅局限于性能和质量上，更多的人开始考虑车型和时尚感。为了使每一个购车者都可以买到称心如意的好车，也为了使优秀厂家的产品能够得到好的展示平台，我们的车展会一届一届地办了下来，而且还要继续办下去！

再次感谢各位的光临，也祝愿我们的车展能够取得圆满的成功，希望能够为消费者和企业带去一些帮助，这就是我们最大的期盼了。

最后，让我们举起手中的酒杯，祝愿此次车展顺利落幕。祝愿在座的各位财源广进，各位，干杯！

范例二：

【致辞背景】××珠宝展销会宴会

【致辞人】展销会负责人

尊敬的各位来宾，女士们、先生们：

大家晚上好！

感谢各位在百忙之中莅临我们的晚宴现场，我谨代表此次活动的主办方和所有工作人员，向参加此次酒会的各位嘉宾表示诚挚的问候和衷心的谢意。祝大家身体健康，万事如意！

××珠宝展销会今年已经是举办的第×届了，在社会各界的关心帮助

下，在各位来宾的鼎力支持下，已经成为了××市的一道亮丽的风景线，吸引着越来越多的珠宝商和珠宝爱好者前来观展。这些都是对我们工作的莫大肯定和支持，相信在大家的共同努力下，××珠宝展一定可以办成全国知名的展会。

今年的展会相比往年来说，展出的单位数量达到了空前的程度，展出的珠宝作品也达到了一个新的高度，相信展会期间前来观展的人数也会创下新高。近年来，随着人们生活水平的提高，珠宝的销量也大幅上涨，行业利润十分可观。在这样的大环境下，很多珠宝爱好者都希望看到最新最时尚的珠宝作品，我们无疑为他们提供了一个很好的平台。这也是我们工作的意义所在。

我相信，××珠宝展会一年一年地办下去，地位也会一天一天的重起来，会为珠宝业的发展作出自己绵薄的贡献。

各位来宾，让我们各自举起手中的酒杯，为了珠宝业美好的明天，为了展会的成功，干杯吧！

◎客户联谊会祝酒辞

范例一：

【致辞背景】客户联谊会

【致辞人】饭店经理

各位来宾，女士们、先生们：

大家晚上好！

今晚，××饭店高朋满座，贵客盈门！各位能在百忙之中参加我店举行的晚宴，我们深感荣幸。首先，请允许我代表××饭店全体员工，向出席今晚联谊会的各位来宾、各位朋友致以衷心的感谢和诚挚的问候！祝各位身体健康、家庭幸福、万事如意！

××饭店自开业以来，已走过了×年不寻常的发展历程。×年来，我们与社会各界朋友尤其是与在座的各位嘉宾建立了深厚的情谊，我们的工作日新月异。先后荣获了“消费者信得过的商家”、“全国优秀饭店”等荣誉称号。这些成绩的取得，是与各位朋友的关心和支持分不开的。我们希望借“客户联谊会”这样一种形式来表达对各位来宾、各位朋友的由衷感激。在今后的岁月里，我们仍需要各位朋友一如既往地给予我们更多的关爱和支持，我们也一定会以更优质的服务来回报各位，让××饭店成为您最好的选择。

最后，让我们举起酒杯，为共同的理想和美好的明天，为我们的友谊天长地久，干杯！

范例二：

【致辞背景】××商场客户联谊会

【致辞人】商场经理

尊敬的各位来宾，各位朋友，各位同仁：

大家晚上好！

冬雪飘香，蜡梅清美，又到了一年隆冬时节，我们欢聚在这里，隆重举行这次客户联谊会。在这样一个美好的冬夜里，我在这里代表我们××商场的全体工作人员，对你们说一声：谢谢！

××商场成立于×年，本来是一家普通的小商场，在×市毫无名气。但是我们始终秉承着“顾客就是上帝”的宗旨，一步一步做大做强，现在，我们已经是全市最大的综合性商场，日客流量已经达到了××万人，远远超出其他的商场。随着企业的发展，我们还先后在下面的地市开了多家连锁分店，一天天发展壮大起来。

之所以能够取得这样令人骄傲的成绩，最大的功臣就是在座的各位合作伙伴，我们的顾客，我们的消费者，没有你们，××商场不可能还坚持到现在，更不会有这么辉煌的成就。今天，大家一起来举行这个宴会，一方面是增进感情，另一方面也是要将对你们的感谢之情表达出来。不论风云如何变幻，我们一直都在，不管情况如何，我们一直在为了你们的方便而努力，不曾停歇。

在这样美好的冬夜里，请大家举起手中的酒杯，畅想着美好和绚丽的未来，为了我们共同美好的明天，干杯！

◎颁奖典礼祝酒辞

范例一：

【致辞背景】××商会颁奖晚宴

【致辞人】商会主席

各位嘉宾，女士们、先生们：

大家晚上好！

感谢各位参加××商会举办的年度慈善颁奖典礼，各位辛苦了，我在这里代表商会谢谢大家！

今年，是我们商会第一次举办这个年度慈善晚会，之所以举办这样一个活动，是鉴于商会中各位成员积极踊跃的慈善活动，为了表彰大家的爱心，鼓励大家继续与人为善，经过商会领导们的商量，决定来举办这个活动。

跟之前的那些慈善颁奖晚会相比，我们这是一个比较民间的活动，动机也更为单纯。近年来，各类灾害频发，受灾人群面积广大，再加上经济发展得不充分，一些地区还没有脱离贫困，需要帮助的人还很多。在这样一种情况下，在座的各位能够慷慨解囊，无私地捐助那些困难的人，确实是一件令人敬佩的事情。

今天，我们在这里举办这个慈善颁奖礼，原因有两个，一是对所有的慈善者表示尊敬和祝福，二是对善的行为表示鼓励和支持，并促使更多的人来进行慈善活动。

最后，让我们举起酒杯，为了善良的人干杯，为了那些身处困境的人们早日过上幸福的生活而干杯，为了商会更美好的明天而干杯！

◎招商宴会祝酒辞

范例一：

【致辞背景】招商宴会

【致辞人】省长

尊敬的各位领导，各位来宾，女士们、先生们：

大家晚上好！

五月的××春光灿烂，和风煦暖，生气勃勃。在这样美好的春日里，我们迎来了来自××的贵宾。让我们用热烈的掌声，欢迎他们的到来！

××省是全国的农业大省，粮食产量全国第一，被誉为“粮仓”。但是多年来，我省的经济总量始终增速缓慢，这和产业结构的分布不均衡有着密切的联系。为了加快经济的发展步伐，使我省尽快迈入发达省份的行列，省领导一直致力于发展我省的工业。并为此进行了孜孜不倦的努力工作，多次外出进行招商工作就是明证。

今天，我们欢聚在一起，就是为了欢迎来自远方的朋友，欢迎他们到我们××省来进行投资活动。××省地处内陆，总面积××万平方千米，人口××××万，地势平坦，人力资源丰富，能源也十分充足，有着较为坚实的工业基础，具有十分大的发展潜力。特别是近年来，在省委、省政府领导的大力支持下，经济发展迅速，年 GDP 增长率在全国名列前茅，是每一个渴望成功的企业家梦想的天堂。

今天在这里，我相信，在大家的共同努力下，我们一定会合作愉快，互利互赢。现在，我提议，让我们为了彼此更美好的明天，干杯！

范例二：

【致辞背景】招商宴会

【致辞人】市长

尊敬的各位领导，各位来宾，女士们、先生们：

大家晚上好！

今夜星辰今夜风，贵宾齐聚乐融融。在这个桂花飘香的季节，我们在温润的月光下欢聚一堂，畅谈有关美好未来的种种，多么令人激动的日子。

首先，请允许我代表市委、市政府，对今晚来参加我们这个招商会议的各位领导、来宾、各界友好人士、新闻媒体单位，表示热烈的欢迎和诚挚的感谢！谢谢你们在百忙之中能够莅临会议现场，谢谢你们对×××市的经济发展所给予的关注，谢谢！

×××市是一座有着悠久历史的名城，资源丰富，人才辈出，环境优雅，交通便利，发展前景非常令人看好。特别是近年来，在省委领导的正确领导和重视下，市委、市政府制定了一系列的招商措施来吸引企业进行投资，已经初步取得了成果。在之前的经验下，在市各界人士的建议下，我们又重新调整了思路，以更加务实更加细致的政策来吸引来自四方的朋友，创造一个更美好的×××市。

投资在×××，希望在眼前。借着今天这个机会，结交了很多新朋友，希望今后大家共同努力，互利互助，共同成功！

现在，我提议，让我们举起手中的酒杯，为更美好的明天，干杯！

范例三：

【致辞背景】招商宴会

【致辞人】县长

敬爱的同志们，朋友们，女士们、先生们：

大家好！

在这个热情似火的七月之夜，在美丽的“××之乡”，我们迎来了四海宾朋，首先，请允许我代表××县县委、县政府，并以我个人的名义，对今晚前来参加此次晚宴的朋友们表示热烈的欢迎和衷心的感谢，谢谢你们的光临，谢谢！

我县依山傍水，风景秀丽，资源丰富，长期以来，××县人始终坚持自力更生、艰苦创业的精神，积极发展经济，并取得了辉煌的成就。改革开放的伟大设计师邓小平说过，要发展，就必须改革开放。对于××县来说，要想取得更大的成绩，使人民过上更加幸福的日子，就必须加大开放力度，吸引优秀的投资商前来进行投资建设。

在这一理论思想的指引下，县委领导决定主持召开这次招商会议，将我们××县展现在更多人的眼前，使更多的人了解××县的特色，以求获得更好更快地发展。今天在座的不少都是我们过去的老朋友，有过十分愉快的合作，并取得了不小的成绩。也有些慕名而来的新朋友，谢谢你们的到来，给我们一个机会，也是给自己一个机会。

现在，我提议，为了各位的身体健康、生意兴隆，干杯！祝大家此行都能有所收获。

◎项目投资洽谈会议祝酒辞

范例一：

【致辞背景】投资洽谈会

【致辞人】市长

尊敬的各位来宾，女士们、先生们，朋友们：

晚上好！

在这美好的夜晚，××市人民政府隆重举行酒会，热烈欢迎参加第×届中国××国际投资贸易洽谈会的各位嘉宾、朋友。在此，我代表××市人民政府和全市人民，对各位朋友的到来和对××经济社会发展的关心支持，再次表示衷心的感谢！

今天，大家参观考察了××高新技术开发区，进行了投资合作项目洽谈，整个活动进行得很顺利，效果很好，达到了增进了解、加深友谊、扩大交流的目的，项目合作洽谈也取得了积极成果。大家对事业的热情和执著的敬业精神，也进一步增强了我们双方扩大合作、共谋发展、互利共赢的信心和决心。希望××一行能给各位朋友带来美好的印象和回忆，同时也真诚希望大家在××多走走、多看看，对××的发展多提宝贵意见和建议，我相信，××市一定会给大家带来丰厚的回报。

下面，我提议：为投资贸易洽谈会的圆满成功，为各位朋友的身体健康、事业发达，干杯！

范例二：

【致辞背景】投资洽谈会

【致辞人】××公司项目经理

尊敬的各位领导，各位同仁，女士们、先生们：

大家晚上好！

今天，我十分荣幸能够代表××公司对来自宝岛台湾的×××公司代表团一行接风洗尘，并对你们的到来表示热烈的欢迎！

众所周知，近年来，随着中国内地经济的快速发展和投资环境的日益改善，台商在内地的投资活动也越来越多，据国家统计局的数据显示，仅今年第一季度，双方签订的投资额度已经达到了惊人的××亿。

×××公司是台湾的知名企业，而且进军内地市场已经有×年的历史，公司本身为内地和台湾经贸关系的发展作出了不可磨灭的贡献。这一次，×××公司派出了以×××经理为代表的考察团，来到我们公司进行实地考察。我相信，在我们之前的数次合作基础上，在互利互惠原则的指引下，双方一定能够达成合作，不虚此行。

我很高兴，今天能够再次见到我的老朋友×××经理，而且还认识了很多新的朋友，虽然现在还是隆冬时节，但我们每一个人的心中都倾注了热情，共同期待着内地和台湾的经贸合作关系能够面临一个百花齐放的盛况。

为此，我提议：为在座各位的身体健康，为我们双方之间的友谊和合

作，为我们更美好的明天，干杯！

◎合作签约仪式祝酒辞

范例一：

【致辞背景】签约仪式

【致辞人】××企业董事长

尊敬的各位领导，各位来宾，朋友们：

大家晚上好！

今晚，秋高气爽，贵客如云。值此×××公司与本公司共同致力于××项目开发合作协议暨合同签订之际，我谨代表公司向出席今天晚宴的各位领导、各位来宾和各位朋友表示衷心的感谢并致以诚挚的敬意！

金色年华秋风劲，与君协力铸辉煌。×工程项目是本公司近年来所承接的重要发展项目，也是公司在新的征程上的伟大起点，同时，这也是今年全省重点投入的工程项目之一，在以×××为领头人的市各级党委、政府、职能部门的无限关怀下，在×××公司的鼎力支持下，在各位新老朋友的关心支持下，我们两家公司经过一星期的会谈商议，已经决定通力合作来完成这个项目，并于今日举行签约仪式。

一个篱笆三个桩，一个好汉三个帮，我们衷心希望和×××公司能够合作愉快，完成这一艰巨而光荣的任务。也希望在座的关心和支持这个项目发展的朋友能够一如既往地支持我们的工作，又好又快地完成工作。

最后，让我们举起酒杯，祝愿我们的合作愉快而顺利，祝愿这个项目能够顺利完成，在各自公司的发展历程上写下浓重的一笔，干杯！

范例二：

【致辞背景】招商签约仪式招待宴会

【致辞人】县长

尊敬的各位领导，各位嘉宾，女士们、先生们：

大家晚上好！

刚才，我们成功举行了××集团和县政府的签约仪式，现在，我们又将在这里隆重举办晚宴，为远道而来的客人接风洗尘。也希望能够借助这个轻松愉快的环境，来交流感情和增进友谊。

首先，我谨代表中共×县县委、县人大、县政府、县政协，对在百忙之中莅临此次招待酒会的各位嘉宾、各位朋友表示热烈的欢迎和衷心的感谢！

近年来，随着社会经济的快速发展，各地加快了招商的步伐，很多地方领导纷纷到沿海发达省份去寻找商机，招商引资。为了紧跟时代的步伐，进一步提高我县人民的生活水平，促进县域经济又好又快发展，县领导始终坚持以科学发展观为指导，大力实施工业兴县和招商引资两大基本方针政策，优化投资环境，转变政府职能，积极营造良好的投资环境，优化硬件软件，致力于实现双赢的发展。

××集团是中国知名的大企业，集团效益和社会形象都在国内企业里名列前茅。这次合作，对我们双方来说，既是机遇，也是挑战，希望我们能够各自发挥出自己的优势，互惠互利，共赢未来。未来的路上，愿我们风雨同舟，共铸辉煌！

各位，请大家举起手中的酒杯，祝愿×县和××集团合作愉快，祝愿我们×县的明天更加美好，同时也祝愿××集团能够实现跨越式发展，在行业中一路领先。朋友们，干杯！

范例三：

【致辞背景】招待会

【致辞人】市长

尊敬的各位领导，各位嘉宾，女士们、先生们：

晚上好！

今天，我们成功举行了“××投资说明会暨重点项目签约”仪式，现在，大家又欢聚在一起，在这里举行隆重的招待酒会。把酒言欢，畅谈商机。借此机会，我代表市委、市人大、市政府、市政协，对在百忙之中莅临今晚招待会的各位嘉宾、各位朋友，表示热烈欢迎和衷心的感谢！

近年来，市委市政府始终坚持以科学发展观为指导，大力实施工业兴市和产业强市的战略方针，努力优化投资环境，改善政府职能，提高工作效率，营造出来了良好的招商环境，致力于实现共赢的局面。

在各位的共同努力下，今天的签约会取得了圆满成功。通过此次聚会，大家对我们市的产业基础、资源优势、投资环境、发展前景都有了更加深入的认识，这必然会促进我们取得更加密切的合作和交流。我们热切盼望

能够和各位在座的朋友携手共进，共同创造美好明天。

现在我提议，让我们共同举杯，为了经济事业的兴旺发达，为了我们的友谊地久天长，为了各位的身体健康，干杯！

◎订货会祝酒辞

范例：

【致辞背景】订货会答谢宴会

【致辞人】公司经理

尊敬的各位来宾，广大经销商朋友们：

大家晚上好！

在一年一度的中秋佳节来临之际，各位能够在百忙之中来到深圳，共聚于我们××服装冬季服装订货会现场，我们对此深感荣幸。在此，请允许我代表××服装公司的全体员工，向今天出席晚宴的各位来宾、各位朋友，表示最热烈的欢迎和最诚挚的问候，祝大家身体健康、家庭幸福、万事如意！

××服装公司成立于×年，已经走过了不平常的×年时光。×年来，我们与社会各界朋友，特别是与在座的各位建立起了深厚的友谊。在大家的关心和支持下，我们的工作日新月异。去年，××服装先后获得了“全国×××××奖”，年销售额在全国同类服装品牌中遥遥领先。这些成绩的取得，同在座的各位的支持和厚爱是分不开的。在此，请允许我先对大家说一声：谢谢！

展望未来，××服装将会继续秉承“做好服装，树民族骄傲”的宗旨，在新的岁月中不断创新，不断进步，不断迈向未开发的市场，使得企业本身在做大做强的同时，也令广大的经销商朋友能够财源广进。我相信，在大家的共同努力下，××服装一定会继续走在行业的前列，不断成长，不断进步！

最后，提议为了大家的身体健康、家庭幸福、财源广进，干杯！

◎各种活动迎宾祝酒辞

范例一：

【致辞背景】开幕晚宴

【致辞人】副县长

尊敬的各位领导，各位来宾，女士们、先生们，朋友们：

大家晚上好！

今晚，我们在这里隆重举行迎宾晚宴，热烈欢迎来自五湖四海的八方宾客。值此高朋满座之际，我谨代表县四大班子成员和此次活动的组委会，向所有前来参加第×届中国××县×××节的各位来宾、各位朋友表示热烈的欢迎！向长期以来关心、支持和帮助××县经济社会发展的各级领导、各界人士表示衷心的感谢！

××县是一个美丽的地方，是一片神奇的土地，我们真诚的希望，通过此次×××节的成功举办，可以为××县人民搭建起一座通向外面的桥梁，让更多的朋友感受到××县的美丽和热情。希望大家一如既往地支持××、关心××、宣传××，为我们的发展提供更多的机遇和平台。

下面，我提议：让我们共同举杯，为此次活动的圆满成功，为我们今天的相聚，为大家日后的合作，为所有朋友的身体健康、家庭幸福，干杯！

范例二：

【致辞背景】周年庆典

【致辞人】社长

尊敬的各位领导，各位前辈，各位来宾：

大家好！

非常感谢大家能够接受邀请，来到美丽的××城，来参加我们××书社成立×周年的周年庆典。××城历史悠久，有着醉人的自然风光，神秘的文化气质，厚重的历史底蕴，历史上的××、×××、××等人都是出于这里。

在××城厚重的文化氛围下，我们××书社于×年成立了。当时吸引了××城的大部分文化名流和文艺青年加入，书社营造了良好的文化氛围，将读书发展成了××城的一大特色。从我们书社走出的全国知名学者有×

×、×××、××、×××等，他们凭借自己的聪明才智和文化水平，在全国都形成了一定的知名度，并为我们书社带来了一定的知名度。在此重要的时刻，我代表所有书社的新老成员，对他们说一声：谢谢！

现在，××书社已经成为了××城的一张文化名片，而且已经带来了相应的经济效益。对此，我们在感到自豪的同时，也要时刻保持奋斗的精神，不断吸引新的优秀人才加入，使得我们社团的优良传统能够一代代地发扬下去。同时，也希望各位今后能够常常来参加我们书社的活动，加强彼此间的沟通。

下面，我提议：让我们共同举起酒杯，为书社更美好的明天，为所有嘉宾的身体健康，干杯！

范例三：

【致辞背景】迎宾宴会

【致辞人】××分厂厂长

尊敬的×××董事长，尊敬的各位来宾：

大家好！

阳光灿烂，春风和煦，在这样一个美妙的春日里，×××董事长于百忙之中来到了我们××厂来进行指导调研，我们对此感到万分的荣幸和无比的开心，让我们用最热烈的掌声来对×××董事长的到来表示最诚挚的欢迎。

×××董事长已经同我们合资建立××厂近×年的时间，×年来，我们双方严格遵守合同和协议，相互尊重，平等协商，在大家的共同努力下，我们在合资建厂、生产、经营管理中的友好关系一直以来都以稳定的姿态向前发展，我们厂现在不管是在技术开发、销售管理，还是创新方面，都已经取得了长足的进步和发展。

从创业之初到现在，×××董事长同我们一道，用自己的努力和汗水成就了一条成功之路。正是在我们大家的共同努力下，才有了我们企业今日的辉煌，这其中，×××董事长为我们起了表率作用，是我们每一个人的楷模。一艘船，要想在大海中向着正确的方向航行，就必须找到一个优秀的舵手，同样的，一个企业要想在激烈的竞争条件下脱颖而出，一个优秀的领导人必不可少。正是有了×××董事长这名优秀的舵手，我们才能够在他的领导之下乘风破浪，一帆风顺。在此，我代表我们厂的全体员工，对×××董事长说一声：谢谢，您辛苦了！

今天，×××董事长亲临我厂来进行考察指导，这对我们来说，是一次千载难逢的学习机会。我们会悉心听取董事长的良言，吸收精髓部分，并实际运用到今后的工作学习中去。我相信，有了×××董事长的指导，我们双方的相互了解和信任一定会进一步加深，相互间的友好合作也会进一步增强。我更相信的是，在双方的共同努力下，只要我们辛勤耕耘，就一定能够在××厂的土地上种出优秀的果实。

最后，让我们举起手中的酒杯，再一次祝愿我们××厂兴旺发达，祝×××董事长及大家身体健康、家庭幸福，干杯！

范例四：

【致辞背景】×××公司和合作公司举行的联谊晚会

【致辞人】×××公司的领导

亲爱的女士们、先生们：

大家晚上好！

今天在这里，我们×××公司和我们的合作伙伴××××公司举行联谊晚会，我非常荣幸的能代表×××公司，欢迎所有的领导、商界的各位精英和所有代表们的到来。

都说世界上最干净的水就是那些流淌在深山老林中的汩汩清泉，而各位的帮助对我们来说就是世界上最清澈的泉水般至真至纯，你们对我们的帮助是雪中送炭般的温暖。

在这里我感谢各位对我们之间的友谊所付出的所有心血和努力。同时也非常感谢大家能和我们一起享受这场盛宴。

这是一段非常美好的时光，让我们带着愉快的心情，伴随着美妙的音乐，喝下这一杯香醇的美酒，祝愿各位身体健康、万事如意！为了我们美好的未来，大家一起干杯！

◎迎接上级检查祝酒辞

范例：

【致辞背景】领导欢迎宴会

【致辞人】县长

尊敬的各位领导、各位来宾，女士们、先生们：

大家好！

在这春光明媚，草长莺飞的暖春三月，各位领导不辞辛苦来到我县检查和指导工作，这对我县的经济建设和社会发展来说，都是一件值得关注的大事。在此，我代表县委、县政府以及××万人民向今天前来指导工作的领导们表示热烈的欢迎和衷心的感谢！

多年来，勤劳淳朴的××儿女和驻地部队之间都是鱼水的关系，双方携手共进，奏响了一曲又一曲动人的双拥乐章。广大驻地官兵视驻地为故乡，爱人民如亲人，积极关心支持我县的改革开放和现代化建设，与全县人民一道，同呼吸，共命运，心连心，为我县的经济发展和社会稳定作出了突出的贡献。

各位领导此次莅临我县检查验收和指导双拥工作，是对我县的信任和支持，我们倍感荣幸。在今后的工作中，我们会一如既往地重视双拥工作，紧紧围绕发展抓双拥，抓好双拥促发展，积极支持部队的改革和建设工作，在新的起点上，更加扎实有效的推进工作，谱写出一首新时代拥军的模范篇章！同时，我们也希望各位领导能够一如既往地支持我县的经济发展和社会建设事业，为军民生活水平的提高提供坚实的基础。

最后，我提议：让我们为了××县经济的发展和社会进步，为了更加和谐的军民关系，干杯！

◎各种形式的开业祝酒辞

范例一：

【致辞背景】酒店开业宴会

【致辞人】酒店经理

尊敬的各位领导、各位嘉宾，女士们、先生们：

今天，四海嘉宾高朋满座，大家会聚一堂，共祝××大酒店开业盛事，见证大富启源、门迎晓日这一历史时刻。在此，我代表××大酒店的全体员工向前来祝贺的××市有关部门的各位领导、各位嘉宾表示最热烈的欢迎和衷心的感谢！向所有为酒店建设付出心血和汗水的朋友们表示致意！

我们相信今日的盛典将为××这座美丽的城市增添流光溢彩的恢弘一

页，我们流连于此刻觥筹交错千杯少、春色满园关不住的幸福时光，更感慨于美丽的酒店别致的风格、新颖的设计及如沐春风、热情周到的服务。

无论是主体建筑，还是内部装潢，都彰显出大气魄、大手笔，预示着酒店的生意如同春笋遍地开、财源更比流水长。同时，酒店全体工作人员也拿出了他们优秀的素质和修养、专业专注的职业精神，向社会各界展示了优秀的服务管理及星级、阳光服务的专业风采。

我们真诚地希望各位领导、各位嘉宾、各界朋友对我们的工作多提宝贵意见，促进××大酒店更上一层楼。我们也将以更高的标准、更好的质量，为广大客户提供更优质高效的服务，为××市的经济发展尽一份绵薄之力。

为了各位领导、各位嘉宾身体健康、生活幸福、万事如意！为了××酒店的明天！我向大家敬一杯酒，谢谢大家！

范例二：

【致辞背景】××饭店开业典礼

【致辞人】饭店经理

各位领导、各位来宾，女士们、先生们：

大家好！

今天，四面八方的朋友会聚在这里，都是为了庆祝一个共同的盛事，即××饭店的开业庆典仪式。借此机会，我谨代表××饭店，向酒店的全体干部员工致以亲切的问候！并向多年来一直关心、支持我们事业发展的各位领导表示衷心的感谢！

××饭店对环球美食具有自身独特的概念与创意，其中的××菜系更是受到中外人士的称赞。××饭店的氛围舒心温馨，员工热情专注，淡定大气，绵绵创新，无不体现××饭店对酒店文化的深刻理解与千锤百炼。

××饭店的顺利开业是××地区各位领导关怀的结晶，是××地区广大群众支持的结果。××饭店全体员工不会辜负大家的期待，我们将以饱满的热情、周到的服务、美味的产品来答谢××人民的厚爱，以我们的实际行动为××（地区）这座美丽的城市增光添彩。

“有朋自远方来，不亦乐乎”。××饭店开业之后，我们期待各位领导、四方来宾、各界朋友给予更多的支持、关心、重视和理解。同时也希望××饭店全体职员要强化管理，规范运作，热忱服务，爱岗敬业，尽心尽力

把××饭店建成××市乃至××省有品位、有档次、有影响、有效益的一流的饭店。

最后，我提议：让我们举起酒杯，共享这美丽的时刻！为各位来宾的健康干杯！为饭店的美好未来干杯！

范例三：

【致辞背景】××快捷酒店××连锁店开业宴会

【对象】酒店总店领导、分店领导、当地新闻机构、热心消费者

【致辞人】连锁店经理

尊敬的各位来宾，女士们、先生们：

大家上午好！

值此××快捷酒店××（地名）连锁店开业之际，我代表××快捷酒店公司全体员工，并以我个人的名义，向在座的各位来宾们表示热烈的欢迎。

经过两个月的运作，××快捷酒店已于××月××日试营业，快捷酒店正式落户在××（市），成为××（市）酒店业的一件盛事，××快捷酒店作为我们的连锁品牌，在坚持“统一品牌形象、统一经营模式、统一质量控制和统一服务标准”的基础上，对酒店硬件设施、色彩及整体布局的设计，为顾客提供“安全、舒适、清洁、方便”的服务。酒店把人性化的服务与简洁、安全的设施相结合，为您旅行、商务、休闲提供理想的出行选择。

今天在座的各位来宾中，有许多是我们的老朋友，我们之间有着良好的合作关系。我们能取得今天的成绩离不开大家的真诚合作和大力支持。对此，我们表示由衷的感谢。同时我们也为能有幸结识到更多的新朋友感到高兴。在此，我再次向新老朋友们表示热情欢迎，并希望能与朋友们密切协作，发展相互间的友好合作关系。

“有朋自远方来，不亦乐乎”。在此新老朋友相会之际，我希望我们之间能够进一步合作，加强联系，共创明天的辉煌。

最后，让我们举起酒杯。祝愿各位身体健康，生活美满！谢谢大家！干杯！

范例四：

【致辞背景】××超市开业仪式

【致辞人】超市负责人

各位领导、各位来宾、各位朋友：

大家好！

今天，我们在这里隆重集会，共同庆祝××超市盛大开业。××超市是我市首家标准化的大型超市，它的开业离不开市委市政府的关心和指导、离不开供应商伙伴的团结协作，也离不开广大客户的青睐和鼓励。在此，我代表超市的全体员工向参加今天开业庆典的各位领导、各位来宾、各位朋友表示诚挚的欢迎和衷心的感谢！

××超市是由××集团投资××万元打造的大型现代化综合超市，营业面积近××平方米，经营品种达××万种以上，是我市目前规模最大的综合商场。该超市地处××市中心地段，交通便捷、人鼎兴盛、商气浓厚；商场配套设施完善，装潢精美，格调高雅，布局合理。我们立志为××市人民提供新鲜绿色低价的产品，超值满意便利的服务。

在××超市开业后，我们将在科学的决策和先进的管理手段的推动下逐渐形成一个品牌响亮、布局合理、顾客满意的零售网络体系，使我市超市的经济效益和社会效益有一个大的飞跃和发展。

诚然在创业初始，我们的各项基础设施还不尽完善，服务方法和服务水平还有待进一步提高和改进。在此，我真心希望各级政府各部门领导给予关怀和支持，也希望社会各界人士和广大顾客给予更多的关心和建议。

我坚信在以后的日子里，我们一定会秉承“顾客就是上帝”的宗旨，在创新中求发展，在竞争中再创新的辉煌。

最后，让我们举起酒杯，祝愿各位领导和嘉宾身体健康，工作顺利！祝愿××超市生意兴隆，明天更美好！干杯！

范例五：

【致辞背景】商场开业仪式

【致辞人】××××商场经理

亲爱的顾客朋友们：

大家早上好！

在这个美好的夏日清晨，我们欢聚一堂，共同来见证××××商场的诞生。首先，我代表××××商场的全体员工向各位的光临表示热烈的欢迎，并向各位致以亲切的问候和崇高的敬意！

身为一名商场的管理人员，我始终认为，对于一个商场来说，最根本的在于通过物美价廉的商品来吸引顾客，而非其他。这是一个商场保持竞争优势和繁荣的基本因素。对于每一名销售人员来说，做到童叟无欺也是毋庸置疑的。

××××商场位于××市中心地带，身处中心商业圈，环境优雅，交通便利，是外出购物的最佳选择。商场占地××××平方米，内有来自世界各地的知名品牌，品种齐全，物美价廉，可谓是购物者的天堂。

我们商场的服务宗旨：初来是客，常来是友，以友相待，情谊久久。无论您来自哪里，只要您进入我们商场，就是我们的朋友和上帝，我们都会竭尽所能的来为您服务。此外，商场还开通了外送业务，如果您喜欢某件商品，而又没有时间前来购买，只需要一个电话，我们就会把商品给您送到家。

今天，在这个隆重的日子里，我代表××××商场的全体员工向各位顾客承诺：我们将会以最优质的服务、最上乘的商品、最优惠的价格、最优美的环境，热情欢迎四方之客的到来。

女士们、先生们，亲爱的顾客朋友们，再一次感谢你们今天能够来到现场，祝大家购物愉快，满载而归！

来吧，朋友们，让我们端起醇美醉人的美酒，祝××××商场生意红红火火、财源滚滚来！也祝在座的各位在未来的日子里，身体健康、家庭幸福！干杯！

◎楼盘推介会祝酒辞

范例一：

【致辞背景】楼盘推介会

【致辞人】××地产营销总监

尊重的各位来宾，各位朋友：

大家下午好！

非常感谢大家在百忙之中莅临××地产精心为大家准备的这场盛宴，今天我们在这里隆重召开××楼盘推介会，在这寒冷的季节共同分享喜悦，我再次代表××公司全体同仁对大家的到来表示衷心的感谢。

××地产成立于×年，定于×年×月×日于香港上市，目前无论是市场占有量和客户口碑等方面在××（市）都位居第一，在住宅建设、咨询顾问等各个行业，奠定了领军的地位。

××楼盘是××（地产）大家庭中年轻的一员，它以55～93平方米为主，××楼盘有两栋高层小户型，一栋景观小高层，并规划建设×××幼儿园和×××学校，说到××楼盘就不得不说它所独有的地段价值，它位于××（市）的经济中心，土地价值已经不言而喻，另外城市化进程日趋加快的今天，要想拥有城市繁华的同时，享受田园实属奢侈，××楼盘是绝无仅有的地块，超越时代的规划理念，我想××（楼盘）是一个非常好的选择。

××（楼盘）的配套设施也是相当完善的，附近有高档的写字楼、星级酒店、商业街等，形成了完善的社区。并且有××省示范幼儿园，可以给您的孩子一个安全、舒适的学习环境，为他们未来的学习成长提供一个坚实的保障。具体的情况我就就不一一介绍了，欢迎大家到售楼处进行咨询。

最后，我提议：让我们为了各位的美好生活！为了城市更加的靓丽！也为了××（楼盘）能给大家提供一个舒适的居住环境！干杯！

范例二：

【致辞背景】房地产楼盘开盘仪式

【致辞人】楼盘负责人

尊敬的各位领导、各位来宾，女士们、先生们：

大家好！

人间四月芳菲尽，此有楼盘初开盘，在这个宜人的晚春时节，我们××房地产公司的×××楼盘终于千呼万唤始出来，在今天举行开盘仪式，能和大家在此欢聚一堂，我感到十分的开心。在这里，我谨代表××房地产公司的全体员工，对各位的光临表示热烈的欢迎和衷心的感谢！

首先，我要感谢的是××市委、市政府，××区委、区政府等各级领导的关心和支持，正是在领导们的关心和支持下，这座投资高达××亿元的项目才得以如此顺利的完工。你们的关心正是我们的动力！

其次，我还要感谢××镇和××村干部群众的支持和厚爱。正是你们的优惠政策和大力支持，才使得这项工程可以如此迅速的完成！

最后，我还要感谢所有进驻××城的客商朋友们，感谢你们一直以来的关心和支持。希望我们可以合作愉快，共同创造美好的明天！

各位朋友，各位来宾，××城今天的蓬勃发展，给了我们无限的发展动力，展示了我们的创业决心，并且彰显了一个大的开发平台，现在我提议，让我们为了大家的身体健康、万事如意，干杯！

常用祝辞

◎商务祝酒辞好句集锦

一、迎宾会祝酒佳句

◆现场的所有嘉宾们，现在我提议，为了在座的所有宾客的身体健康和事业顺利，也为了大家生活得更加愉快，一起来干杯！

◆古语有云："有朋自远方来，不亦乐乎！"今天我们大家很难得能够欢聚一堂，为了我们之间的进一步合作，为了增进我们之间的了解，也为了在场各位的身体健康，我们一起干了这杯酒！

◆最后，为了我们之间良好的合作关系，为了我们今后工作的顺利展开，我提议大家一起干杯！

◆为了×××和×××能够建立良好的合作关系，为了×××和×××之间的情谊，也为了到场嘉宾们的浓情厚意，干杯！

◆今天，高朋满座，适逢其会，窗外花红柳绿，春光明媚，蓝天白云，好一派生机勃勃的春日景象。在这样一个美好的时刻，我们有幸能和各位坐在一起分享这个美好的时刻，真的非常高兴。为了今天的这次盛会的圆满举行，我们大家一起干杯！

◆今天，×××和×××隔了××年终于再次聚首，正是应了那句古话"有朋自远方来，不亦乐乎"，为了这一次难得的相聚，我们再次举杯！

◆过去×××的繁荣受益于朋友的支持，明天×××的复兴更需要大家的帮助。我们真心期待与大家一起合作，真诚感谢大家长期以来对×××的支持，让我们携手为创建×××灿烂的明天而努力。干杯！

◆今天我们取得了不错的成绩，回首往昔走过的××年的路，我们为曾经的辉煌感到骄傲和自豪，展望未来，我们满怀着奋斗的激情，希望能取得更好的成绩。在在场的领导和嘉宾的支持和帮助下，相信这个愿望不久就能实现，在这里我代表×××敬大家一杯，干！

◆最后，祝愿所有的领导和嘉宾身体健康、万事如意、家庭幸福，也希望我们的合作能取得良好的成绩，干杯！

◆最后，我代表×××全体员工表态，我们×××人将会用最饱满的工作热情来迎接无限的挑战和商机，我们×××人也期待着和社会各界建立合作关系，希望和大家一起共创未来！干杯！

◆金秋十月，秋风送爽，丹桂飘香，在这样一个硕果累累的季节，我们怀着无比喜悦的心情迎来了××××的到来，迎来了各级领导的光临，迎来了同行的佼佼者，这样一个盛大的节日中，我们对各位的带来表示欢迎和感谢！干杯！

◆现在，我们以最热烈的掌声欢迎×××领导和社会各界嘉宾的到来，你们的到来让这次盛宴更加的熠熠生辉，为了今天我们大家的相聚，也为了×××的明天更加的辉煌，大家干杯！

二、答谢会祝酒佳句

◆在今天这样一个特殊的日子里面，我们大家相聚在一起，向×××党委表示感谢。因为×××单位员工的努力和勤劳，他们在这次×××活动中成功的战胜了所有的竞争对手。在这里我代表所有的嘉宾向×××表示祝贺，也对他们对大家的热情招待表示感谢！

◆最后，再一次对×××取得的成绩表示祝贺，也为×××对我们的盛情款待表示感谢，祝愿×××今后能够创造更好的成绩，大家干杯！

◆这里人才济济，能够和×××单位共襄盛举，我感到非常荣幸，首先对他们的邀请表示感谢，在这里我祝愿×××能够再创佳绩，也祝愿在场的各位身体健康，工作顺利！

◆现在，我提议：大家一起举起酒杯，感谢×××主办方对我们的盛情邀约和款待，再一次对他们取得的成绩表示祝贺，干杯！

◆作为×××主办方的领导之一，先感谢大家对我们的祝贺，同时我也感到一丝惭愧。在宴会开始之前，我希望大家都能将酒杯满上，让所有

的祝福都融化在酒中，让我们一起干了这杯饱含情意的酒！干杯！

◆很荣幸我们能受到×××主办方的盛情邀约来参加这次宴会，在这里我代表到场的嘉宾对主办方的热情邀请表示衷心的感谢！

◆这一次的×××活动圆满结束了，这是离不开×××主办方的努力付出的，在这儿我们受到了盛情地邀约和款待，对他们表示深深的谢意！

三、开业宴会的祝酒佳句

◆女士们、先生们，让我们共同举起手中的酒杯，为了今天这一喜庆的时刻，为了我们今天的欢聚，也为了×××酒店今后的财源广进，一起干杯！

◆最后，再一次感谢各级领导和各位嘉宾的光临。我提议：为了所有人的身体健康，也为了新开业的×××酒店生意兴隆、日进斗金，大家一起干杯！

◆亲爱的朋友们，在这里我提议，为了×××和×××的合作愉快，也为了今后事业的顺利，大家一起干杯！

◆现在公司开业了，在这里最不能忘记的就是×××单位的大力协助和×××单位的支持和鼓励，在这里，祝愿我们在新的公司中能够合作得更加愉快，大家一起干杯！

◆今天是×××公司的开业之喜，在这里我祝愿×××公司的生意兴隆，大家一起干杯！

◆在×××酒店开张之际，我对×××酒店表示最热烈的祝贺，也希望×××酒店能够生意兴隆，宾客如云！

◆在×××饭店开业之际，祝贺他们开业兴隆财兴旺，财源茂盛达八方，事业顺利福星照，日进斗金门庭旺！

◆紫气东来，幽香扑面，今天是×××公司×××分公司成立的大喜日子，在这里祝贺他们生意如春浓，财运似水来！

◆送×××公司一个吉祥水果篮，底层装一帆风顺，中间盛放财源滚滚，四周堆满富贵吉祥，上面铺着成功加永远快乐！祝开业大吉！

◆今天×××公司的成立，标志着×××公司即将要大展宏图，即将要踏上新的征途，希望他们能在激烈的社会竞争中凭借着×××精神和×××传统，大展拳脚！

◆××故里，人杰地灵；千年古城，英才辈出，×××公司就在这里诞生了。我相信在×××公司全体员工的努力之下，×××一定能闯过最初的风浪，驶向成功的彼岸！在这里我们祝愿×××公司的前途一帆风顺，干杯！

◆在这里我代表所有的嘉宾，祝愿×××公司能在今后的发展中财如晓日蒸云起，利似春潮带雨来，衷心地祝愿×××公司与社会各界朋友的友谊天长地久、地久天长，祝愿所有的朋友们吉祥如意！大家一起干杯！

◆我祝愿×××公司今后能生意兴隆、财源广进，也希望×××集团的明天更加美好，现在让我们共同举杯来庆祝×××公司的开业之喜，干！

四、万能的祝酒佳句

◆在这里我提议，大家将手中的酒杯斟满，然后为了我们大家共同的事业和理想，为了×××公司更美好的明天，也为了和×××公司的深情厚谊，更为了我们之间的良好合作，大家一起干杯！

◆女士们、先生们，请举起我们手中的酒杯，为×××活动的成功举办而祝贺，为了在场所有嘉宾的身体健康和事业顺利，一起干了这杯酒！

◆最后，我祝愿×××和×××公司的合作能顺利的进行，祝愿×××和×××公司的明天更加辉煌灿烂，也祝愿在场的所有人事业有成、家庭幸福，所以请大家和我一起，干了这杯酒！

◆亲爱的朋友们，为了这次×××宴会的成功举办，为了我们大家的相聚，为了我们之间的合作，一起干杯吧！

◆今天是×××品牌首次亮相的日子，在这里祝愿×××品牌发布会取得圆满成功，也祝愿所有的到场嘉宾都能享受这次盛宴，谢谢大家！

◆在这里，我希望大家能和我一样，祝愿×××公司能取得更好的成绩，×××的明天更美好，一起举起手中的酒杯，干了这杯酒！

◆今天我们能在这样一个欢庆的日子里面相聚是一种缘分，×××公司能和×××公司成功的签约也是一种机遇，让我们好好地珍惜这一刻的缘分，为了更好的明天，一起举杯祝贺！

◆今天，×××楼盘的二期工程终于开盘了，在这里我们祝愿×××能够大卖，也祝愿各位身体健康、万事如意！谢谢大家！

◆女士们、先生们，我提议，让我们举起手中香醇浓厚的美酒，祝愿

×××项目能够顺利的营运和早日生产，祝愿×××的明天更加美好，祝愿所有的嘉宾身体健康，一起干杯！

◆今天是一个值得高兴的日子，×××投资公司决定在×××县投资×××资金，这里我对他们表示衷心的祝贺，希望×××公司和×××的合作能够顺利进行，也希望他们的明天更加美好！

◆最后，我祝愿×××公司能创造更好的成绩，也祝愿所有嘉宾身体健康、万事如意，谢谢大家！

五、常用的商务英语祝酒辞佳句

◆May you success！Cheers！祝你成功，干杯！

◆Here's to your health/success！为你的健康/成功干杯！

◆Here's to our friendship！为我们的友谊干杯！

◆I now propose a toast to the friendship！现在，为我们的友谊干杯！

◆Here's for your new job！为了你的新工作干杯！

◆Good luck for you！祝你们好运！

◆Friends，I'll give you a toast！朋友们，我敬大家一杯！

◆I'll give toast to all the here！我为到场的所有嘉宾而干杯！

◆Let's drink a toast to our friendly cooperation！为我们的友好合作而干杯！

◆All the best！所有的祝福送给大家！

◎经典好对

一、商业机构开业

财源若海；顾客盈门

隆声远布；兴业长新

宏图大展；裕业有孚

昌期开景运；泰象启阳春

恒心有恒业；隆德享隆名

吉星欣在店；祥霭喜盈门

贸易岂无德贤志；权衡须用公正心

公平交易财源广；合理经营利路长

友以义交情可久；财从公取利方长

湖海交游凭道义；市场贸易具经纶

文明经商生意好；礼貌待客顾客多

经商不教陶朱富；买卖常存管鲍风

货有高低三等价；客无远近一样亲

门前大道通八方利路；店后小溪纳四面财源

礼谦宜贸无论东南西北；应时便民当分春夏秋冬

祝开门大吉喜看四方进宝；贺同道呈祥欣期八路来财

开张呈喜无边春色融融乐；举业有方不尽财源滚滚来

生意通东西财源贯南北经营有道；新风送冬夏信誉奉春秋盈得多方

二、餐饮业开业

生意如春意；新行胜旧行。

四座了无尘世在；八窗都为酒人开

美酒佳肴迎挚友；名楼雅座待高朋

酒楼开业逢盛世；贺客盈门颂吉祥

雅逸门庭茶逸雅；清真饭馆菜真清

看今日吉祥开业；待明朝大富启源

公平有德财源广；和气致祥生意兴

莫笑阳春供一饱；须知风味有三鲜

酒店兴宏图大展；人缘广裕业有孚

待客人诚挚百倍；做生意信诺千金

三、工业、交通运输业开业

闭关非良策；开放架金桥

飞驰千里马；更上一层楼

凌霄挥巨手；立地起高楼

无限春光无限路；有为时代有为人

乘风誓兴鹏程路；兴厂功高有志人

万众一心齐奋力；百舸千里竞争流

树雄心创大业江山添锦绣；立壮志写春秋日月耀光华

四、科教文卫机构开业

大地文风布；长空墨气存

欣文坛喜溢；看艺苑花荣

心连宏图业；笔绘九州春

学烛炬气概；效春蚕精神

乐教梓楠同受范；喜看桃李广成才

园丁励志栽桃李；伯乐诚心育英才

展望文山增智慧；挖掘遗产写新篇

两只起死回生手；一颗安民济世心

书画诗词歌大治；吹拉弹唱庆升平

艺苑花开添锦绣；文坛春暖布阳和

沾喜露医林劲旅千花竞秀；迎春晖华夏药坛百草生香

庆新校改颜国旗招展腾腾气；祝校园更貌院舍生辉阵阵歌

第五章
政务祝酒辞

祝酒之礼

◎致辞人需掌握的要点

众所周知，每个政务宴会中的祝酒辞都发挥着很大的作用。致辞人的祝酒辞既要顺利实现交际目的，又要符合国家政务人员的自身形象。各种政务宴会都是非常隆重的，因而政务宴会的祝酒致辞人就需要掌握一些要点和相关事项。

首先，要把握好祝酒的时机。宴会致辞人则要选择恰当的时间陈述祝酒辞，不宜过早或过晚。一般在宴会组织者宣布宴会开始或上第一道热菜后，致辞人开始陈述祝酒辞。

其次，祝酒辞一般是主宾双方都有陈述。主方的祝酒辞主要表达对来宾的热烈欢迎，客方的祝酒辞主要是表达对主人款待的谢意。不过，政务宴会中的祝酒辞不仅仅涉及这些，还要根据具体情况而定。如国宴中常会涉及两国的友好关系或建交历史等；而某些博览会、比赛开幕式和闭幕式都会涉及会议或比赛的具体活动内容。

再次，由于政务宴会非常隆重，致辞人的祝酒辞要简洁明快、富有激情、庄重得体。祝酒辞要真切诚恳，不能泛泛而谈，不要哗众取宠；还需简短明了，要让听众一听就懂。另外，祝酒辞还要注意一些格式问题。比

如，开头要表达欢迎或感谢。对于国宴，祝酒辞的开头要十分郑重。一般用“我谨代表××，向××总统及夫人，并通过你们向××国人民，向一直关心和支持我国的社会各界朋友们，表示衷心的感谢”来致辞；主体部分致辞人要根据宴请的对象及性质，陈述祝酒辞；结尾时多用“让我们为了……干杯”或“为了……干杯”。

在一些大型招待宴会上，致辞人常常要先阐明会议的意义，比如概括以往工作、分析当前形势；然后，指出大会任务、议程以及安排；最后，对与会者提出期望或要求。

政务宴会的祝酒辞除了需要注意这些事项以外，还要注重一些表达技巧。比如，在政务宴会中，致辞人可以针对来宾的身份及其所属的国家或集团进行祝酒；致辞人还可以借助于宴会举行的时间、背景、目的、性质等客观因素来祝酒，也就是根据宴会的具体内容而祝酒；致辞人还可以从宴会参与者双方的关系方面进行祝酒。

总之，在庄重严肃的政务宴会中，祝酒辞事关重大。因而，宴会祝酒辞致辞人绝对不能有任何的马虎，要精心准备，以便确保祝酒辞适宜恰切达到增进双方感情的目的。

◎政务宴会参加者之礼

“夫礼之初，始诸饮食”。宴会礼仪是赴宴者之间互相尊重的一种礼节仪式，也是人们出于交往目的而形成的为大家共同遵守的习俗。政务宴会中，尤其是在国宴中，每个政务人员都要遵守基本的宴会礼仪。

宴会开始前，对于一个被邀请参加政务宴会的人来说，在应邀时要表示感谢。而且，参加者不能迟到，也不宜早到，一般准时到即可。

第一，在宴会中，参加者要保持良好的个人形象。在参加政务宴会时，参加者要十分注重自己的仪容、服饰、表情、言谈举止、待人接物等方面是否合乎规范。

第二，参加者还要坚持不卑不亢、有礼有节的交往原则。这一点，在国宴中尤为重要。参加者不可在外宾们面前表现出狂妄自大、不可一世的样子，更不能对外宾低声下气、卑躬屈膝。在政务宴会中，不卑不亢的处世原则，不仅是维护一个人自我形象的需要，更是维护一个国家、一个政府的尊严的需要。

第三，参加者也要尊重别人的风俗礼仪以及个人隐私。每个民族有每个民族的风俗，因此尊重他人的风俗习惯是一个人应有的处世作风。对于涉外宴会，参加者要在遵守国际惯例的基础上，充分尊重他人的礼仪习惯，不要随便评论是非曲直。尊重个人隐私，也是参加宴会的人应该坚持的原则之一。参加者不可将自己的家长里短随意透露给别人，更不能借机打听别人的隐私。总结起来，国际上公认的某些个人隐私有个人的年龄、婚姻和爱情、住所、人生经历、信仰和政见、健康状况、经济收入、从事何种职业等几项。

第四，参加者在宴会中还要把握交往之度。热情待客是基本礼仪，但要注意把握度，不要产生过犹不及的影响。比如有些在一些人看来是表示热情的动作，在有的国家却是十分忌讳的，如泰国人忌讳摸头。又比如拍肩膀在中国人看来是表示亲昵的动作，而在欧美某些国家的人看来则带有侵犯之意。另外，还有一些礼仪原则，如右为尊，女士优先等，也是须要注意的。

第五，参加者在宴会上要适当交流——国宴除外。若是参加某些非专题性的宴会，参加者的发言可以相对自由些。不过，切忌有“闷声大发财”的想法，要适当发言。参加者应主动和他人交流，要表现得虚心和诚恳。同时，参加者也不要只是和认识的老朋友攀谈，还要适当结交一些新朋友，万万不可只是与熟人、上司交谈。在与他人的交谈中，不要不合时宜地打断别人的谈话，不要阿谀奉承，不要大讲空话、套话。发言时，参加者要坚持“兼听则明，偏信则暗”的原则。参加者切记不可当场表示出不满的神情，更不能在私下里恶语中伤他人。

此外，在招待外宾时，可以遵循“主随客便”的原则；自己在宴请时，可以遵循“客随主便”的原则。这样就做到了入乡随俗，既能表现自己的热情友好之意，也会拉近彼此之间的距离，而不至于很陌生。

经典祝酒辞

◎国际政务宴会祝酒辞

一、中国领导在欢迎外宾致祝酒辞

范例：

【致辞背景】欢迎波兰部长会议主席×××××的宴会

【致辞人】×××主席

同志们，朋友们：

我们感谢波兰部长会议主席×××××同志和他所率领的波兰政府代表团为中国人民带来了波兰人民兄弟般的友谊。我们请波兰政府代表团把中国人民同样的友谊和最良好的祝愿带回给波兰人民。

祝波兰人民共和国更好地建设社会主义。祝波兰、中国和其他社会主义国家更加巩固地团结在一起。祝社会主义阵营各国同世界上其他爱好和平的国家和人民一起，更好地为世界和平和人类进步的事业努力。

我请大家同我一起，为波兰部长会议主席×××××同志和他的夫人，为波兰政府代表团其他同志们的健康，为波兰统一工人党第一书记××××同志的健康，为波兰国务委员会主席××××同志的健康，干杯！

二、省领导宴请外宾祝酒辞

范例：

【致辞背景】宴请×国××州长宴会

【致辞人】××省长

尊敬的××州长、各位来宾，女士们、先生们，朋友们：

大家好！

在这盛夏季节，我们非常高兴地迎来了×国××州长及夫人的到来。我谨代表××省委、省政府以及全省人民，对远道而来的××州长及夫人表示最热烈的欢迎，并致以最诚挚的问候！

上午，我们参观了举世闻名的××胜地。一路上，××州长对中国的传统文化表现出了极大的兴趣。下午，××州长代表××州，我代表××省，我们共同签署了进一步增进友好城市合作的协议。这个协议的签署，具有划时代的意义。它进一步推动了双方的合作伙伴关系，更加有利于促进两地经济的发展，也增进了两地人民的交流与友谊。

去年，我率团到××州进行了实地考察，受到了××州人民的热情款待。在××州，我们看到了当地经济社会的发展所带来的巨大成果，感受到了当地浓郁的民俗风情与特色。此次，对于××州长及夫人的到访，我感到十分高兴。

回顾过去，我们看到，双方在经济、文化等方面已经取得了很大的成绩；展望未来，我们衷心地期望能够与××州保持长期友好合作。我们相信，经过这次协议的签署，双方的合作定能更上一层楼，从而更好地造福于两地人民。

最后，我提议，为了双方的长期合作，为了×国总统及夫人、××州长及夫人、在座的各位嘉宾身体健康，干杯！

三、市领导宴请外宾祝酒辞

范例：

【致辞背景】欢迎外宾晚宴

【致辞人】××市长

尊敬的××州长、各位来宾，女士们、先生们，朋友们：

大家晚上好！

五月的××，鲜花盛开。今天，我们很荣幸地迎来了尊贵无比的客人——××州长。在此，我谨代表中共××市委、市政府以及全市人民，对莅临今晚宴会的各位领导、各位嘉宾、社会各界朋友们表示衷心的感谢，并致以诚挚的问候！

××市位于沿海地区，地理位置优越，交通便利，处于经济发展的上升期。今天上午，我们参观了我市经济开发区的建设项目。参观期间，××州长对我们的项目提出了不少宝贵建议。今天下午，我们就开发区建设项目的合作事宜进行了洽谈，并成功地签署了双方关于开发区合作的协议。这次洽谈的成功，主要是××州长以及在座各位共同努力的结果。在此，我代表全市人民衷心地感谢你们。这次的合作，是双方的首次合作。我们相信，双方的友谊必定会永恒持久，一定会实现互利共赢的目标。

现在，我提议，为了××州长的身体健康，为了我们的精诚合作，为了两国人民的友谊地久天长，干杯！

四、省领导宴请外国代表团祝酒辞

范例：

【致辞背景】宴请外国代表团的酒会

【致辞人】××省委书记

尊敬的××国代表团，朋友们，女士们、先生们，各位来宾：

大家晚上好！

在这生机勃勃的春天里，我们非常高兴地迎来了××国代表团们。在此，我谨代表中共××省委、省人大、省政府，对以××先生为首的××国代表团全体成员，对光临今晚宴会的各位领导、各位嘉宾以及长期关注和支持我们的社会各界朋友们表示热烈的欢迎和衷心的感谢，并致以深深的问候！

明天上午，我省××洽谈会即将隆重举行。作为我国经济较为发达的省份之一，××省不但地域辽阔，物产富饶，交通便利，而且拥有充裕的人力资源，是发展对外贸易的优秀港口之一。

以××先生为首的公司拥有雄厚的贸易资金，在全球范围内占有很大一部分贸易市场。自从我省和以××先生为首的公司建立良好的合作伙伴关系以来，双方一直精诚合作，在轻工业、纺织业、机械制造业、电子行业等方面保持着很好的贸易关系，并取得了互利共赢的良好效果。在本次洽谈会上，双方将就化工、冶金、建材方面的进行友好洽谈。

最后，我们衷心地希望双方能够继续精诚合作，为实现双方互惠共赢的目标而努力。

现在，我提议，让我们共同举杯，预祝本次洽谈会圆满成功！为了我们的精诚合作和友谊地久天长，为了××先生以及代表团全体成员的健康和快乐，干杯！

五、欢迎外国访问团祝酒辞

范例：

【致辞背景】欢迎外国访问团宴会

【致辞人】××省长

尊敬的××市长、访问团朋友们，女士们、先生们：

大家晚上好！

在这金风送爽的时节里，我很高兴能和大家相聚在美丽的××河畔。在此，我谨代表××省委、省政府及全省人民，对以××国××市长为首的访问团的光临表示热烈的欢迎，向你们以及所有关心和支持我省发展的朋友们，表示最诚挚的谢意和美好的祝福！

随着经济全球化影响的逐步深入，不同区域间的合作已逐渐成为人们的共识。为此，我市也将在更大范围、更广领域和更高层次上参与国际竞争与合作。××省是中国内地经济开放程度较高的省份，而我市业已率先面临前所未有的发展机遇和严峻形势的挑战。在这样的大背景、大环境下，我们必须牢牢抓住发展的新机遇，积极应对新形势下的挑战，全面提升国际竞争力，努力开创经济合作的新局面，实现不同地区的资源优势互补、结成长期合作的伙伴关系，最终实现互利共赢、共同发展与进步的目标。同时，这些合作也将为所有朋友提供更多的发展机会和空间。我们相信，在上级领导的带领下，通过全市人民的努力拼搏，我市的明天一定会更加美好！

我市和××国××市的合作由来已久，双方的友谊源远流长。我衷心地希望，我们双方的合作能够永恒持久，向着互惠共赢的目标前行。

现在，我提议，为我们的真诚合作和友谊，为在座各位的身体健康、家庭幸福，干杯！

六、中外工作会议祝酒辞

范例：

【致辞背景】中外工作会议招待晚宴

【致辞人】中共××省省长

尊敬的各位领导、各位来宾：

大家晚上好！

在这美好的金秋时节，我们很高兴迎来了一直关注和支持我省发展的来自海内外的新老朋友们。在此，我谨代表中共××省人民政府以及全省人民，向前来参加××××年××省经济发展国际咨询会的各位领导、各

位顾问、各位嘉宾表示热烈的欢迎！向长期以来关注和支持我们的××外国朋友表示诚挚的感谢！

××省经济发展国际咨询会是一次加强我省和各位顾问、各位来宾的联系与交流的高层次会议，是一次值得纪念的会议。近几年来，我省经济发展国际咨询会的召开促成了一系列交流活动的成功开展以及诸多合作项目的实施。今天，群贤毕至，精英云集。我们很早就期盼着本次盛会的召开，能够有机会听取和了解大家对我省经济发展的宝贵意见和建议。同时，我们也一直期待着能与各位新老朋友相聚，共叙友情，共谋发展大计。我相信，这次盛会必将更好地加强我们之间的交流与合作，增进大家彼此之间的友谊，更好地营造携手共进的多赢局面。

各位领导、各位来宾：当今世界是一个开放的世界，是一个发展的世界。××省的发展，需要各位的关心和积极参与。幅员辽阔的××省，也必将为各位开创事业提供无限商机与可能。

现在，我提议：为了本次盛会的圆满成功，为了我们的紧密合作与共谋发展，为了大家的健康和幸福，干杯！

七、中外友好活动祝酒辞

范例：

【致辞背景】中外友好活动庆祝晚宴

【致辞人】××副市长

尊敬的各位来宾，女士们、先生们，朋友们：

大家好！

今夜，华灯璀璨，我很高兴能和大家相聚在这里，共同庆祝××市与××地友好活动×周年。在此，请允许我代表××市人民政府以及全市人民，对×××先生的到来表示热烈的欢迎，并致以最诚挚的问候！对光临今晚宴会的各位领导、各位来宾表示衷心的感谢！

转眼间，××市与××地已经有了×年的友好合作了，并取得了丰硕的成果。×年来，双方秉承着“合作、互利、共赢”的理念，不断开拓合作领域，加深合作力度，积极创新合作机制。近几年来，自从我市与××地合作以来，经济理念不断创新，××项目也有了较大改观，经济与社会都有了长足的发展。对此，我们表示衷心的感谢！我们真诚地希望，双方能一如既往地合作，能够在更大、更宽广的领域内进行友好交流，为两地人民的美好未来而努力奋斗！

下面，我提议，为了两地的明天，为了我们的友谊长存，为了大家的健康，干杯！

八、欢送外国代表团祝酒辞

范例：

【致辞背景】欢送晚宴

【致辞人】××省长

尊敬的×××郡长以及代表团朋友们：

大家晚上好！

今夜我们相聚在这里，共同欢送以×××郡长为首的代表团。首先，我愿以所有在座的中国同事们和我本人的名义，对尊贵的×××郡长表示热烈的欢送！

我省与××国×××郡的合作由来已久，双方一直保持着紧密的联系。自从合作以来，双方一直秉承“互惠、共赢”的合作理念，不断扩大合作领域，深化合作程度，创新合作机制，使双方的合作迈上了一个又一个新台阶。

在这荷香四溢的时节里，×××郡长一行在我省为期××天的考察也已落下了帷幕。对此，我们表示热烈的祝贺！在考察与访问期间，×××郡长对我省的特色经济产生了极大的兴趣，并成功签订了合作协议。同时，在访问之余，×××郡长一行还对我们中国古典诗词产生了浓厚的兴趣。×××郡长不仅自己熟记了多首古典诗词，还要求代表团成员们学习与欣赏中国古诗词。

最后，我衷心地希望×××郡长能一如既往地关注我省的发展；也希望双方能继续合作，不断寻求合作的新领域、新形式。同时，我们衷心地祝愿×××郡长一行归国愉快！

现在，我提议，为了两地人民的美好未来，为了×××郡长一行的顺利考察，为了我们友谊的永恒持久，为了×××郡长以及代表团朋友们的身体健康、工作顺利、顺心如意，干杯！

◎地方友好活动宴会祝酒辞

一、考察结束宴会祝酒辞

范例：

【致辞背景】考察结束后举办的晚宴

【致辞人】××区委领导

尊敬的各位领导，女士们、先生们：

大家晚上好！

我很高兴能和大家相聚在这座美丽的××城市，共同庆祝××地代表团考察工作的圆满结束。在此，我谨代表××区人民政府以及全区人民，对光临今晚宴会的各位考察团朋友们、各位领导、各位来宾，表示衷心的感谢！

在为期××天的考察活动中，××地考察团认真考察了我区的重点项目以及特色经济发展项目，并对我区的工作提出了不少有益的建议。我区与××地同处于中国西部城市，两地拥有极为相似的地缘优势。多年来，双方一直保持紧密的合作与联系。

这次考察活动取得了圆满成功，双方不但就××项目签订了合作协议，还就双方的教育事业的合作进行了初步的探讨。同时，我们也有机会能和××地代表深入洽谈，这极大地增进了彼此之间的友谊。我们衷心地希望双方能够一直保持合作的良好关系，共谋发展大计。最后，我们祝愿××考察团朋友们返程愉快、一帆风顺！

现在，我提议，让我们举起酒杯，为了我们今后的合作，为了我们亘古不变的友谊，为了大家的健康，干杯！

二、招待宴会祝酒辞

范例：

【致辞背景】政府会议招待晚宴

【致辞人】××区委书记

尊敬的各位领导，各位来宾：

大家晚上好！

今天在这万家灯火的美妙时刻，我很高兴能和大家相聚在这座美丽的古都，尽情畅谈，为××区的发展出谋划策。

回顾过去，我们感慨颇多。我们要谨记肩上的责任，要将人民赋予我们的权力真正用于服务人民，为人民做实事、做好事。展望未来，我们充满信心。前一段时间，我们区各级领导都认真贯彻和落实中央政策，紧紧地抓住经济这个中心，不断锐意进取，并取得了很好的成果。然而，成就的取得只是昨天的记忆。现在，我们最需要的是，整装待发，开辟新天地。在今后的工作中，我们要继续在以胡锦涛总书记为中心的党中央的领导下，用科学发展观的思想指导我们区的经济建设，求真务实，不断实现体制的创新，完善社会服务机制，推进××区的发展。

尽管我们区目前还存在一些问题，但我们深信，在各级领导的关怀和支持下，在大家以及全区人民的共同努力下，××区一定会实现更大的成功。

现在，我提议，为了××区美好的明天，为了在座各位的健康和幸福，干杯！

三、两地交流祝酒辞

范例：

【致辞背景】庆祝考察交流会晚宴

【致辞人】中共××市委书记

女士们、先生们，朋友们：

大家晚上好！

今天，我们很荣幸地邀请到了××商业界的各位精英。首先，请允许我代表中共××市委、市人大、市政府，对各位的到来表示热烈的欢迎；向多年以来关心和支持我市经济发展的社会各界朋友表示衷心的感谢，并致以诚挚的问候！

××市处于××经济圈的中心地带，是投资和创业的沃土，是一个魅力十足的都市。××年前，××先生的一篇文章《××××》，使我市成为人尽皆知的江南都市。××市资源富足，交通发达，环境优美，集天时、地利、人和于一体，是有志之士投资创业的乐园。近几年以来，××市紧抓发展机遇，不断创新发展理念和更新发展思路，促进了经济的健康、快速发展。同时，××市已经连续多次获得“××魅力城市”、“外商投资潜力城市”等一系列荣誉。

最后，我衷心地希望，各位能通过本次交流会，找寻投资与发展项目，增进大家的友谊。

现在，我提议：为了我们的友谊，为了我们的真诚合作，干杯！

四、缔结友好城市祝酒辞

范例：

【致辞背景】 缔结城市友好关系晚宴

【致辞人】 ××地领导

尊敬的××市长、尊敬的各位领导，各位来宾：

大家好！

四月的××，风和日丽，生机勃勃。在这生机勃勃的季节里，我们迎来了××市党政代表考察团的到访。在此，我代表××市委，向××市党政代表考察团致以最诚挚的问候！

××位于某三省交界处，总面积达7000多平方千米，总人口近30万。××国土资源丰富，拥有耕地500多万亩。××山川秀美、水资源丰富、草地面积辽阔、矿产富饶、农畜产品产量巨大。总之，××是区内经济发展较快的地区之一，是与环渤海湾相隔最近的资源富庶区。

××市位于中国东部沿海，历史悠久，经济发达，是珠江三角经济区的重要城市之一。尽管××和××市地理位置很远，但两地却有着特殊的感情。××市的书记曾在××工作过，是我们的老领导，至今仍然对这片故土怀有眷恋之情。正是这份亲情，使得××和××市缔结了深厚的友谊。今天，××市长携同各级企事业单位的领导来到了××，我们已感受到了他们为我们带来的诚挚情谊，以及老领导的深切关怀。同时，××市长代表团还带来了众多的合作项目、城市经济发展理念，对我地经济社会又好又快发展起到了十分重要的作用。

××属于国家扶贫开发重点地区之一，近几年，在国家以及各级领导的大力扶持下，全区领导干部和群众携手共进，使××的经济取得了很大的发展。然而，目前××的经济总量仍然不大，产业结构也不甚合理，基础设施还有待进一步发展和完善。但我们相信，在上级领导的正确领导下，在××市友好地区的关怀和支持下，××的经济必定会迅速崛起腾飞，社会将会更加和谐，××的明天会更加美好。

现在，我提议：为了××和××市缔结友好关系，为了两地能够在更大领域内进行广泛的合作，为了尊敬的老领导、××市长及各位领导、来宾的身体康泰和工作顺利，干杯！

五、中外友好城市接待宴会祝酒辞

范例：

【致辞背景】庆祝缔结友好城市××周年的招待晚宴

【致辞人】中共××市人民对外协会会长

尊敬的各位领导、各位来宾，女士们、先生们：

大家晚上好！

在这良宵美景，我们很高兴迎来了以××先生为首的××外宾代表团。今天，我很荣幸能和大家相聚在这里，共同庆祝我市与××地缔结友好城市××周年。在此，我谨代表中国××市人民对外协会，向光临今晚宴会的××先生以及代表团成员，向各位领导以及各位嘉宾表示热烈的欢迎，并致以最诚挚的祝福！

中×两国地缘相近，有悠久的经济文化交流历史。××年以来，双方一直精诚合作，不断加强在经济、文化等领域内的交流与合作。通过交流与合作，双方增进了友谊，加深了对彼此的了解，促进了两地的共同发展，使两地人民享受到了更多的福祉。

我衷心地希望，在今后的日子里，双方能一如既往地保持合作的良好关系，把双方缔结友好城市××周年作为新的起点，本着“立足于民、着眼于民、寄希望于民”的原则，以“增进两地人民友谊、积极推进两地合作与交流、促进两地共同发展”为目标，携手并进，共同为了两地经济的繁荣与发展，为了两地人民的幸福生活而努力奋斗！

现在，我提议：让我们共同举杯，为了我们的友谊和合作，为了建设一个持久和平、共同繁荣的和谐世界，为了在座各位的健康和幸福，干杯！

六、高新技术成果交易会欢迎酒会祝酒辞

范例：

【致辞背景】高交会欢迎酒会

【致辞人】××市长

女士们、先生们，朋友们：

大家下午好！

在这金秋十月，我们很高兴迎来了第××届中国国际高新技术成果交易会。我很荣幸代表××市和大家相聚在这里，共同庆祝本次高交会的召开。首先，请允许我代表中共××市委、市人大、市政府以及全市××万人民，对莅临今天酒会的各位领导和嘉宾们表示热烈的欢迎和衷心的感谢，向为本次高交会的顺利召开付出辛勤汗水的全体工作人员致以深深的敬意！

高交会的举办是我市的一件盛事，是值得铭记的事件。近几年来，我市已经连续成功举办了××届高交会，创造了中国科技展览会的奇迹，并享有“中国科技第一展”的美誉。我市在各级领导的关注和支持下，在社会各界朋友的大力帮助下，不断调整经济发展方式，把促进自主创新和优化产业结构作为工作重点。同时，我市将每次高交会的举办看成是工作的重中之重，认真贯彻落实国家政策，不断推进高交会的国际化、市场化与专业化，积极推进高交会的海外知名度和影响力，积极优化展会结构，努力将高交会打造成为“世界科技第一展”。我们相信，在各位的大力支持下，这一目标一定会实现。

最后，我衷心地预祝第××届国际高新技术成果交易会取得圆满成功。下面，我提议：为了我们的友谊和合作，为了大家的健康和幸福，干杯！

七、新年联谊会祝酒辞

范例：

【致辞背景】新年联谊会晚宴

【致辞人】××镇领导

尊敬的各位领导、各位来宾，女士们、先生们：

大家晚上好！

值此新春佳节到来之际，我很高兴能和大家欢聚一堂。首先，请允许

我代表××镇领导班子，对大家的光临表示热烈的欢迎，并致以新春的祝福！

在过去的一年中，我们全镇党员干部团结一致，同心协力，为××镇的发展作出了巨大的贡献。这一年，在上级领导的带领下，在大家的共同努力下，××镇各项工作都取得了圆满成功，人事任免、人才储备与安置、工资福利待遇等问题都得到了顺利解决。镇领导把民生作为工作重点，抓好民生问题的解决；同时，镇领导认真贯彻落实中央政策，积极推进党风建设、机关效能建设，并取得了很好的成效，得到了上级领导的认可。这些成就的取得，无不凝聚着大家的辛勤和努力。在此，我衷心地对大家说一声，你们辛苦了。

新年伊始，我们又踏上了一段新的征程。××镇各项工作也将全面开展起来，任重而道远。但我深信，只要我们继续秉承“求真务实、开拓创新”的理念，团结奋进，我们就可以克服重重困难，将我镇社会主义建设推向一个更高的台阶。

最后，祝愿大家在新的一年里工作顺利、家庭幸福、万事如意！

现在，我提议：让我们共同举杯，为了××镇的明天，干杯！

八、地方级政务祝酒辞

范例：

【致辞背景】省政府酒会

【致辞人】××省委书记

女士们、先生们，朋友们：

大家晚上好！

在这美好的夜晚，我很高兴能和大家相聚在这场酒会上。今晚，为了欢迎来自五湖四海前来参加××××博览会的朋友们，我们满怀热情地举办了这场宴会。首先，请允许我代表中共××省委、省政府，对在座各位的光临表示衷心的感谢，并致以诚挚的问候！

随着改革开放的不断深入，我省紧紧抓住发展这一中心任务，认真贯彻落实中央政策，把深化改革作为发展的动力，把扩大开放领域作为发展的突破点，大力引进外资和合作项目，继续发展民营企业经济，统筹经济社会协调发展，探索出了一个适合本省发展的特色经济发展模式。同时，

××省委、省政府积极推进廉政建设，创新文化建设，注重社会民生事业，使各项事业都取得了较大的发展。

朋友们，我省现在正倾力打造“××经济强省”。这一目标的实现，不仅要靠我们自身的努力，还要依靠大家的鼎力相助。我们相信，在中央各级领导的关心和支持下，在各位的大力支持下，加上我们自身的努力，我省一定可以早日实现这一目标。

现在，我提议，让我们举起酒杯，为我们的精诚合作和友谊，为大家的健康和幸福，干杯！

九、欢送异地市代表团祝酒辞

范例：

【致辞背景】欢送××市党政代表团晚宴

【致辞人】中共××市委副书记

尊敬的各位来宾，女士们、先生们，中共××市党政代表团朋友们：

大家晚上好！

在这收获的季节里，我们迎来了中共××市党政代表团的莅临指导。今天，为期×天的指导就要结束了。现在，我谨代表中共××市委、市政府，对各位代表的莅临表示衷心的感谢，并致以崇高的敬意！

近几年以来，××市代表团积极响应中央的号召，多次莅临我市进行相关指导，对我市的发展提出了许多建设性的建议，并组织优秀企业到我市考察洽谈，为我市××地区捐助了××万元。对此，我们表示衷心地感谢。

××地区是我市的核心地区，是经济比较发达的地区，拥有发展经济的有利条件和良好环境。在今后，我们将重点抓好经济建设，并协调好经济与社会、文化、政治建设三者之间的关系，实现我市各项事业的统筹协调发展。

为了实现这一目标，我市将进一步扩大对外开放的程度，加大开放力度，并真诚地希望××市能一直关心和支持我们。我们相信，××市的明天会更加美好！同时，我真诚地祝愿大家返程愉快、一帆风顺！

最后，我提议：为了我们的友谊和精诚合作，为了大家的健康和快乐，干杯！

十、国内各地友好活动祝酒辞

范例：

【致辞背景】两地艺术工作会议招待宴会

【致辞人】中共××市长

尊敬的各位来宾，女士们、先生们：

大家晚上好！

今天，群贤毕至，精英云集。在这普天同庆的时刻里，我很高兴能和大家相聚在这座著名文化名城，共同探讨艺术，以酒会友，并庆贺中国××省艺术创作工作会议的召开。在此，我谨代表中共××市委、市政府以及全市人民，对各位外宾、各位领导、各位嘉宾，以及长期关心和支持我们的社会各界朋友的到来，表示热烈的欢迎和衷心的感谢！

××市是中国文化的发源地之一，拥有浓厚的历史文化底蕴，更是艺术创作的宝地。××地在文化方面的造诣也有悠久的历史，会聚了诸如×××先生、×××女士、××女士、××先生等知名艺术工作者，两地在××艺术工作方面有着不同的优势。

我相信，在各级领导的关怀和支持下，在大家的共同努力下，本次会议一定会取得圆满成功。本次盛会的召开，将会更好地推动两地文化艺术事业的发展，更好地弘扬和培育中国传统文化，促进中国文化的发展和进步！

现在，我提议：让我们共同举杯，预祝本次会议圆满结束！为了我们的合作和友谊地久天长，为了大家的健康和幸福，干杯！

十一、新年茶话会省领导祝酒辞

范例：

【致辞背景】新年茶话会

【致辞人】××省长

女士们、先生们，朋友们：

大家好！

我们即将送走丰富多彩的×年，迎来满怀希望的×年。在这辞旧迎新的时刻，我谨代表××省委、省政府，向××省全体党员干部及其家属，

以及长期以来所有关怀和支持省委、省政府工作的各级领导、各界人士，致以新年的美好祝福；并向兢兢业业地坚守岗位，为我国伟大的社会主义事业勤恳劳动的××省人民，表示亲切的问候！

×年即将过去，这一年是丰收的一年，是大发展的一年。在这一年里，××省委省政府在中央政府的英明带领下，认真学习邓小平理论和“三个代表”重要思想，深入落实科学发展观，认真贯彻中共十七大精神，精心开展每一项工作，带领全体领导干部认真履行各自的职责，不断加强干部自身建设，努力探索新形势下省委、省政府工作的新思路，各项工作都取得了令人满意的成果，向中央政府和全省人民交出了一份满意答卷！

回顾往昔，我们每次的进步，都包含了全体领导干部的辛勤汗水；每个项目的成功，都凝聚着广大人民群众的勤劳与智慧。的确，我们也认识到我们的工作还有很多不足之处，还需要我们进一步研究和深入探讨。这些不足之处主要有党员干部自身建设还不够完善，各项工作还需要进一步创新，社会服务能力还需要进一步提高。这些都是需要我们在今后的工作中不断改进并完善的地方。

各位来宾，朋友们，回顾往昔，我们备受启发；展望未来，我们信心十足。作为百姓的父母官，在即将到来的新的一年里，我们要紧紧围绕“十二五”规划，团结在党中央的周围，以高度的责任感和满腔的政治热情，认真履行各项职能，为××省经济社会的发展作出更大的贡献。

最后，我衷心地祝愿大家在新的一年里身体健康、工作顺利、生活幸福美满。让我们举杯，为了××省更大的发展，干杯！

十二、中秋晚会省领导祝酒辞

范例：

【致辞背景】中秋晚会

【致辞人】××省长

女士们、先生们，朋友们：

大家晚上好！

金秋送爽，明月相照。在这举国欢庆的中秋佳节里，我们欢聚一堂，共同度过今晚的美好时光。在此，我谨代表省委、省政府，向奋斗在第一线的工商联、各界人士，以及全省党员干部，致以最亲切的问候和感谢！

回顾我省经济发展所走过的风风雨雨，其间的每一次进步，都凝结了在座各位的努力和拼搏；每一项成绩，都凝结了全省人民的勤劳和智慧。尤其是今年年初，我省在经济危机影响较大、保持经济发展面临空前压力的困难下，我省仍然保持了经济健康稳定的发展。我省在中央的正确领导下，认真贯彻落实科学发展观，紧紧围绕“保经济、促增长”的要求，积极推进社会主义事业的各项建设，经济、社会、政治、文化建设都取得了较大的成绩，全省经济继续保持平稳的增长势头。

展望明天，我省的明天更加需要全体干部和人民群众的精诚合作与共同努力。我真诚地希望大家继续发挥密切联系群众、智慧集中等有利条件，以更加饱满的热情，全身心投入到全省的社会主义事业中，为全省经济的发展作出更大的贡献。

现在，我提议：为了我省的辉煌明天，为了我省的经济发展，为了在座各位的身体健康、工作顺利，干杯！

十三、地方性节日迎宾祝酒辞

范例：

【致辞背景】旅游节欢迎晚宴

【致辞人】××地领导

尊敬的各位领导、各位来宾：

晚上好！

“××地××山旅游节”经过一番精心筹划，马上就要开幕了。在此，我谨代表××县委领导及全县五十万人民，向莅临××的各位领导、来宾们表示最热烈的欢迎！同时，我们由衷地感谢长久以来关心和支持我们的各级领导及各界人士。

××自然条件优越，得天独厚的自然特色造就了优美迷人的风光。××山清水秀、树繁木茂、旅游资源丰富，且具有浓厚的历史文化底蕴，是一座风情万种的、景观独特的中国著名旅游城市。其中，××山是大自然给予我们的馈赠，是我们心中的“圣山”。经过几年的筹划和准备，××山的旅游已形成了较大规模。此次，为了进一步贯彻国家对外开放的政策，也为了提高××山旅游知名度和巩固本地经济社会发展成果，我们以旅游节为媒介，用圣山传递感情，举办“××××山旅游节”。

我们相信，这次旅游节，必定会增进本地人民和各界人士的感情，必定能促进本地人民和各界人士的共同发展和进步，也必定让各级领导以及所有来宾大饱眼福，从而给大家带来一个激动人心、促进发展、提高旅游知名度的盛大节日。

我衷心地祝愿各位领导及来宾在××生活愉快，希望圣山能给大家带来最美的回忆。

现在，我提议：让我们为了“××山旅游节”的成功举办，为了在座朋友的身体健康、工作顺利，干杯！

◎开幕闭幕宴会祝酒辞

一、博览会开幕宴会祝酒辞

范例：

【致辞背景】产品博览会开幕酒会

【致辞人】××市长

女士们、先生们，朋友们：

大家晚上好！

在这华灯初上、春意浓浓的夜晚，我们很高兴地迎来了××省第×届电子产品博览会！首先，请允许我代表中共××市委、市人大、市政府以及××市人民，向莅临的领导和朋友们，向长期以来关心和支持我们的社会各界朋友表示衷心的感谢，向本次参展商表示热烈的欢迎，并致以最诚挚的问候！

××市是一个年轻的城市，处处充满生机和活力。近几年，各级领导高度重视我市的发展，加上社会各界朋友鼎力相助，使我市有了翻天覆地的变化。在多方的支持下，我市领导干部和人民群众团结一致、上下齐心，深入落实科学发展观，积极推进科技创新建设，在全省率先组建了×个产业技术创新联盟，为企业发展搭建了更加便利和成本低廉的创业平台，极大地促进了全市经济的发展。

我们相信，这次电子产品博览会的召开，必定会进一步加强双方合作，促进双方技术交流，实现互利共赢的目标。

现在，我提议：为了本次博览会的成功开办，为了我们的友谊天长地久，为了大家的健康和幸福，干杯！

二、博览会闭幕宴会祝酒辞

范例：

【致辞背景】博览会闭幕晚宴

【致辞人】中国××博览会组委会主任

尊敬的各位领导、各位来宾，女士们、先生们：

大家晚上好！

今天，为期×××天的中国××××年××博览会胜利闭幕了。我很高兴能和大家相聚在这里，共同庆祝本次博览会的圆满结束。在此，我谨代表××组委会，对各位领导，对来自五湖四海的朋友们，对为本次博览会付出辛勤汗水的工作人员表示衷心的感谢，并致以诚挚的问候！

在过去的×××天里，我们共同经历了一次精彩纷呈、成功而又令人难忘的世博旅行。在本次博览会中，有近两百个国家、五十多个国际组织以及众多的中外企业积极参展，共同铸造了××博览会的辉煌，这一切美好的记忆将永远留在我们心中。这次博览会，拉近了东西方之间的距离，增强了科技和人文之间的交融。我们感动于本次博览会的“理解、沟通、欢聚、合作”的理念，感动于其由于增进不同文化互相交流借鉴而产生的各国人民和谐相处的氛围。

我们相信，××将变得更加开放、包容、进步、文明，将与世界人民一道，共同为了人类美好的明天而奋斗！

下面，我提议：为了我们的友谊，为了在座各位的健康，为了人类更加辉煌的明天，干杯！

三、展览会开幕祝酒辞

范例：

【致辞背景】展览会开幕招待晚宴

【致辞人】××经济贸易促进委员会领导

各位领导、各位来宾，女士们、先生们：

大家晚上好！

在这微风沉醉的夜晚，我们很高兴能和各位朋友相聚在这里共同庆祝××展览会的隆重开幕。首先，请允许我代表××经济贸易促进委员会，向光临今晚宴会的各位朋友们表示热烈的欢迎，并致以最诚挚的问候！

今天上午，众人瞩目的××展览会胜利开幕了。这次展览会的举行，得到了××省和其他地方相关人员的高度重视。通过这次展览会的举办，全国许多地方的有志之士以及专家们有了很好的交流经验和探讨相关知识的机会。

我们深信，本次展览会必定会为经济贸易发展提供新的发展领域，开拓新的发展方向，必将推进经济的深入发展，实现经济跨越式发展。

最后，我衷心地希望各位通过此次展览会，不断增进彼此之间的友谊，结识更多的朋友，共谋合作与发展。同时，我希望今晚能给各位留下美好的印象。

现在，我提议：为了本次展览会的圆满成功，为了我们的友谊地久天长，为了大家的健康和幸福，干杯！

四、比赛开幕祝酒辞

范例：

【致辞背景】运动会开幕宴会

【致辞人】××县长各位领导、各位来宾：

大家晚上好！

在这风和日丽的日子里，××县第×届农民运动会隆重开幕了，这是全县人民群众文化生活中值得高兴的事。在此，我谨代表××县委、县政府，对在座各位的到来表示最诚挚的敬意，并对长期以来关心和支持我们的各级领导和各界人士表示深深地感谢！

随着改革开放的深入发展，××县屡创佳绩，财政收入有了极大提高，文化建设渐渐步入了正轨，人民物质财富也有了极大的增加，人民的精神文化生活也逐渐变得丰富多彩。这些成就的取得，是大家的骄傲，是全县人民的骄傲。

这次农民运动会的召开，是××县人民群众文化生活中的一个象征性的事件，是一次振奋人心、凝聚力量的盛会。我衷心地希望，在运动会组委会的带领下，在所有运动员、教练员、裁判员和工作人员的共同努力下，将本次大会办成一个盛大、激情、团结、安全的运动会。我真诚地希望，各位运动员能赛出风格、赛出水平。

现在，我提议：让我们举起酒杯，预祝第×届××县农民运动会的圆满成功！为了××县的明天，为了大家的健康和快乐，干杯！

五、节庆开幕祝酒辞

范例：

【致辞背景】书画节开幕晚宴

【致辞人】××县委书记

尊敬的各位来宾，女士们、先生们：

大家晚上好！

今天，××市领导和全县人民共同期待的第×届书画节隆重开幕了！这是一个值得庆贺的日子，我很高兴能和大家相聚在这里，共同庆祝本次书画节的开幕。首先，请允许我代表××县委、县政府，对光临今晚宴会的朋友们表示热烈的欢迎，并致以亲切的问候！

本次书画节的胜利召开，得到了各级领导的关怀和支持，还得到了社会各界人士的鼎力相助。随着经济的发展和人民生活水平的提高，精神文化活动越来越受到社会的高度重视。结合本县特色，我们举办了本次书画节。本次书画节，以“和谐、健康、先进”为指导理念，以弘扬和培育中华民族精神为目标。我们相信，本次书画节的举行，一定能够促进全县精神文化生活的发展，繁荣本县书画艺术，并促进本县××书画院的成长与壮大。

我们衷心地希望，本次书画节能够增进各位朋友之间的友谊，为我国书画艺术的发展添枝加叶。

现在，我提议：为了本次书画节的顺利召开，为了我们的友谊，为了发扬中华民族精神，为了在座各位的工作顺利、身体健康，干杯！

六、交流会开幕祝酒辞

范例：

【致辞背景】经济交流洽谈会议招待晚宴

【致辞人】中共××市委书记

尊敬的各位领导，各位来宾：

大家晚上好！

今天我们欢聚一堂，共同庆祝××市与××地经济交流洽谈会议的顺利召开。首先，我谨代表中共××市委、市人大、市政府，对远道而来的各位领导、企业家、嘉宾表示衷心的感谢，并致以诚挚的问候！

今天的交流会，是一个值得铭记的日子。这次交流会，将促进双方的经济交流与贸易合作，增进彼此之间的友谊，扩大双方信息交流的广度和深度。同时，它还将推动我市经济发展模式的转变，推进我市经济建设和社会事业的平稳、较快发展。

在座的各位嘉宾中，有很多是我们的老朋友，我们之间一直保持着良好的合作伙伴关系。同时，我们又结识了许多新朋友。我衷心地希望，这次交流为合作双方建起沟通的桥梁，并促成更多合作项目的洽谈。让我们携起手来，共同播下合作与交流的希望，收获繁荣和共赢的果实。

现在，我提议：为了我们的友谊地久天长，为了大家的健康和快乐，为了交流会的圆满成功，干杯！

七、房交会开幕祝酒辞

范例：【致辞背景】××地房地产交易会招待晚宴

【致辞人】××省房地产交易协会领导

女士们、先生们，朋友们：

大家晚上好！

在这金秋十月，万众瞩目的第×届××地房地产交易会盛大开幕了！今晚，我很高兴能和大家相聚在一起，共同庆祝本届房交会的隆重开幕。在此，我谨代表××省房地产协会，对本次房交会的举办表示热烈的祝贺；对光临今晚宴会的各位领导、各位嘉宾、社会各界朋友表示最诚挚的欢迎，并致以衷心的感谢！

从我国经济发展的现阶段来看，房地产行业是我们国民经济的重要支撑，与人民生活息息相关。我省作为中国旅游地产最为火热的省份之一，今后将进一步发展精品工程建设，重点规划×××区、×××市、××路等区域建设。本届房交会，我省将继续以“打造中国最具影响力旅游房产品牌”为宗旨，充分展示我省整体房地产的发展水平，集中整合社会各界有利资源，给世人展现出一个具有优越的居住和投资环境的××地，向人们传达丰富而又诚信的××省房地产信息。

在本届房交会期间，参展企业达八十多个。我们衷心地希望，各位参展商能在房交会上尽情展现自己的优势，并取得满意的成果。最后，我预祝本届盛会取得圆满成功！

现在，我提议：为了我们的友谊和合作，为了大家的身体健康、事业通达、家庭幸福，干杯！

八、艺术文化节闭幕祝酒辞

范例：

【致辞背景】民间艺术节闭幕晚宴

【致辞人】艺术节组委会××领导

尊敬的××先生，各位艺术团团长，各位民间艺术家：

大家晚上好！

今夜，华灯璀璨，我们欢聚一堂，共同庆贺第×届××地国际民间艺术节的胜利闭幕！历时××天的第×届××地国际民间艺术节圆满结束了，所有的艺术团都取得了优异的成绩，并获得了精致的奖杯。我谨代表艺术节组织委员会，对大家表示衷心的祝贺。

近几年以来，××地国际民间艺术节的举办，为世界各地民间艺术搭建了交流平台。通过这个平台，大家进行艺术交流，也增进了彼此之间的友谊。正因为有了你们的参与，我们的艺术节才能越办越精彩，越办越丰富。

在已经过去的×天里，艺术团的精彩表演给我们留下了永不磨灭的记忆，令人大饱眼福。另外，我们已经将大家的精彩演出做成影像和刻成光盘，希望将那些精彩的时刻永远保存下来。明天大家即将返程，我衷心地希望大家能将这影像和光盘带给家乡的亲人们欣赏。尽管我们相隔很远，但我们的心紧紧相连。最后，我衷心地祝愿大家返程愉快、一路顺风！

下面，我提议：让我们共同举杯，为了我们的友谊地久天长，为了本次艺术节的圆满结束，为了大家的身体健康和生活幸福，干杯！

九、党代会闭幕祝酒辞

范例：

【致辞背景】党代会闭幕晚宴

【致辞人】××市委书记

尊敬的各位领导、各位来宾，女士们、先生们：

大家晚上好！

今天，历时×天的中共××市第×次代表大会胜利闭幕了！为了庆祝本次大会的圆满成功，我们满怀高兴和喜悦之情，相聚在这迷人的夜晚。

在会议举行期间，所有与会代表秉承高度的责任感和使命感，坚持“解放思想，实事求是”的原则，共同参与了第×届××市委员会的选举，并取得了圆满成功，顺利完成了本次大会拟定的各项工作。

××市本次党代会的胜利召开，得到了上级领导的高度重视以及大力支持，得到了社会各界人士的关注和支持。同时，全体与会人员废寝忘食地工作着，从而保证了大会各项工作的顺利进行。现在，请允许我代表×届市委，向全体与会代表、列席代表以及为大会服务的工作人员，向所有关心和指导本次会议的同志们、朋友们表示由衷的感谢！

今后，第×届市委将在省委的直接领导下，坚持用科学发展观统领经济发展全局，将全市各级党组织、全体党员干部以及全市人民群众紧紧团结在一起，抓住发展机遇，加快发展步伐，为了促进全市经济社会的协调发展而奋斗！

各位代表们，现在，我提议：让我们共同举杯，为了庆祝本次大会的胜利闭幕，为了××市更加辉煌的明天，为了大家的健康和快乐，干杯！

十、职代会闭幕祝酒辞

范例：

【致辞背景】公司职代会闭幕晚宴

【致辞人】××公司领导尊敬的各位代表，各位来宾，女士们、先生们：

大家晚上好！

在这辞旧迎新的节日里，××公司领导和全体员工期待已久的××××年第×届×次职代会、胜利召开了！对这次大会的胜利召开，我们表示热烈祝贺！

近几年以来，在公司各级领导的正确带领和帮助下，××公司所有员工紧紧团结在一起，夜以继日地工作着，使公司的每项工作都取得了可喜的成绩。公司业绩得到了极大的提高，职工的生产以及生活条件都有了很大的改善，整个公司的面貌也焕然一新。

在即将过去的这一年，××公司克服重重困难，顺利实现了“十一五”的既定目标。如今，公司又站在了新的起跑线上，开始了新的一年。新年新气象，新的起跑线也赋予了我们新的目标和任务。尽管我们在工作中还有很多不足之处，但我们相信，在各级领导的带领下，全体与会代表们必定会以公司利益为重，认真履行各自的职责，积极贯彻落实本次会议传达的精神，不辜负员工们的期望。我们还相信，全体与会代表一定会与所有员工携手并肩，共谋发展大计，为××公司开创更加广阔的天地！

现在，我提议：为了××公司的明天，为了在座各位的健康和快乐，干杯！

常用祝辞

◎政务祝酒辞好句集锦

◆女士们、先生们，朋友们！现在我提议：为××的繁荣昌盛、人民幸福，为××、××友谊和友好合作关系的不断巩固和发展，为××新胜利，为××大团结，为××阁下的健康，为全体贵宾们的健康，为在座的各国使节和夫人们的健康，为在座的朋友们和同志们的健康，干杯！

◆女士们、先生们，朋友们！现在我提议：为××妇女大会的成功召开，为早日实现男女平等的目标，为各国妇女间的友谊与合作，为在座各位的健康，干杯！

◆各位来宾，女士们、先生们，朋友们！现在我提议：让我们共同举杯，为金秋招商月的圆满成功，为我们的精诚合作和深厚友谊，干杯！

◆女士们、先生们，朋友们！我提议：为××、××两国人民的友谊地久天长，为××健康产业的发达兴旺，为××人的人生梦想，为在座各位的身体健康，干杯！

◆女士们、先生们，朋友们！我提议：为和平与友谊，为本次会谈成功，为各位团长、使节及朋友们的健康，干杯！

◆女士们、先生们，朋友们！现在，我提议：为世界和平与共同发展，

为人类和谐美好的明天，为来宾们、朋友们和同志们的健康，干杯！

◆让我们携手播种合作与交流的理想，收获繁荣与发展的成功。我真诚的希望，今天的相聚是明天深入交往的起点，祝愿我们的合作天长地久，我们的友谊地久天长！现在我提议，让我们共同举杯：为增进友谊、开拓未来干杯！

◆下面，我提议：为了××与××缔结友好关系，为了两地在更大领域内进行更广泛的合作，为了尊敬的××书记、××副省长，以及各位领导、各位嘉宾身体健康、工作顺利！干杯！

◆女士们、先生们、朋友们！“××××，××××”是××、××共同的口号。我相信，××作为增进各国朋友相互了解和友谊的舞台，将为世界××事业留下十分宝贵的精神财富。让我们携起手来，不断推进××事业，为建设更加美好的世界而共同努力！现在，我提议：为××圆满成功，为××运动不断发展，为世界各国人民团结和友谊不断加强，为各位嘉宾的健康，干杯！

◆岁月不居，天道酬勤。在新的一年里，我们期待着继续与××和朋友保持良好合作，为世界的和平、稳定和发展而共同努力！现在，我提议：为中国与世界各国的互利友好合作关系的不断发展，为各位来宾、朋友新年快乐，干杯！

◆各位嘉宾，朋友们！目前，我市正在加快建设“××区经济强市”步伐，开放的××需要海内外朋友一如既往地关心和支持，让我们携手并进，共创美好未来！现在，我提议，为我们今天的愉快合作和永久的友好往来，为在座各位及家人的身体健康、事业有成、万事如意，干杯！

◆“有朋自远方来，不亦乐乎。”在此新朋老友相会之际，我提议：为今后我们之间的进一步合作，为我们之间日益增进的友谊，为朋友们的健康幸福，干杯！

◆金秋十月，正是丹桂飘香、硕果累累的季节，也是牛羊肥壮收获的季节。在这美好的季节里，我们怀着无比喜悦的心情，迎来了××××工作会议，迎来了全国行业的领导和同志们。这是××××行业的盛大节日，也是我区经济发展中的一件大事。

◆各位代表，让我们以饱满的热情，以对党的事业和我单位前途高度负责的精神开好这次大会，圆满完成大会提出的各项工作任务，把这次大会开成一个振奋精神的大会、明确方向的大会、真诚团结的大会、开创未来的大会！预祝大会圆满成功！下面，我提议，为了××地区的发展，为了大家的身体健康、生活幸福，干杯！

◆今天，我们欢聚在××地最具××风情的国度，在××地美丽的阳光、碧海、沙滩之间，隆重举行“中国××集团××××年××高峰会议”，热烈庆祝一年一度的盛大节日。首先，我谨代表大会向来自全国各地的高峰英雄致以热烈的欢迎和衷心的祝贺，你们是××最璀璨的明星，××因你们而骄傲！今天，这里是你们挥洒胜利喜悦的舞台！明天，××依然是你们壮志凌云的家园！

◆女士们、先生们，朋友们！最后，我提议：为×××先生一行的访问成功，为××先生一行的健康，为在座的女士们、先生们的健康，为××市同××市的友好合作，干杯！

◆女士们、先生们，朋友们！现在我提议：为××的繁荣昌盛、人民幸福，为××、××友谊和友好合作关系的不断巩固和发展，为××新胜利，为××大团结，为××总统阁下的健康，为全体贵宾们的健康，为在座的各国使节和夫人们的健康，为在座的朋友们和同志们的健康，干杯！

◎经典好词

国际政务宴会常用词语：

精诚合作　繁荣昌盛　友谊长存　加深友谊　共同发展
促进世界和平等

博览会常用的词：

内容丰富　精彩纷呈　盛况空前　成果丰硕　影响空前　特色鲜明
构建新平台　以会扩影响　以会促发展　以会育品牌　以会强素质
承载梦想　畅想生活等。

交流会常用祝辞：

繁荣市场　丰富人民的物质文化生活　开拓创新　政企双赢
互惠共赢　互利共赢

第六章
节庆祝酒辞

祝酒之礼

◎重大节日的饮酒习俗

中国人一年中的几个重大节日，都有相应的饮酒活动，如端午节饮“菖蒲酒”，重阳节饮“菊花酒”，除夕夜饮“年酒”。在一些地方，如江西民间，春季插完禾苗后，要欢聚饮酒，庆贺丰收时更要饮酒，酒席散尽之时，往往是“家家扶得醉人归”。节日的全新解释：必须选取一些日子让人们欢聚畅饮，于是便有了节日，而且节日很多，几乎月月都有。

◎节日酒宴上的失礼之举

中国人逢年过节都要举行家宴，以前多在父母家中举办，现在也有到饭店餐厅举办的。也许有人会说既然是家人聚餐，随随便便就行了，不用循规蹈矩地去恪守什么礼数，只要开心就足够了。但问题恰恰就出现在这个“随便”上。就像老话说的，“没有规矩难成方圆”，节日聚会欢乐是主题，但该有的礼数我们也应该尽到。“勿以恶小而为之，勿以善小而不为”，我们中国是礼仪之邦，自古就讲究“礼”字先行，那些餐桌上固有的尊老爱幼、礼貌待人的规矩到什么时候都不能丢。过年过节就是过个气氛、过个欢乐祥和，聚餐饮酒都是亲朋好友交流的平台，在这个平台上除了一饱口福之外更主要的是在叙旧、谈天中聊出好心情。一不留神让“不拘小节”的动作上了台面，扫了家人的兴致可就不是添乐儿而是添堵了，所以节日家宴要避免以下失礼之举。

失礼一：“倒叙”就座与离席

中国传统文化始终讲究长幼有序。可现在那些平时“嚣张”惯了的小“皇帝”还没等为饭菜忙碌了半天的老人们入席就座，就已经率先为饭菜“剪彩”了。等到老人们上桌时，儿子、孙子拍着吃得圆溜溜的肚皮说声“饱了”，然后就躺到旁边的沙发上去看电视。本该首先入席的老人反倒成为打扫战场的“断后部队”。

失礼二：倒胃的抽烟

在就餐时，某位男士以烟助兴，全然不顾及有女士特别是孕妇在场，大大咧咧地点起香烟，颇为自我放松地吞云吐雾，自己享受了却让周围的人极不情愿地吸食二手烟。更有甚者还将烟灰弹到碗里、盘子里，或者将烟头捻到剩余的饭菜里，弄得一片狼藉，让人大倒胃口。

失礼三：边吃边说

如果你对面的人一边吃饭一边眉飞色舞地侃侃而谈，你最担心的是什么呢？对，就是他嘴里的饭菜渣会不会“脱口而出”，飞进菜盘里或者干脆直接跳进自己的碗里。这样被“污染”的饭菜显然成了鸡肋，端着，自己心里难受；不吃，直接放下又怕被人说浪费。

失礼四：请客像填鸭

热情、好客是中国人的性格特点，尤其是在节日聚会的时候，男女主人都希望客人在自己家吃饱、吃好，唯恐客人感觉拘束而饿肚子。于是很多家宴的主人都有为客人频频夹菜的习惯，甚至能用鸡鸭鱼肉在客人面前的食碟里堆出一座小山包来。面对这挡不住的热情，客人有时也感觉压力大。不吃完显然是驳了主人的面子，可要想把这些东西全消化掉着实有点儿难度。要知道客人不是填鸭，不是主人的热情有多高他的饭量就有多大。

经典祝辞

一、元旦祝酒辞

范例一：

【致辞背景】工程公司新年酒会

【致辞人】建筑院干部

女士们、先生们，同志们、朋友们：

大家晚上好！

腊酒谢金鸡唱遍神州歌大有，春风催吉犬迈开健步跃高峰。

今天，我们相约在清雅怡人的××××，相聚在辞旧迎新的美好时刻，畅所欲言，为公司波澜壮阔的改革发展事业建言献策，我们心潮澎湃，百感交集。荣耀与责任赋予了我们新的使命，未雨绸缪，我们又要踏上新的征程。用智慧创造价值是我们一贯的宗旨，更高、更快、更强是我们永恒的追求，打造国际型工程公司，完善法人治理结构，我们任重道远。贯彻以人为本的管理理念，推行以能为本的管理机制，创造最佳业绩，促进和谐氛围，我们责无旁贷。在此，我倡议，全体同仁在新的一年里再接再厉，再创佳绩，再上台阶，再谱新篇，我坚信，公司的史册将记载我们的宣言，公司的丰碑将铭刻我们的烙印。

在这里，请允许我代表建筑院的全体同仁，并以我个人的名义，向在座的各位同仁及你们的家人致以新年的祝福，祝大家在新的一年里身体好，家庭好，生活好，学习好，工作好，一切好、好、好！

最后，让我们斟满酒杯，为美好的明天，干杯！

范例二：

【致辞背景】信用联合社新年酒会

【致辞人】信用联合社领导

同志们：

春晖耀信合共绘蓝图，聚力谱新篇再创辉煌！带着胜利的喜悦，我们送走了硕果累累的××××年，以奋进的豪情迎来了充满希望的××××年。值此辞旧迎新之际，我谨代表联社党委、理事会，向一直给予我们关心支持的银监办的领导同志们表示衷心的感谢！向一年来辛勤工作在各岗位上的同志，向老有所为、情系信合的退休同志，向默默支持我们工作的职工家属们致以诚挚的问候、最美好的祝愿和崇高的敬意！祝大家在新的一年里身体健康、工作顺利、阖家幸福、事业有成！

新的一年，新的心愿、新的希望；新的一年，新的起点、新的征程。××××年注定是我县农村合作金融发展史上又一个具有里程碑意义的一年，也将是我县农村合作金融再创新佳绩、再铸新辉煌，实现新起点上新跨越的一年。我们将以科学发展观为统领，以经济效益为中心，以改革规范、转换机制为主线，以兑付央行专项票据、管理工作上台阶、农村合作金融上等级为目标，进一步完善法人治理结构，进一步增强为“三农”金融服务的实力，进一步推动农村信用社又好又快发展，努力朝着“资本充足、管理规范、服务一流、业绩优良”的现代地方金融企业目标迈进。

同志们，让我们携起手来，始终坚持发展的第一要务，与时俱进、勇于争先、长于实干、乐于奉献，为新农村建设、县域经济跨越式发展作出新的贡献。

我提议：让我们共同举杯，为新年祥瑞，为美好的未来，干杯！

范例三：

【致辞背景】公司年会

【致辞人】公司经理

尊敬的嘉宾、朋友和××的全体同仁：

大家晚上好！

首先，我代表××公司感谢各位嘉宾、各位朋友对××一贯的支持和帮助！

其次要感谢××的全体员工！是你们的努力和敬业使××取得了今天的成绩。还要感谢你们的家人，是他们在背后默默的支持、鼓励和帮助，使你们能全身心地投入工作，他们是当之无愧的幕后英雄。值此新年来临之际，祝你们家庭和睦！身体健康！新春快乐！幸福如意！

在过去的一年，我们涌现了大批的优秀员工，我感谢他们在各自的岗位上作出的贡献！祝愿他们在新的一年再接再厉，取得更大的成绩！还要感谢战斗在全国各地、异地他乡的一线员工，是他们的努力使我们××的产品走进了千家万户，在这里，我要对他们说声：你们辛苦了。

××××年，在各界朋友的大力支持下，在全体员工的共同努力下，××公司取得了可喜的成绩，可以说是一个丰收年，这些成绩无不见证着我们的成功。××的未来是非常美好的，让我们携手共进，打造出一个欣欣向荣的国际型企业！

最后，请大家举杯，为××美好的明天，为在座各位的健康，干杯！

范例四：

【致辞背景】招待曾在本市工作过的市委领导的新年酒会

【致辞人】市委领导

各位来宾，女士们、先生们：

在××××年春节即将到来之际，××市委、市政府在这里召开迎春酒会，荣幸地邀请各位领导欢聚一堂，共叙往事今情，喜迎新春佳节。各位曾经在××市工作过的领导和××籍在外省工作的领导，多年来心系××，关注××，通过各种方式支持××的各项事业发展。在此，我代表全市各族人民，向各位领导表示衷心的感谢并致以节日的祝福。

近几年，在上级党委、政府的正确领导和亲切关怀下，在各位领导和朋友们的支持、帮助下，××市经济获得了较快发展，社会事业取得了新的进步。这些成绩的取得，是全市各族人民共同努力的结果，更凝聚着在座各位领导的心血和汗水。

面对全国各地和全省各盟市竞相加快发展的新态势，我们提出了……的目标。要实现这样的目标和定位，我们具备了一定的基础，决心很大，但困难和压力也很大。衷心希望各位领导一如既往地支持、帮助××发展。各位领导熟悉××，热爱××，工作能力强，接触面广，也一定会对××的发展给予更多的关心和厚爱。多年来，××人民一直想念着曾在××工作过的各位领导，想念着××籍在外市工作的各位领导、同志和朋友们，也盼望着各位领导在方便的时候多回××，探亲访友，视察工作，指导和帮助我们把××的明天建设得更加美好！

现在，我提议：为我们的事业兴旺发达，为我们的友谊与日俱增，为各位领导春节愉快，新年吉祥，身体健康，阖家欢乐，干杯！

二、春节祝酒辞

范例一：

【致辞背景】交通局春节团拜会

【致辞人】交通局领导

各位领导、各位来宾：

在一年一度的新春佳节即将到来之际，我谨代表××交通局向在座的各位，并通过你们向关心、支持××交通工作的社会各界人士，向默默耕耘、无私奉献在一线的系统干部职工拜年，衷心感谢过去一年你们对我局工作的关心和支持，真诚祝福你们全家在新的一年里身体健康、工作顺利、阖家欢乐、万事如意！

刚刚过去的一年是我县交通工作突出中心、服务大局、知难而进的一年。一年来，全局上下以与时俱进、奋发有为的精神风貌，齐心协力，扎实工作，战胜了各种矛盾和困难，交通建设、行业管理、企业经营等项工作都取得了较为理想的成绩，年内不仅优质高效地完成了总投资额高达××××万元的××××工程，向全县人民交上了一份满意的答卷，而且首次成功地向国家计委争取国债资金×××万元用于××大桥建设。总之，通过一年的努力，我们的工作得到了社会各界的肯定，受到了县委、县政府的表扬。成绩和荣誉的取得是县委、县人大、县政府和县政协正确领导的结果，是社会各界关心支持的结果，更与在座各位的辛勤努力、无私奉献是紧密相连的。我再一次对你们的关心、支持表示衷心的感谢。

××××年是贯彻党的××大精神的落实年，更是我们大显身手成就事业的幸运年。新的征程、新的目标、新的挑战，等待我们去竞争、去拼搏、去开拓。

在新的一年里，我们将更加认真贯彻“发展是执政兴国第一要务”的思想，用发展的办法解决前进中的困难和问题，在发展中提高质量，在发展中提高管理水平，在发展中提高安全生产能力，在发展中提高队伍素质，进一步优化县域经济跨越式发展的交通环境，塑造新时期××交通的新形象。

最后，我建议：为我县交通的快速发展，为在座各位和我系统全体干部职工的幸福、健康，干杯！

范例二：

【致辞背景】公司春节酒会

【致辞人】总经理

同志们：

值此新春佳节来临之际，我谨代表公司领导班子向大家致以节日的问

候和新春祝福！

过去的一年，公司全体员工在各自岗位上兢兢业业，辛勤耕耘，使公司的各项工作得以顺利完成。特别是奋战在一线的员工，在工期紧、任务重的情况下，面对种种考验，发扬特别能吃苦、特别能战斗的精神，知难而上，顽强拼搏，表现出高昂的斗志和极大的工作热情，体现出良好的精神风貌，为公司施工任务的圆满完成作出了重要贡献，为公司品牌的树立打下了坚实的基础。在此，我向你们道一声：同志们，辛苦了！同时，对一贯顾全大局、无私奉献的员工家属表示钦佩和衷心的感谢！

新的一年，我们要继续坚持“以人为本”的原则，加快现代企业制度建设步伐，提高技术创新能力，提升企业竞争力，加大培训力度，进一步增强公司的凝聚力、向心力，迎接机遇，面对挑战。

让我们携手并肩，同舟共济，团结一致，鼓足干劲，向着更高更远的目标奋进！

祝各位员工和你们的家人身体健康、新春愉快！最后，让我们用这香醇的美酒来表达心中的喜悦，同志们，干杯！

范例三：

【致辞背景】公司春节酒会

【致辞人】董事长

女士们、先生们，朋友们：

喜悦伴着汗水，成功伴着艰辛，遗憾激励奋斗，我们不知不觉地走进了××××年。今晚我们欢聚在××公司成立后的第×个年头里，我和大家的心情一样激动。

在新年来临之际，首先我谨代表××公司向长期关心和支持公司事业发展的各级领导和社会各界朋友致以节日的问候和诚挚的祝愿！向我们的家人和朋友拜年！我们的点滴成绩都是在家人和朋友的帮助关怀下取得的，祝他们在新的一年里身体健康，心想事成！向辛苦了一年的全体员工将士们拜年！感谢大家在××××年付出的汗水。许多生产一线的员工心系大局，放弃许多节假日，夜以继日地奋战在工作岗位上，用辛勤的汗水浇铸了××不倒的丰碑。借此机会，我向公司各条战线的员工表示亲切的慰问和由衷的感谢。

展望××××年，公司已经站到了一个更高的平台上，新的一年，公司将持续遵循“市场营销立体推进，技术创新突飞猛进，企业管理科学严谨，体制改革循序渐进”的方针，并在上年的基础上继续深化，目的只有一个：全面提升公司的核心竞争能力。我相信××××年是风调雨顺、五谷丰登的一年，××公司一定会更强盛，员工的收入水平一定会上一个新台阶！

雄关漫道真如铁，而今迈步从头越。让我们以自强不息的精神、团结拼搏的斗志去创造新的辉煌业绩！新的一年，我们信心百倍，激情满怀，让我们举起杯来，为更加美好的未来，干杯！

范例四：

【致辞背景】春节家庭聚会

【致辞人】晚辈

敬爱的长辈们：

晚上好！

新春共饮团圆酒，家家幸福加新年。在今天这个辞旧迎新的日子里，我谨代表晚辈们，对在座的各位长辈说出我们的感谢和祝福，祝你们在新的一年里身体健康、万事如意。在生命的旅途中，感谢你们的扶持和安慰，让我们在疲惫时停留在爱的港湾，沐浴着慈爱的目光，在困难时听到不懈的激励，在成绩前理解淡然的和谐之美。

谢谢，感谢有你们陪伴一起走过的每个日夜！

新年新祝福，祝愿长辈们在新的一年里身体健康，心情愉快，生活幸福，干杯！

三、三八妇女节祝酒辞

范例一：

【致辞背景】公司举办的庆祝妇女节的宴会

【致辞人】公司管理层代表

姐妹们、朋友们：

三月的蓓蕾绽放早春第一抹殷红，新女性的诗行演绎着奋进的感动；透过大街小巷流动的情绪，我们感受着节日的和风；女人不再是世界的点缀，巾帼不让须眉，臂膀同样坚强。

值此三八节来临之际，我代表公司管理层恭祝奋战在各个岗位上的姐

妹们，开心快乐，健康成长，幸福永远！

三八节是我们妇女的节日，它体现了社会对女性的关爱，对女性的尊重，对女性的理解；充满了温馨，充满了体贴，充满了爱心；带给我们的是轻松愉快、自尊自信、乐观向上的精神。

女性的地位在日益提高，我们奋战在各条战线、各个岗位的巾帼英雄们建功立业，硕果累累，用自身的实际行动，做出了令人赞叹的业绩，充分展示了女性的风采。三八红旗手、时代女标兵在各行各业中都层出不穷，尤其是在经济高度发展、社会竞争激烈的今天，追求自由、力求上进、敢为人先、不让须眉的精神风貌构筑了当今世界的一道道绚丽风景。

这些无不说明了女性是聪颖的、智慧的；思想是开放的、活跃的；精神是豁达的、乐观向上的；追求是无止境的，力量也是强大的，无不证明了女性是人类发展史上一支强大的生力军，女性用自身的细腻、聪慧、精神和力量谱写并创造着人类的奇迹和辉煌。

再一次衷心地祝愿姐妹们节日快乐！祝大家家庭美满，事业有成，永远开心！也希望大家在以后的岁月里，更加努力地工作，用我们的双手和智慧再创佳绩、再立新功！让我们斟满酒杯，为我们心情灿烂、青春永驻、魅力永恒、人生潇洒，干杯！

范例二：

【致辞背景】妇女节众好友聚会

【致辞人】朋友

各位美丽、睿智、温柔的姐妹们：

情人节的鲜活玫瑰尚未凋零，三八节的温馨气息又扑面而来。在四季之首的春天，万物刚刚复苏，姹紫嫣红的园圃已经百花传情。此时此刻，让人不由想起一句著名的广告词：做女人真好！

第一个把女人比做鲜花的人，是天才；第二个把女人比做鲜花的人，是庸才！然而，把女人比做鲜花的人越来越多了，到底是愚笨的男人越来越多了呢，还是女人出落得越来越漂亮了呢？

女大十八变，越变越好看。女人的一生，是无时无刻不在花季的一生。十岁的女童，是初露蓓蕾的花骨朵，是天真烂漫的小天使，生活在父母亲人的温馨呵护中；20 岁的少女，是含苞待放的香水月季，飞扬在青春萌动的幻想中；30 岁的少妇，是迎春怒放的栀子花，陶醉在千般宠爱于一身的爱意中；40 岁的主妇，是国色天香的牡丹花，显现着雍容端庄的成熟气息；50 岁的半老徐娘，是风韵犹存的九月菊，流溢着清新恬淡的娴雅风度；60 岁的成功女性，是凌霜傲雪丹心碧血的红梅，呼唤着百花绚丽的烂漫春光。如花的娇艳，如花的芬芳，如花的纯真，这难道不是对人类如画江山亮丽风景的由衷赞美吗？

马克思说过：妇女的社会地位是时代进步与文明的寒暑表。

女人正在进入更多社会角色和重要位置，“妇女能顶半边天”既是一代伟人的断言，更是中国妇女地位的写照，她们一面朝着高精尖领域挺进，一面又向着特殊行业渗透。

女人节日牵动着男人的心，可男人又不必太多情，因为女人不会停留在对过去漫长历史的回忆，和超越现实的空想，她们的奋斗变奏着天赋使命，主题正由单一朝着多元化方向扩散，男人并非无能，而是因为女人的世界越来越精彩、越来越多变了。

让我们举起酒杯，祝所有的姐妹们节日快乐！今后越来越快乐！干杯！

范例三：

【致辞背景】交通系统举办的庆祝三八妇女节的茶话会

【致辞人】交通系统领导

同志们：

大家好！

春回大地，万象更新。今天我们在此隆重集会，共同纪念三八国际妇女节。借此机会，我代表处领导班子向与会的全体同志致以节日的问候！并通过你们向支持你们工作的家人表示衷心的感谢！今天，还有几位同志没能来到我们现场，此时她们坚守在自己的工作岗位上，让我们共同向她们表示诚挚的祝福！

回首一年来我们所走过的不平凡路程，所有女士在各自的工作岗位上兢兢业业、无私奉献，以强烈的主人翁意识，将个人利益和公路处的发展紧紧联系在一起，在平凡的岗位上做出了不平凡的业绩。此时此刻，面对一年来取得的成绩，面对在座的同志，我最想说的是感谢你们，你们辛苦了！

在这个特别的日子里，我们不会忘记你们辛勤的劳动和艰辛的汗水。你们为了公路处的发展，发挥了半边天的作用，无论是在六七十摄氏度高

温的摊铺现场，在顶风冒雪的备料途中，还是在马达轰鸣的设备面前，你们舍弃了家庭的温馨，披星戴月、全心全意工作在公路建设事业上，是你们把自己的青春和智慧无私地献给了公路建设事业。更不能忘记的是支持我们工作的家人。为了支持我们的工作，家人无怨无悔地挑起了家庭的重担，让我代表公路处的同志向我们的家人说一声："谢谢你们！"

回顾过去，我们倍感欣慰；展望未来，我们任重道远。××××年我们的工作任务更重，我希望在座的各位一定要精诚团结、奋发进取，认真学习专业知识，不断提高自身素质，向社会充分展示我们公路人良好的精神风貌，塑造我们良好的服务品牌，为全面完成××××年度各项工作作出新的贡献。

最后，我提议：让我们斟满杯中的美酒，共同举杯，祝愿我们所有的女员工节日愉快，生活幸福，阖家欢乐！

四、五一劳动节祝酒辞

范例一：

【致辞背景】职业技术学校举办的劳动节宴会

【致辞人】校长

老师们、同学们：

五一国际劳动节来临了，这是全世界劳动人民共同的节日，值此佳节来临之际，我代表××职业技术学校向全校教师、员工，以及全校同学及家长致以节日的问候！向长期关心××职校的社会各界领导致以真心的祝福，向媒体朋友表示真心的感谢！祝大家身体健康，节日快乐，幸福美满！祝同学们学习进步！

劳动伟大，劳模光荣。在中国建设和改革的各个历史时期，涌现出千千万万劳动模范、先进工作者、优秀知识分子，他们是工人阶级的杰出代表，他们的思想、行为集中反映了时代精神和传统美德，他们胸怀全局、目标远大，爱岗敬业、艰苦奋斗，刻苦学习、勇于创新，严于律己、教书育人、弘扬师德，无论形势和任务发生怎样的变化，这种精神和美德都是我们民族极其宝贵的财富。

办学××多年来，全校师生员工通过不断努力取得了巨大的成绩，我们加强师资队伍建设，加快人才队伍的建设，学校的服务、后勤、教学管理、师资建设都有很大的进步，特别是工作在第一线的老师和我们的教研组人员，是你们的辛勤劳动铸就了××今天的辉煌，是你们的劳动杰作塑造了××的品牌。你们是伟大的，××职校因你们而精彩！

全校教职工同志们，“学高为师，身正为范，团结拼搏，追求卓越”的理念将激励着我们勇往直前！让我们斟满酒杯，为最光荣的劳动者，为我们无限光明的未来，干杯！

范例二：

【致辞背景】五一劳动节表彰宴会

【致辞人】区工会领导

各位领导、同志们：

在这英模会聚、群星荟萃的今天，区委、区政府隆重举行庆祝五一国际劳动节暨表彰大会。借此机会，我谨代表××区工会向全区奋战在各条战线上的建设者致以节日的问候和崇高的敬意。

几年来，我们紧紧围绕区委、区政府确定的工作目标和任务，积极投身于经济建设主战场，在各自的工作岗位上创造出不平凡的业绩，为我市的经济发展和社会进步建立了不可磨灭的功勋。同时涌现了许许多多值得颂扬的先进事迹，这是我们的光荣，更是我们全体劳动者和建设者的骄傲。他们那种爱岗敬业，乐于奉献，勇于开拓，艰苦创业的大无畏精神，为我区的改革、开放、发展、稳定作出了贡献。

我们××区的大开发、大建设、大发展的时机已经到来，我市开发建设速度加快，给我区带来了千载难逢的历史机遇，改革开放和现代化建设必将给全区人民带来美好的、全新的生活环境和社会环境。

同志们！艰难困苦，玉汝于成。要实现我区的宏伟蓝图，全区工人阶级责无旁贷。让我们携起手来，坚定信心，同心同德，真抓实干，奋发图强，牢固树立大局意识和科学发展观，坚持与时俱进，勇于开拓创新，一如既往地支持改革开放和建设大业，积极投身于我市的大开发、大建设热潮，为加快我市的城市化、现代化、国际化进程再立新功，再铸辉煌。

最后，我提议让我们举起酒杯，为我区美好的未来，为我区所有劳动者的幸福安康，干杯！

范例三：

【致辞背景】公司举办的庆祝五一国际劳动节的宴会

【致辞人】公司总经理

全体职工同志们：

春意融融，百草吐芳。在五一国际劳动节到来之际，公司工会委员会向辛勤耕耘、默默奉献在各个岗位上的全体职工同志们致以节日的问候！向多年来忘我工作、无私奉献的各位劳模和先进个人致以诚挚的慰问！

一年来，在公司党委正确领导下，公司呈现出强劲的发展势头，各项工作都取得了可喜的成绩。这些都凝结着你们的心血和汗水，镌刻着你们的奋斗和奉献。你们拼搏奋进、自立自强、开拓进取、锐意创新，积极为公司建设和发展献计献策，在各自的岗位上充分施展了自己的聪明才智。在这个充满激烈竞争的时代，你们用知识和智慧武装自己，丰富自己，充分展示了××的精神风貌。在平凡的工作岗位上，你们爱岗敬业，兢兢业业，无私奉献；你们肩负工作和家庭的双重压力，将满腔热情投入到公司建设的事业之中，为公司的建设和发展作出了巨大贡献，公司工会向你们表示崇高的敬意和衷心的感谢！

职工同志们，公司××规划的蓝图已经绘就，建设××××发展××××的宏伟事业催人奋进，希望你们继续努力奋斗，自强不息，锐意开拓，为公司的改革、发展和稳定再立新功！

我代表公司董事会，敬你们一杯酒，祝你们节日愉快、身体健康、工作顺利、阖家幸福！

五、五四青年节祝酒辞

范例：

【致辞背景】五四青年节举办的全县新老团干部茶话会

【致辞人】县委领导

尊敬的各位领导、同志们：

五四的呐喊响彻天涯，春天的列车准时出发。它驮去一个难忘的岁月，迎来了又一度火红的年华。时光荏苒，犹如白驹过隙。一转眼，又一个激情迸发的五月踏着欢快的脚步向我们走来。五月是全县各族各界青年的节日，更是我们曾经工作在共青团工作岗位和正在共青团工作岗位上辛勤耕耘的新老团干部的节日，为此，团县委在五四运动××周年来临之际，在此举办全县新老团干部茶话会。各位从各条为民战线上热切而来，欢聚一堂，回首过去，憧憬未来，祝福明天。我的心情和大家一样兴奋，一样激动，这是我到××工作以来度过的第一个激动人心的夜晚。在此，我代表县委向全县新老团干部致以五月的美好祝愿，衷心祝愿大家身体健康，生活愉快！向关心、支持共青团工作的各位领导和同志们表示衷心的感谢！

这一次相聚，我们的脸上荡漾着新的喜悦；这一次离别，也必将带给我们崭新的希望。今天这份欢乐，来自全体新老团干部辛勤汗水换来的收获，同时也饱含着我们对各位在我县改革发展中再建新功的殷切期盼，这也是每一位新老团干部此时此刻所有兴奋与激动的源泉。

让我们共同举起酒杯，殷红的葡萄酒里闪耀着我们的红色希望，我们一饮而尽，新的征程一定会尝到美的滋味；让我们共同举起酒杯，金黄色的啤酒里溢流着我们的金色梦想，我们将梦想互相碰撞，新的征程一定会撞出新的火花；让我们共同举起酒杯，佳酿里散发着我们的感恩，我们将感谢撒在地上，新的征程一定会灌溉肥沃的良田。让我们共同举起相聚的酒杯，敞开胸怀，为了我们长久的友谊，更为了开辟共青团事业的新天地，干杯！

谢谢大家！

六、母亲节祝酒辞

范例：

【致辞背景】妇联举办的母亲节活动

【致辞人】妇联领导

敬爱的母亲们：

你们好！

在母亲节来临之际，我代表区妇联向各位母亲致以最温馨的节日问候！

有这样一个人，她永远占据着你心里最温柔的地方，你愿用自己的全部去爱她；有这样一种爱，你无偿地享用，却不求你任何回报……这个人，就是母亲；这样的爱，叫做母爱！母爱，是人类亘古不变的主题！

母爱像那春雨，滋润万物，细腻而温柔；

母爱像那诗歌，悠远纯净，雅致而清淡；

母爱像这水墨画，洗去铅华雕饰，留下清新自然；

母爱像深情的老歌，婉转悠扬，浅吟低唱；

母爱像和煦的风，吹去朔雪纷飞，带来温暖情怀；

母爱是天涯游子的最终归宿，是儿女的一眼清泉，伴随儿女的一饮一啜，丝丝缕缕、绵绵不绝。

想起了母亲，抑郁消沉就会化为意气风发；想起了母亲，疲惫辛苦就会化为豪情万丈；想起了母亲，羁旅漂泊的游子就会萌发回家的心愿；想起了母亲，彷徨无依的心灵就找到了栖息的家园。得意之时，母亲不能在孩子的身边和孩子一起分享成功的喜悦，但她那谆谆教诲总能让孩子不会迷失自己；失意之际，母亲一定能在孩子的身边，她的鼓励及安慰，总能让孩子在逆境中找到自我。

也许，在我们这一生中，有许多人、许多事，经历了转身便会忘记，但在我们的心灵深处，永远不会忘记我们的母亲，永远不会因为岁月的流逝而消减我们对母亲那深深的爱。

在这属于天下所有母亲的共同节日里，我们将深切的感激与崇敬化做一句深深的祝福——愿所有母亲幸福、康安！让我们干杯！

七、父亲节祝酒辞

范例：

【致辞背景】为庆祝父亲节举办的宴会

【致辞人】子女

尊敬的爸爸妈妈、各位兄弟姐妹、各位来宾：

大家好！

今天是个值得纪念的日子，是一年一度的父亲节！我们在这里聚会，为我们的父亲母亲祝福，祝爸爸妈妈幸福安康，福寿无边！

母爱深似海，父爱重如山。据说，选定六月过父亲节是因为六月的阳光是一年之中最炽热的，象征了父亲给予子女的那火热的爱。父爱如山，高大而巍峨；父爱如天，粗犷而深远；父爱是深邃的、伟大的、纯洁而不求回报的。父亲像是一棵树，总是不言不语，却让他枝叶繁茂的坚实臂膀为树下的我们遮风挡雨、制造阴凉。不知不觉间我们已长大，而树却渐渐老去，甚至新发的树叶都不再充满生机。每年六月的第三个星期日是父亲的节日，让我们由衷地说一声：爸爸，我爱您！

每一个父亲节，我都想祝您永远保留着年轻时的激情，年轻时的斗志！

那么，即使您白发日渐满额，步履日渐蹒跚，我也会拥有一个永远年轻的父亲！

让我们共同举杯，为父亲母亲健康长寿，干杯！

八、八一建军节祝酒辞

范例一：

【致辞背景】庆祝八一建军节酒会

【致辞人】县委领导

各位领导、同志们：

今天，我们欢聚一堂，热烈庆祝中国人民解放军建军××周年。首先，我代表××县委、县人大、县政府、县政协，向人民解放军驻×部队全体指战员、武警官兵、预备役军人和广大民兵，致以节日的祝贺！向离退休军人、革命伤残军人、转业复退军人以及军烈属，表示诚挚的慰问！

在人民解放军驻×部队和武警官兵的大力支持和帮助下，全县上下紧紧围绕加快发展这一主题，以科学发展观为指导，经济社会发展呈现出逐渐加快的良好势头，各方面工作全面进步，社会安定，军政军民团结更加巩固，拥军优属、拥政爱民工作再上新台阶。这些成绩和进步都饱含着你们的辛勤汗水和无私奉献。在此，我代表全县百万人民向你们表示衷心的感谢！

驻×部队和武警中队高举邓小平理论伟大旗帜，以“三个代表”重要思想和新时期军队建设思想为指导，按照“政治合格、军事过硬、作风优良、纪律严明、保障有力”的要求，全面加强部队建设并取得了新的成绩；你们牢记全心全意为人民服务的宗旨，发扬拥政爱民的光荣传统，与全县人民同呼吸、共命运、心连心，在圆满完成各项军事任务的同时，积极支持地方经济建设，主动承担急难险重任务，奋力抢险救灾，为保护国家和人民生命财产安全，维护社会稳定，促进××经济发展和社会进步作出了巨大的贡献。

今后，我们将始终不渝地做好拥军优属工作，巩固和发展新型的军政军民关系；继续加强国防教育，努力提高全民的国防观念；切实加强民兵和预备役工作，为建设强大的国防后备力量作出新的努力。也希望驻×部队和武警中队进一步发扬自身的优势，把驻地当故乡，视人民为亲人，一

如既往地支持地方搞好两个文明建设，努力促进驻地经济社会发展。“军民团结如一人，试看天下谁能敌。”让我们进一步加强军政军民团结，同心同德、开拓进取，为共同享有和谐社会作出新的更大贡献。

现在，我提议：为了××的美好明天，为了各位的健康和幸福，干杯！

范例二：

【致辞背景】八一建军节晚宴

【致辞人】商会代表

各位首长、同志们：

在这青翠欲滴、喜获丰收的美好季节，我们怀着无比激动的心情，欢聚一堂，共庆第××个八一建军节。借此机会，我代表××商会，向全体驻××官兵以及现役军人家属、革命伤残军人、军烈属、转业复员军人、军队离退休干部表示节日的祝贺和亲切的慰问！向多年来支持××两个文明建设的军地各级领导、各级干部表示最衷心的感谢和最崇高的敬意！

多年来，勤劳淳朴的××儿女，与驻地部队唇齿相依，携手齐奏了一曲曲动人的双拥乐章，广大官兵把××当故乡，视人民为亲人，积极投身全县两个文明建设，全县经济社会保持了持续、快速、健康、协调发展的良好势头。特别是在危、难、险、急关头，广大军民风雨同舟，患难与共，遇危难而不惧，临险阻而共勉，为保护人民群众生命财产安全作出了重要贡献。让我们同呼吸、共命运、心连心，继续为建设强大的人民军队和富裕、文明、开放的新××而努力奋斗！

现在，我提议：为军政军民团结，为各位首长、同志们节日愉快、身体健康、阖家幸福，干杯！

范例三：

【致辞背景】庆祝八一建军节的晚会

【致辞人】连长

各位首长、战友们：

今天是八一建军节，是我们军人自己的节日，我们欢聚一堂，庆祝建军××周年。

中国人民解放军在中国共产党的领导下，为了使中华民族屹立于世界民族之林而前赴后继，浴血奋战，用鲜血染红了五星红旗，用血肉筑起了新的长城。新中国成立后，我军坚决捍卫祖国的独立、主权和尊严，保卫祖国的领土完整和人民的和平劳动，积极参加社会主义建设事业，促进祖国统一大业，忠实地履行党和人民赋予的神圣使命。

过去的一年里，连队在上级党委的正确领导和全连官兵的共同努力下，全面完成了各项任务。我们的战士个个争先创优，各方面的素质都有长足的进步；我们的干部人人爱岗敬业，成为连队全面建设的带头人。我相信，只要我们官兵齐心协力，我们连还会取得更大的成绩。让我们大家共同书写我连的辉煌连史。祝我们连队的明天更加美好，祝大家节日愉快，捷报频传。干杯！

九、教师节祝酒辞

范例一：

【致辞背景】教师节座谈会

【致辞人】教师代表

尊敬的各位领导：

大家好！

在这硕果累累的金秋时节，我们怀着激动与喜悦迎来了第××个教师节，更怀着感动与幸福来参加省教师节座谈会。作为××的一名小学教育工作者，我感到无上的光荣和强烈的使命感。

在执教的××年中，我从乡镇到城区，从一名中级师范毕业生成长为全国模范教师，真真切切地体验着党和政府对教师的关怀与培养。沐浴着党的阳光雨露，我们欢欣鼓舞、自强自励，积极探索实施素质教育的有效策略，特别是在留守儿童教育方面做了有益的尝试，有力地促进了少年儿童的健康成长。爱和责任，使我们对留守儿童倾注了浓厚的情感；情和执著，铸就了我们对教育事业的无限忠诚。关爱学生、无私奉献，爱岗敬业、勇于创新，这是党和人民对我们的重托，也是我们教育事业永恒的主题。我们将永远沿着这个主题高歌猛进！

最后，让我们共同举杯，祝愿教育事业再上新台阶，祝愿大家身体健康，干杯！

范例二：

【致辞背景】庆祝教师节的晚宴

【致辞人】内蒙古×××中学校长

各位老师：

大家晚上好！

秋风送爽佳节临，丹桂飘香沁人心。在第××个教师节到来之际，我衷心地祝愿大家节日快乐，同时也祝愿今天前来参加晚宴的领导、来宾、朋友们身体健康，万事如意！

××××年×××中学在教育管理、教学质量、职业教育、校园文体等方面实现了新的突破，取得了令人满意的成绩。这些成绩的取得，离不开在座各位的团结拼搏、倾情奉献。教育振兴期学校，人才陶冶仰良师。你们是学校发展的栋梁、振兴教育的希望。在此，我代表学校向所有付出辛勤劳动的园丁道一声：大家辛苦了！

学校的发展离不开上级领导的正确领导，离不开社会各界朋友的关心与帮助，在此，我代表学校向所有关心×××中学发展的领导、朋友们表示最诚挚的谢意！感谢你们对×××中学教育事业的鼎力支持。教育是神圣的使命，需要我们奉献；教育是多彩的艺术，需要我们创新；教育是严谨的科学，需要我们探索；教育是美好的理想，需要我们追求。新的学期，我们确立新的志向，新的征程，我们创造新的辉煌。总结过去，我们无愧于良心，面对未来，我们踌躇满志。我们要拓宽学习领域，苦练教育本领，树师德、铸师魂、塑师表、强师能，修身正己，教书育人，塑造洁身自好、为人师表的道德标杆，历练淡泊名利、精益求精的卓越品质。

老师们，朋友们，让我们以更加饱满的热情、更加昂扬的斗志、更加扎实的作风，尽职尽责、勤奋工作，为×××教育事业的发展和腾飞，为×××中学更加美好的明天再作贡献、再立新功！

现在，我提议：为了我们从事的光荣事业，为了在座各位的身体健康和美好生活，干杯！

范例三：

【致辞背景】全县教育大会

【致辞人】县教育局领导

尊敬的各位领导、各位老师、同志们：

金秋九月桂花香，神洲大地谢恩忙。在全国上下欢庆第××个教师节之际，我们迎来了全县教育大会的召开，这是我县教育事业的一件大事，也是我们优先发展教育、尊师重教的重要体现。下午，我们在这里举行招待宴会，共同祝贺第××个教师节。在此，我代表县各级党组织和全县人民向莅临我县参加大会的各位领导表示热烈欢迎，向这次获得表彰奖励的优秀教师表示热烈祝贺，向一年来奋战在教育战线上的各位领导、各位老师表示诚挚的感谢！并致以节日的问候：祝你们教师节快乐！

我县条件艰苦，发展滞后，社会事业尤其教育更为落后。近年来，我们坚持将教育摆在优先发展的位置，加大教育资金投入，改善办学条件，壮大师资力量，优化教育资源，教学环境明显改观，教育水平全面提升。特别是各位老师默默奉献、辛苦工作，在平凡的岗位上创造了不平凡的业绩，为我县的教育作出积极贡献，我县的教育事业取得了蓬勃发展。但是，我县山大沟深，教学资源分散，提高整体教育水平的路还很长，还需要付出更大努力。今天，我们召开了全县教育大会，进一步明确今后教育工作的发展方向和目标任务，希望各位老师继续发扬甘为人梯的精神辛勤耕耘，扎实工作，为全县的教育事业作出新的贡献，促进全县经济社会科学和谐、又好又快发展。

现在，我提议，为我县的教育事业大发展，为各位领导、老师、同志的身体健康、万事如意，干杯！

范例四：

【致辞背景】××××年××××教育集团庆祝教师节的宴会

【致辞人】教育集团经理

亲爱的各位来宾、老师们：

大家辛苦了！今天是××××年教师节，我谨代表××××教育集团向各位在座的以及今天未能参加聚会的老师们致以诚挚的祝福！祝愿大家身体健康、家庭幸福、事业有成、万事如意！

光阴似箭，岁月如歌。六年来，××××教育集团肩负着为社会培养优秀后备人才以及提升学生学习潜能的神圣使命，兴教强邦，始终奋进在个性化人才培养和先进教育研究的前沿；在集团总部的领导和支持下，××××教育人高举发展个性化教育的光辉旗帜，自强不息，励精图治，在各自的工作岗位上不断书写人生的辉煌。从岁月的光芒中，我看到了大家心系教育、教书育人、服务社会、乐于奉献的壮志豪情，也看到了大家对××××教育集团可持续发展的殷切期望。

继往开来，再创辉煌。过去的一年，在全体教职员工的辛勤付出与共同努力下，我们走过了一条洒满汗水又充满喜悦的道路，沿着这条路我们更加从容、豪迈地走向未来。任重道远，共谱华章。今后××××教育集团将迎来更大的挑战与市场机遇。在此，我真诚地感谢大家对××××教育集团的每一份辛劳与付出，也殷切地期盼大家在成绩面前戒骄戒躁，继续发扬艰苦朴素、求真务实、教书育人、服务社会的优良传统；希望大家群策群力，团结友爱，不断学习与提高自身素质，把工作做得更好更细致，共谱××××教育未来发展的新篇章！

同舟共济，携手并进。让我们为××××教育集团灿烂美好的明天而奋斗吧！

我提议大家举起酒杯，为今日的教师节，为即将到来的中秋佳节，干杯！

十、中秋节祝酒辞

范例一：

【致辞背景】建筑公司中秋团拜会

【致辞人】县委领导

尊敬的各位总经理、各位工程师、各位业务骨干，同志们、朋友们：

晚上好！

海上生明月，天涯共此时。我们十分高兴地迎来了一年一度的中秋佳节，这是一个团圆和庆祝丰收的节日。今天，我们欢聚在这里，共度中秋佳节，表达的是盼望团圆的心情，实现的是一个共同的目标，体现的是××这个温馨家园的浓浓之情，表达的是县委、县政府对各位的真诚感激与关爱。在此，我代表中共××县委、县政府和开发建设前线指挥部对××公司多年来的支持与合作表示衷心的感谢！向参与开发建设的各位同仁致以最真挚的节日问候和美好的祝福！

中秋节是一年中月亮最圆的时候，家和业旺，人聚业兴。我们今天的开发建设之所以能够取得重大突破和进展，之所以能够引起社会各界的关注和支持，不只是因为我们××人经过了××多年的不懈努力和执著追求，更因为拥有你们——创造这一切成就和财富的工作伙伴。是你们辛勤的工作保证了开发建设的顺利推进，是你们的技术攻关保证了难点问题的重点突破，是你们忘我的付出保证了××对外良好形象的树立。你们勇挑重担，忠诚敬业，你们吃苦耐劳，甘愿在我们设施还不太完善，环境还不太优美的××工作和生活，甘受清贫。你们的努力我们看到了，听到了，也感受到了，我们由衷地感激你们！××能有今天的成就和强大的发展势头，离不开大家的奉献和忠诚，也离不开大家的帮助和支持。××发展了，功劳是你们的！××腾飞了，功劳也是你们的！

“素月分辉，银河共影，表里俱澄澈。”我们共同追求梦想，我们共同创造财富，我们更追求成功。开发建设工程浩大，前景广阔，进入全面实施的新阶段，下一步的工作任重而道远。但我们庆幸，有你们这样一批业界的精英高手和业务骨干，一起参与开发建设，一起融入××这个大家庭里，××这个“家”的凝聚力一定会增强，××这个“家”的内涵一定得到延伸，大家都在拼搏中展示自我，大家都在各自的工作岗位上履其职、尽其责，求真务实，真抓实干。我们相信有在座各位的齐心协力，同舟共济，你们一定会在磨炼中成长，在竞争中成熟，你们公司的发展和开发建设一定会取得新的辉煌，你们各位也一定能为××贡献越来越多的智慧和财富。愿大家在××如中秋月，瑞光万丈，奋发有为；也愿你们在××的大家庭里，潇洒青春，辉煌生命！

最后，我再一次向大家致以最美好的祝愿，并通过你们，向你们的家人致以亲切的问候。我提议：为了×××的顺利开发，为了朋友们的健康快乐，也为××辉煌灿烂的明天，干杯！

祝愿大家节日愉快，工作顺利，幸福安康！

范例二：

【致辞背景】全市各界代表参加的中秋酒会

【致辞人】民主党派代表

各位领导、各界朋友，女士们、先生们：

金风送爽，今天，我们欢聚一堂，共同庆祝中华民族的传统节日——中秋佳节。欣逢盛世，我们同样也怀着十分喜悦和激动的心情，在这里与全市各界朋友一起，共同庆祝祖国的繁荣昌盛。借此机会，请允许我代表全市各民主党派、工商联、民族宗教、党外干部、党外知识分子，向在座的各位领导和各界朋友致以崇高的敬意、衷心的问候和节日的祝贺！

肝胆相照，荣辱与共。在这共度中秋，共庆盛世的时刻，我们不会忘记过去的艰难岁月，不会忘记中国共产党领导全国各族人民走向胜利的光

荣和伟大。中国革命和实践证明，坚持统一战线，坚持中国共产党领导下的多党合作和政治协商制度，坚持各民族的大团结，是促进祖国发展壮大，人民幸福安康的重要政治保证。因此，我们必须牢记：坚持中国共产党的领导，坚持四项基本原则，在中国共产党的领导下，共同致力于祖国统一和中华民族复兴的千秋伟业。

长期共存，互相监督。我们也欣喜地看到，××自××××年建市以来，民主政治建设取得了巨大成就：民主党派成员从最初的几名成员发展到现在的××××多人，民主党派组织从无到有，发展到现在的×个市级委员会。特别值得欣慰的是，在中共××市委的重视和努力下，我们民主党派市委机关办公地点也在中秋佳节、国庆佳节之际喜迁新居；全市各族各界代表人士通过各级人大、政协，参与政治协商、民主监督的政治舞台和参政领域也更加宽广。我们相信，在中共××市委的领导下，全市民主政治制度将会进一步健全和完善。

海上生明月，天涯共此时。我们全市各族各界人士，将紧密团结在以胡锦涛同志为总书记的党中央周围，沐阳光雨露，求春华秋实，为祖国统一，贡献出我们的忠诚、我们的智慧、我们的力量，为铸就××美好辉煌的明天而共同奋斗！

让我们共同举杯，为中华民族的伟大复兴，为全市小康社会建设，干杯！

范例三：

【致辞背景】私立中学举办的中秋团拜酒会

【致辞人】私立中学董事会代表

各位老师：

大家好！

一年一度的中秋佳节，迈着轻盈的脚步，伴着迷人的夜色，款款而至。“地得清秋一半好，窗含明月十分圆。”正是这拨动人心的中秋之夜，使天下所有人都沉浸在“千里共婵娟”的美好与幸福之中，它引得古往今来多少文人墨客为之咏唱吟哦。然而令人略感遗憾的是，今晚我们有许多老师只能留在校园，与自己的学生相伴，而不能与家人团聚。还好，今晚董事长以团拜酒会的形式把大家聚集在一起，以此来弥补有些老师不能与家人团聚的缺憾。董事长对各位老师的真切关爱和体谅之情令人感动，在此我和各位老师对董事长的盛情和美意表示衷心的感谢！同时我也受董事长委托，代表董事长、行政会对各位老师表示节日的问候和美好的祝愿！

中秋之夜是一年中月亮最圆的时候，家和事旺，人聚校兴。××中学之所以能四年四大步，年年上台阶，教学质量不断提升，办学特色逐步凸显，办学规模不断扩大，社会声誉与日俱增，这不仅得益于董事长的高瞻远瞩，科学决策和定位，得益于全校学生的努力拼搏、风雨兼程，更得益于××中学拥有你们——为××中学发展壮大默默奉献、辛勤耕耘的各位老师。是你们精诚合作、群策群力，保证了学校整体工作的健康有序发展；是你们刻苦钻研、忘我付出，保证了学校的教育教学质量年年都有新的突破。我们由衷感谢你们！××中学的发展、腾飞，功劳是你们的！

各位老师，我们追求梦想，更追求成功，××中学的发展前景一片大好。百舸争流千帆竞，勇立潮头唱大风。我坚信有在座各位齐心协力，同舟共济，××中学的明天一定会更加辉煌。

最后祝大家节日愉快，工作顺利，家庭幸福安康！也希望各位老师值此良宵，尽兴举金樽，以酒消相思！干杯！

范例四：

【致辞背景】济南商会中秋酒会

【致辞人】商会负责人

尊敬的各位领导、各位老乡、各位朋友，女士们、先生们：

今晚，我们欢聚一堂，共同庆祝中秋佳节。在此，我谨代表××市××商会祝大家中秋快乐，身体健康，阖家幸福。

中秋佳节是团圆的时刻，也是感恩的时刻。曾经，我们都是寂寂无名的青年，对父母、对领导、对家庭、对社会都难有担当。在这片因泉水而灵动的土地上，我们终于成为一个家庭的脊梁，成为一个团队的负责人，成为影响济南商业的一份力量。此时此刻，我们特别想念自己的父母，感谢他们给予我们无私的、永不离弃的爱；我们特别想念自己的职业领路人，感谢他们给予我们成长路上的教诲；我们也特别感谢领导、师长、妻子、儿女、同事和我们的朋友，感谢他们赐予我们事业的推力，给予我们生活的助力，激发我们奋斗的动力。

中秋佳节是团圆的时刻，也是期盼的时刻。今年六月，在在座各位领导的鼎力支持下，我们终于成立了××商会，开启了我们打造百年商会的

光辉历程。目前，商会正处于初创阶段，需要我们共同关心爱护。在商会，我希望我们都互称老乡，在这座城市里如同兄弟姐妹；我希望我们都互称同学，在各种会议仪式的活动中交流启迪；我希望我们都互道珍重，在工作和生活的往来沟通中结成莫逆之交。有人说：政策是阳光，政府是土壤，企业家是种子。我也期盼各位领导一如既往地关心支持××商会，关心××人，让每一个来自××的创业种子都拥有温暖的阳光，扎根肥沃的土壤，长成参天的大树。

我感觉，岁月让我们懂得，生活反复证明一个道理：朋友比客户重要，家庭比业务重要，健康比业绩重要，快乐比财富重要，今天比明天重要！我请求各位政府领导和企业领导忘掉繁忙的工作，忘掉意味着责任的领导职务，把现场交给唯一的领导——晚会的主持人。让我们超脱一次，轻松一回，开怀地笑，天真地发呆，放心地酒醉！

现在，我提议：让我们共同举杯，祝愿大家健康快乐！干杯！

十一、国庆节祝酒辞

范例一：

【致辞背景】迎国庆大会

【致辞人】区领导

女士们、先生们，同志们、朋友们：

今天，我们大家欢聚一堂，隆重庆祝中华人民共和国成立××周年。在此，我代表××区政府向辛勤工作在各条战线上的全区各族人民致以节日的祝贺！向为××区的繁荣和进步作出杰出贡献的离退休老干部、老同志致以亲切的问候！向外国专家和留学生代表，向所有关心、支持××区建设和发展事业的国际友人，表示衷心的感谢！

今天是新中国成立××周年。××年来，在中国共产党的领导下，全体中华儿女团结一心、艰苦奋斗，在一穷二白的废墟上建设了一个人民生活总体达到小康水平，各项事业蓬勃发展的新中国。特别是改革开放以来，在邓小平理论和“三个代表”重要思想的指引下，形成了一条有中国特色的社会主义道路，综合国力显著增强，国际地位日益提高。我们伟大的祖国欣欣向荣，蒸蒸日上，巍然屹立在世界东方。

伴随着共和国前进的步伐，我区彻底摆脱了帝国主义侵略和封建农奴制的羁绊，开辟了从黑暗走向光明、从落后走向进步、从贫穷走向富裕、从专制走向民主、从封闭走向开放的新时代。现在的××区，经济发展，社会进步，局势稳定，民族团结，边防巩固，人民安居乐业。这些成就的取得，是党中央英明领导的结果，是中央关心、全国支持的结果，××区的发展印证了一个伟大真理：只有在中国共产党的领导下，只有在祖国大家庭的怀抱中，只有坚定不移地走建设中国特色社会主义的道路，××区才有繁荣进步的今天和更加美好的明天！回顾共和国走过的光辉历程，我们感到无比的骄傲自豪，展望未来，我们充满必胜信心。我们坚信，在邓小平理论和“三个代表”重要思想的指引下，在以胡锦涛同志为总书记的党中央的坚强领导下，我们一定能够战胜各种困难，实现跨越式发展和全面建设小康社会的宏伟目标，为中华民族的伟大复兴作出应有的贡献！

现在，我提议：为伟大祖国的繁荣富强和各族人民的幸福，为在座的各位来宾和同志们的健康，干杯！

范例二：

【致辞背景】国庆节招待会

【致辞人】市领导

女士们、先生们，同志们、朋友们：

今天，我们在这里欢聚一堂，热烈庆祝中华人民共和国成立××周年。首先请允许我代表我们市人民政府，向光临招待会的中外来宾，表示热烈欢迎！

新中国成立××年来，特别是改革开放以来，中国发生了历史性巨变。在这新世纪的起步之年，中华民族迈开了实现伟大复兴的雄健步伐，神州大地充满生机。

我市同全国一样，处处呈现出欣欣向荣的景象，经济建设保持了良好的发展势头，人民生活进一步改善，科技、教育、文化、卫生等各项事业蓬勃发展。回首以往，我市取得的每一个进步、每一项成就，都离不开中国共产党的正确领导，都凝聚着全国人民以及海内外朋友的大力支持和全市人民的团结奋斗。借此机会，我向所有参与和关心我市建设与发展的同志们、朋友们，表示由衷的感谢和诚挚的敬意！

各位来宾、各位朋友，将我市逐步建设成为现代化国际大都市和国际经济、金融、贸易、航运中心之一，是我们新世纪发展的战略目标。我们要戒骄戒躁，再接再厉，努力完成今年的各项任务，在新世纪创造新的辉煌。

最后，我提议：为庆祝中华人民共和国成立××周年，为各位来宾和朋友的身体健康，阖家欢乐，干杯！

范例三：

【致辞背景】国庆节招待会

【致辞人】市领导

女士们、先生们，同志们、朋友们：

××年激情岁月，××载春华秋实，伟大的中华人民共和国迎来了又一个华诞。今夜，万众欢庆，××××胜友如云。在此，我代表市政府，向全市人民和在我市工作、生活的海内外朋友，致以亲切的问候！向所有关心和支持我们发展的同志们、朋友们，表示衷心的感谢！

新中国成立××年来的光辉历程，显示了中华民族不屈的意志和旺盛的生命力。伴随着祖国的腾飞，我们的发展日新月异。在这座充满活力的城市，勤劳勇敢的人民正在用智慧和汗水建设自己的美好家园。今年以来，在党中央、国务院坚强领导下，我们把树立和落实科学发展观贯穿于各项工作的始终，坚决、积极、全面、有力地贯彻落实中央宏观调控政策，并取得了显著成效，全市经济保持平稳健康发展，各项社会事业全面进步，城乡人民生活继续得到改善。

沧桑巨变今胜昔，明珠熠熠耀浦江。中央要求我们率先全面建成小康社会，率先基本实现现代化，这是我们的光荣使命。我们要紧密团结在以胡锦涛同志为总书记的党中央周围，高举邓小平理论和“三个代表”重要思想伟大旗帜，求真务实，艰苦奋斗，开拓创新，服务全国，向着社会主义现代化国际大都市和国际经济、金融、贸易、航运中心之一的宏伟目标迈进！

现在，我提议：为庆祝中华人民共和国成立××周年，为伟大祖国的繁荣昌盛，为各位来宾和朋友的身体健康，干杯！

十二、重阳节祝酒辞

范例一：

【致辞背景】区委办公室离退休老干部重阳节晚会

【致辞人】区委干部

尊敬的各位老领导、同志们：

岁岁重阳，今又重阳。今天，我们与各位老领导、老同志欢聚一堂，共庆我国传统节日重阳佳节，感到由衷的高兴。在此，我代表区委办公室全体职工向你们表示节日的慰问，并致以崇高的敬意！

我虽然有多年在区政府办公室工作的经历，但对区委办公室的工作较为陌生，可以说还是一名新兵。我也深知，区委办公室所取得的每一点成绩和进步，都离不开各位老领导的关心、理解和支持。在这里，我也希望各位老领导、老同志一如既往地关注区委办公室，为我们工作把关定向。我们一定以各位老领导为榜样，继续保持和发扬党的优良传统和作风，不断推进区委办公室的工作。

尊重老同志就是尊重党的历史，爱护老同志就是爱护党的财富。在你们面前，我们永远是晚辈，永远是学生。在区委办公室这个大家庭里，我们是你们的子女和亲人。记得有位哲人曾经说过这样一句话：不尊重老人的人，不可能是一个真诚的人，也不可能是一个值得信赖的人。因此，尊重和孝顺老人，是做人做事的起码要求。我们区委办公室历来就有尊老爱老的优良传统，我们一定会团结全体干部职工，继续重视老干部工作，继续按照“再苦不能苦老同志，再难也要从优照顾好老同志”的要求，喜老同志之所喜，忧老同志之所忧，更富有成效地做好老同志工作，在思想上关心老同志，在生活上照顾好老同志，确保老同志待遇，真心诚意解决好各种实际困难，努力把为老同志服务的工作做得更细、更实、更好。我们衷心祝愿各位老领导、老同志晚年幸福，老有所乐，老有所为，继续为建设富裕文明、和谐安康的新××发挥余热，献计献策，作出新的贡献。

最后，受×××副书记委托，我代表区委办公室全体干部职工，向各位老领导、老同志献上一杯薄酒。

现在，我提议：为各位老领导和老同志生活幸福、健康长寿，干杯！

范例二：

【致辞背景】学校举办的庆重阳晚宴

【致辞人】校长

尊敬的各位老教师、老前辈：

你们好！

岁岁重阳，今又重阳，不似春光，胜似春光。今天是我国传统佳节——九九重阳节，在此，我代表学校党、政、工向尊敬的老教师们、老前辈们表示最热烈的节日祝贺！祝愿你们福如东海长流水，寿比南山不老松；同时祝愿所有的长辈增福、增寿、增富贵，添光、添彩、添吉祥；也祝每个家庭都幸福安康，事业发达，工作顺利！

家家有老人，人人都会老。各位老前辈，××学校建校已经有一百多年的历史了。在过去的一百多年艰难曲折的发展过程中，一批又一批的教职工怀着对教育事业的无限忠诚，以强烈的事业心和高度的责任感，在××学校这块热土上抛洒自己的青春和热血，为学校的发展奉献了自己的力量，建立了光荣的业绩。今天，你们虽然离开了学校，离开了原来的教育教学工作岗位，但仍然“老骥伏枥，志在千里”，依然在关心关注着学校的发展和支持学校的各项工作，并用长期积累起来的丰富知识和经验，通过各种方式继续为人民服务，为国家的改革、发展、稳定作出新的贡献，你们应该受到××学校全体师生的尊重，受到全社会的尊重！老教师们、老前辈们，××学校的发展，渗透了你们老一辈教育工作者的汗水和心血，离不开你们的辛勤探索和奉献。学校的一砖一瓦都铭刻着你们献身教育事业的功劳，学校的一草一木都浸润着孜孜求索的深情。××学校是我们共同工作、耕耘的园地，你们既是我们的同事，又是我们的长辈，更是我们的老师。在你们身上，我们学到了“衣带渐宽终不悔，为伊消得人憔悴”的敬业精神，学到了真诚坦荡、相互尊重的待人哲理，学到了治学严谨、一丝不苟的良好作风。感谢你们多年来对我们的关心、鼓励和帮助，感谢你们为学校发展作出的突出贡献。学生不会忘记你们，老师不会忘记你们，社会不会忘记你们！

老领导们、老教师们，你们是学校的财富，是你们的辛勤耕耘、你们的奉献为××学校辉煌的今天奠定了基础，对于你们为××学校发展所作的贡献，我们不能忘记，也不会忘记。今天，你们虽然退出了工作岗位，但你们的思想、你们的作风、你们的威望仍留在学校，成为××学校的文化底蕴，更鞭策并激励着我们不断探索、不断进取，××学校全体师生需要你们对学校一如既往的帮助和支持，也离不开你们的关心和关注，学生感谢你们，老师感谢你们，学校感谢你们！

各位老前辈、老教师，社会在发展，时代在前进，随着经济的发展和文明程度的提高，老年人的物质文化生活将会进一步得到改善，老龄事业的春风将会骀荡神州大地。老年人虽然没有春天的鲜艳，但仍拥有金秋的丰盈。朝霞固然灿烂，晚霞同样壮观。在这里，我敬诸位一杯酒，再一次祝愿各位尊敬的老同志节日快乐，祝各位老前辈身体健康，愿你们如青松不老，古枫吐艳，晚菊傲霜，在欢乐、宁静、温馨、和谐中度过幸福的晚年，为我校的发展发挥余热，再立新功。干杯！

十三、记者节祝酒辞

范例一：

【致辞背景】某市举办的记者节晚会

【致辞人】新闻出版局领导

尊敬的各位记者、新闻工作者们：

大家晚上好！在这金菊吐翠、稻米飘香的美好日子里，我们欢聚一堂，共同庆祝即将到来的11月8日——一年一度的中国记者节。首先，我代表××××向各位记者和广大新闻工作者表示节日的祝贺和诚挚的谢意！

回首这一年，大家在不同的岗位上挥洒着自己的青春和汗水。我现在想引用一句话来总结大家一年来的辛勤工作，一位百姓来信这样说道："你们以真实的镜头聚焦家乡的变化，用激昂的篇章报道我市的发展。在田间地头、施工现场，都能看到你们辛勤工作的身影。可以说，你们担负起了'双肩担道义，妙手著文章'的责任，无怨无悔，一路前行。"

近年来，我市的外宣工作取得了突破性进展；内宣工作进一步发挥广播电视的主渠道作用，栏目和设备不断更新、采编播质量不断提高，为经济社会各项事业的发展营造了良好的氛围。外宣、内宣并蒂花开，结下了丰硕的成果。

在此，我提议：让我们共同举杯，祝贺大家一年来取得的骄人成绩，也感谢大家一年来辛勤的工作！干杯！

范例二：

【致辞背景】庆祝记者节招待宴会

【致辞人】县委领导

各位领导、同志们、记者朋友们：

在这秋色宜人的美好季节，我们迎来了新闻工作者自己的节日——第×个记者节，值此喜庆之际，我谨代表县委、县人大、县政府、县政协向

辛勤工作在新闻战线上的同志们致以节日的问候和诚挚的祝贺！

彩笔绘蓝图，丰收喜悦多。一年来，全县新闻工作者牢记职责，不辱使命，在县委、县政府的正确领导下，以科学发展观为指导，以极大的工作热情和忘我的奉献精神投身全县经济建设和改革发展的伟大实践中，积极宣传中国特色社会主义理论，宣传党的路线、方针、政策，宣传我县经济建设和社会发展的丰硕成果；真实反映全县人民艰苦创业的精神风貌，真实记载我县经济社会发展的历史进程，坚持党性，贯彻“三贴近”原则，淡泊名利、不计得失，无论严寒酷暑，不分黑夜白昼，奔波在现场，奋笔于案头，以出色的工作和骄人的业绩圆满完成了各项宣传工作任务，赢得了社会各界的赞许；用辛勤的耕耘和无私的奉献书写了人生最为辉煌灿烂的篇章，诠释了“无冕之王”的深刻内涵，为全县经济社会的科学发展、率先发展、转型发展提供了强有力的舆论支持。

新闻是舆论的先导，新闻战线是党的宣传工作的主阵地。新闻工作者是舆论的引导者，是正义的守望者，是人民群众的代言者，是思想教育的先行者，担负着传播科学理论，宣扬先进文化，反映百姓心声，匡扶人间正义，讴歌时代精神的崇高职责，担负着为改革造势，为发展鼓劲，为稳定减压的光荣使命。新闻职业，是最具创造性、挑战性和社会责任的职业；记者，是这个时代最可爱、可敬、可亲的人之一。

今天，站在新中国成立××周年的新起点上展望未来，新闻工作任重道远，大家一定要一如既往、再接再厉，与互联网技术、信息技术的新进步赛跑，与人民信息需求的新变化赛跑，与媒体融合的新速度赛跑，不断提高自身素质，努力把自己锻炼成政治坚定、爱岗敬业、业务精通、党和人民满意的优秀新闻工作者。要进一步继承优良传统，弘扬朴实作风，继续坚持党的基本路线，坚持新闻工作原则，紧跟时代步伐，全力履行职责，始终高举旗帜，围绕大局，服务人民，改革创新，充分发挥喉舌作用，为全面开创我县新闻工作新局面，为经济社会又好又快发展作出新的更大的贡献。

现在，我提议：为同志们身体健康、事业有成、家庭幸福，为新闻事业的发展进步，干杯！

范例三：

【致辞背景】庆祝记者节文艺晚会

【致辞人】××市广电局领导

各位领导、各位来宾：

大家好！

在新中国第×个记者节即将来临之际，今天市广电局以举行文艺晚会的形式，庆祝这一属于广大新闻工作者自己的节日。在此，我谨代表中共××市委，向奋战在新闻工作第一线的同志们，致以亲切的慰问和良好的节日祝愿！

新中国的记者节，是以1937年11月8日由范长江等左翼新闻工作者发起成立的中国青年新闻记者协会为标志而设立的，半个多世纪以来，特别是改革开放以来，我们的广大新闻工作者积极唱响主旋律，打好主动仗，大力宣传我们改革开放和社会主义现代化建设的伟大成就，为推进××经济的发展和社会的全面进步作出了积极的贡献。

当前，改革开放和现代化建设正处在重要的战略机遇期，我市正在全面实施“经济、城市、社会”三大转型，推进城乡一体化战略。在新的历史条件下，广大新闻工作者肩负着更加重大的历史责任。我们一定要紧紧围绕市委、市政府的工作中心，紧扣发展这一时代主题，始终坚持正确的舆论导向；要用马克思主义新闻观指导我们的新闻实践，努力提高新闻工作者的思想政治素质和业务工作水平；要按照“三贴近”的要求改进我们的新闻宣传，把镜头对准基层，把版面留给群众，努力提高新闻宣传的针对性和实效性，为××实现更高水平的小康社会和率先基本实现现代化提供强大的精神动力和舆论支持。最后，让我们斟满酒杯，为新闻事业的美好未来，为记者朋友们的锦绣前程，干杯！

十四、圣诞节祝酒辞

范例一：

【致辞背景】公司庆圣诞迎新年酒会

【致辞人】公司经理

各位来宾、各位同仁、朋友们：

今天是一年一度的圣诞节，再过几天就是新年了。我们欢聚一堂，用美酒，用歌声，用激情共同欢庆即将到来的新年。

今年，我们全体同仁起早摸黑，勤勤恳恳，不怕苦、不怕累，任劳任

怨，刻苦钻研新产品、新技术，凝聚核心优势，狠抓产品质量，努力开拓市场渠道，创新工作方法，公司品牌形象得到了较大提升，员工职业素质和技术水平有了较大程度提高，公司的技术能力、服务能力、市场发展能力明显增强，为公司在新的一年展翅腾飞打下了坚实的基础。这一切，是公司全体同仁共同努力的结果，是各位朋友关爱支持的结果。

××××，是个好年份，是个吉祥的年份，国家经济持续稳定发展，让我们趁着这大好时机，借整个国家经济快速发展的强劲东风，鼓足干劲，奋勇向前，使我们各项工作在新的一年达到一个新境界，上升到一个新水平，个人收入得到新突破，一切都有新起色。

“感恩的心，快乐地行”，这是我们××企业的核心价值理念。感谢过去，感谢所有为企业作出贡献的新老朋友以及各位同仁。祝大家在新的一年里工作顺利、身体健康、家庭幸福！

工作是为了快乐地生活，快乐地生活将促进我们更好地工作。让我们举起酒杯，慢慢品尝这葡萄美酒、这琼浆玉液，在回味中体会，在体会中沉醉。沉醉是我们的快乐，沉醉是我们的幸福。醉翁之意不在酒，而在于我们对理想的追求，在于我们的努力和奋斗。

来，让我们为节日干杯！为更加美好的未来干杯！

谢谢大家！

范例二：

【致辞背景】圣诞前夜的冷餐会

【致辞人】分公司经理

各位同仁、各位朋友、同志们：

大家晚上好。今天是圣诞节的前夜，一个令人非常愉快的日子，今晚，我们有机会在一起欢聚，我感到很高兴。在这里，我们感受的不仅是圣诞喜庆的气氛，更是我们公司发展壮大的幸福和快乐。云卷云舒，花开花落，又是一年。一年来，大家在董事会的带领下，团结奋斗，勤奋进取，开拓创新，走过艰辛，迎得了辉煌。你们的付出让我们感动，你们的精神让我们自豪，你们的成绩让我们骄傲！在此，我代表分公司党委、总经理向你们表示热烈的祝贺和诚挚的谢意！希望你们继往开来，与时俱进，百倍地珍惜过去的荣誉和成就，把它变成前进的巨大动力，奋勇拼搏，不懈努力，力争百尺竿头，更进一步。

今天的圣诞晚会给了我们相聚的机会，也将给我们一个愉快的夜晚。最后，请大家举杯，为我们分公司的昨天、今天和明天，也为大家的幸福和健康，干杯！祝大家圣诞快乐！

范例三：

【致辞背景】 平安夜的朋友聚会

【致辞人】 朋友

亲爱的朋友们：

大家晚上好！

圣诞节前同欢乐，平安夜里共祝愿。在这个充满祥和的夜晚，我想对朋友们说：Merry Christmas！圣诞快乐！在这个热情洋溢的晚上，让我们和圣诞老人一起，驾着雪橇把最深的祝福传递，祝愿所有的人都有一个美丽的圣诞节；更祝愿圣诞树上轻轻飘落的雪花，送给人间平安的问候！在这个美好的晚上，让我们共度好时光。欢聚一堂的我们，将会拥有一份份深情的祝福、一首首动听的舞曲、一份份小小的礼物、一份份意外的惊喜！你快乐、我快乐、大家快乐，我们将会有快乐的圣诞节！幸福的平安夜！

当大街上传来“叮叮当，叮叮当，铃儿响叮当……”的歌声，当橱窗里摆满五花八门的圣诞礼物，当身着红裤红袄的白须圣诞老人频频亮相，当象征生命长存，挂满各种灯烛、彩花、玩具、星星等礼物的圣诞树亮丽成风景，我们的心就开始期盼圣诞节的来临。因为忙忙碌碌的我们，已经很久没有彼此问候，很久没有把酒同欢，很久没有促膝相谈，我们渴望平安夜里悠扬回荡的钟声唤醒爱的氛围，让爱照亮我们的来路和归途，让爱在这生命复苏的季节，化作千万个祝福，祝福人间的亲情、友情和爱情。今天，圣诞的祝福、愉快的记忆、人间的挚情，都终于走近了我们大家。愿圣诞之光普照大家的每一个日子，愿阳光鲜花洒满大家的人生旅程。

音乐响起来了，让我们举起酒杯，愿祥和的旋律伴随大家欢度今宵，再次祝大家圣诞快乐！永远快乐！

范例四：

【致辞背景】 圣诞联欢会

【致辞人】 班长

尊敬的老师们、亲爱的同学们：

过去的一年，我们有幸跨入××大学，并且即将完成第一个学年的学

习，我觉得这是我们人生征途中一个不小的成就，所以在这里我祝大家成功地完成这一跨越，并希望在新的一年里更上一层楼，不仅学业进步，而且事业有成！除此以外，我还要祝已经成家的同学幸福美满！也祝正在热恋或准备恋爱的同学能够心想事成！

最后我提议：让我们为同学之间的友谊，为师生之间的友谊，干杯！

常用祝酒辞

◎元旦祝酒佳句

◆岁末年首，××人提议做个嘉年华活动，大家聚到一起，为我们的沙龙、我们的职业、我们的城市，干杯！

◆岁自更新春不老，花多增艳水长流。现在，我高兴而友好地提议：让我们举起酒杯，为我们的祖国更加繁荣富强，为我们在新的一年里取得更大的成就，为我们的生活更加美好，干杯、干杯、再干杯！

◆女士们、先生们，朋友们！我提议：举杯吧，所有关心××发展的人们，为××更加辉煌的明天，干杯！

◆最后我提议：让我们共同举杯祝××房地产业明年更加辉煌，祝在场所有的朋友身体健康，全家幸福，新年快乐，干杯！

◆女士们、先生们，朋友们！现在，我提议：让我们共同举杯，为在座各位在新的一年里工作顺利、身体健康、事业有成、阖家幸福，干杯！

◆祝愿你和你身边的亲朋好友在新的一年里，所有的希望都能如愿，所有的梦想都能实现，所有的等候都能出现，所有的付出都能兑现，诚挚地祝福你：福气多多，快乐连连，万事圆圆，微笑甜甜。

◎春节祝酒佳句

◆这是春天的宴会，这是春天的酒，我提议：为朋友们的新春相聚，干杯！

◆值农历新年之际，我提议为×××干杯！感谢其无私的奉献！同时，为同志们的健康，干杯！

◆风和日丽，阳光明媚。为我们的相识，为我们快乐的春节，为我们的坦诚交流，为我们的友谊，干杯！

◆女士们、先生们，朋友们！现在我提议：为我们的事业兴旺发达，为我们的友谊与日俱增，为各位嘉宾春节愉快、鸡年吉祥、身体健康、阖家欢乐，干杯！

◎三八妇女节祝酒佳句

◆我提议为明朗的天空，为女人，为鲜花和美酒，干杯！

◆女士们、先生们，朋友们！现在，我高兴而友好地提议：为美丽的姑娘、美丽的女人，为今天令我们所有人赞叹的女人、怀有秘密的女人，干杯！

◆鲜花赞美女，盛宴会佳人。举杯同相庆，来年春又春！

◆让我们斟满美酒，共同举杯，祝愿我们所有女员工节日愉快、生活幸福、阖家欢乐！干杯！

◎五一劳动节祝酒佳句

◆美酒敬模范，红花献英雄。为我们的劳动模范，干杯！

◆奇迹非奇，劳动可创造；高山不高，只要肯登攀。为劳动，为我们的成就，干杯！

◆千方百计创造物质财富，万众一心建设精神文明。让我们为永恒而伟大的劳动，干杯！

◆一颗雄心，敢创四化千秋业；两只巧手，能描九州万代春。为祖国，为劳动人民，干杯！

◆起万里雄风，同心同德建四化；集十亿英才，群策群力兴中华。让我们斟满酒杯，为最光荣的劳动者，为我们无限光明的未来，干杯！

◎ 母亲节祝酒佳句

◆您的爱是崇高的爱，只是给予，不求索取，不溯既往，不讨恩情。

我敬您一杯酒，祝您身体健康，永远快乐。

◆我敬您一杯酒，愿您在这个属于您的日子里能幸福地享受一下轻松，弥补您这一年的辛劳。

◆养儿方知育儿难，当我做了母亲才明白了您对我点点滴滴的爱，在这个特别的日子里，我要告诉您：我爱您！

◆岁月的流逝能使皮肤逐日布满道道皱纹，我心目中的您，是永远年轻的妈妈。

◆祝福是份真心意，不用千言，不用万语，默默地唱首心曲。愿您岁岁平安，如意！

◆“随风潜入夜，润物细无声。”母亲的爱似春风，无私、伟大，点点滴滴、淅淅沥沥，滋润在我们心头。

◎父亲节祝酒佳句

◆多少座山的崔嵬也不能勾勒出您的伟岸；多少个超凡的岁月也不能刻画出您面容的风霜，爸爸，谢谢您为我做的一切。为了您和妈妈的健康，为了我们全家的幸福，干杯！

◆爸爸，不论何时您都是我的拐杖，给我支持，给我方向，给我力量，让我可以走好今后的每一段路。我就要远行了，即使您不在我身边，那份浓浓的父爱仍然会激励我直到永远！爸爸，我敬您一杯酒，希望在我远行的日子里，您能健康、幸福！

◆我永远都会记得，在我肩上的双手，风起的时候，有多么温暖；我永远都会记得，伴我成长的背影，用您的岁月换成我无忧的快乐！今天是父亲节，这20多年来，您为我付出的太多太多，我这辈子都报答不完，今天借这杯美酒，我想跟您说一声：谢谢，爸爸您辛苦了！

◆让我们斟满酒杯，为父亲、母亲健康长寿，干杯！

◆我的身体里流淌着您的血液，我的性格上深烙着您的印记，我的思想里继承着您的智慧，这一切的一切，我永远不会忘记。也许在别人眼中，您只是一个平凡的人，但是您的刚直不阿，清正廉洁，证实了您是伟大的、不平凡的。

◆如果，您是一棵沧桑的老树，那么，我愿是那会唱歌的百灵，日夜栖在您的枝头歌唱，换回您的年轻，让您永远青翠！

◎八一建军节祝酒佳句

◆让我们紧紧团结在××团这面不倒的战旗下，再次唱响心中的旋律，为战友情谊歌唱，为美好明天干杯！

◆女士们、先生们，朋友们！现在，我提议：为军民一家鱼水情深的友谊，为各位首长和专家的身体健康、家庭幸福、事业兴旺，干杯！

◆军民团结如一人，试看天下谁能敌。让我们同呼吸、共命运、心连心，继续为建设强大的人民军队和富裕、文明、开放的新城市而努力奋斗！现在，我提议：为军政军民团结，为各位首长和同志们节日愉快、身体健康、阖家幸福，干杯！

◆进一步加强军政军民团结，同心同德、开拓进取，为加快建设全面小康社会而努力奋斗！现在，我提议：为了××的美好明天，为了各位的健康和幸福，干杯！

◆美好的未来要靠我们用激情和拼搏，用智慧和劳动，用汗水和奉献，用信念和奋斗去开创！现在我提议：让我们共同举杯，为迎来××地区更加灿烂辉煌的明天，干杯！

◎教师节祝酒佳句

◆最后，让我们举杯——在教师节即将到来之际，祝大家身体健康，工作顺利，阖家幸福，节日快乐！

◆最后，让我们共同举杯，为职业教育的发展，为我校的美好明天，干杯！

◆祝在座的全体教师们节日快乐。下面让我们斟满酒杯，举杯共饮祝福的美酒！

◆现在，我提议：为教育事业大发展，为在座的各位身体健康、万事如意，干杯！

◆领导们、老师们、朋友们，为了教育事业的明天，干杯！

◆当星星隐匿在遥远的天际，依稀的灯光依然闪亮在您的窗前。正因您的执著，才有我们璀璨的明天！谢谢您，老师！为了这伟大的职业，干杯！

◆十卷诗赋九章勾股，八书文史七纬地理，连同六艺五经，四书三字两雅一心栽树，点点心血育英才泽神州。我提议：让我们为教师节欢呼，干杯！

◆您是严冬中的炭火，是酷暑下的遮阳伞，是湍流中的踏脚石，是雾海里的航标灯。您言传身教，育人有方，甘为人梯，令人难忘！老师们，同学们，让我们举杯，为了伟大的教师，为了美好的节日，干杯！

◎ 中秋节祝酒佳句

◆现在，我提议：为我区的美好未来，为我们的共同事业，为在座各位的身体健康，干杯！

◆每到中秋都会有一句老话挂在嘴边，那就是“每逢佳节倍思亲”。今天，在这个美好的日子里，公司举行了这次中秋团圆聚会。让我们相聚在一起，共叙亲情、友情，开怀畅饮，尽情享受这美好的时刻。同志们，让我们手牵手、心贴心，为了我们××集团美好的明天，为了同志们的家庭幸福共同举杯！

◆清光同普照，秋色正平分。我祝各位中秋快乐，身体健康，阖家欢乐！我提议：请大家举杯，为我们公司的目标，为在座各位的美好生活，同时，也为我们的中秋节，干杯！

◆天上一轮月，人间万里明。虽然你们在中秋节不能与家人团聚，但正是你们为了守护千千万万个家庭的团聚而默默奉献着。同志们，让我们举杯邀明月，为远方的亲人，也为下一次的团聚，干杯！

◆最后祝大家节日愉快，工作顺利，家庭幸福安康！也希望各位嘉宾值此良宵，尽兴举金樽，以酒消相思！

◆月是中秋分外明，我把问候遥相寄；皓月当空洒清辉，中秋良宵念挚心；祝愿佳节多好运，月圆人圆事事圆！干杯！

◆月到双节分外明，节日喜气伴你行。人逢喜事精神爽，人团家圆事业成。借此一杯酒，祝您节日愉快身体硬，心想事成您准赢！

◆几多水调歌头，几多蝶恋花香；几多风霜被收藏，几多憧憬被点亮。

愿撷取一轮明月，捎上八月桂花芬芳。佳节思亲时，谁与共婵娟。恭祝各位中秋圆满，快乐绵长！

◎ 国庆节祝酒辞

◆女士们、先生们，朋友们！现在我提议：为庆祝中华人民共和国成立××周年，为伟大祖国的繁荣昌盛，为各位来宾和朋友的身体健康，干杯！

◆女士们、先生们，朋友们！在这洋溢着友谊与欢乐的节日气氛中，我提议：为庆祝中华人民共和国××华诞，为伟大的祖国更加繁荣富强，为我们的友谊与合作，为在座各位嘉宾和朋友的健康和幸福，干杯！

◆中华腾飞，鹏程万里；神州崛起，彪炳千秋。各位来宾、各位朋友、同志们！现在，我提议：为祖国的繁荣富强和各族人民的幸福安康，为我县经济的腾飞和社会的文明进步，为在座的各位来宾、各位朋友和同志们的健康，干杯！

◆神州大地靠彩笔描绘，中华巨龙驾疾风起飞。我提议：为庆祝中华人民共和国成立××周年，为各位来宾和朋友的身体健康，阖家欢乐，干杯！

◆锦绣河山，倍添锦绣；文明古国，更加文明。朋友们，让我们为祖国的富强，为人民的幸福生活，为子孙后代永葆安康，干杯！

◎ 重阳节祝酒佳句

开门见菊花，虽然我们没有菊花赏，但我却有一瓶菊花酒，请你和我一起享！

秋风徐徐，重阳九九，做上一桌好菜，借着醇香的菊花酒，祝你重阳快乐！

酒越久越醇，朋友相交越久越真；水越流越清，世间沧桑越流越淡。重阳佳节，何不把酒言欢共话巴山夜雨？

天边树若荠，江畔舟如月。何当载酒来，共醉重阳节。

第七章
迎宾祝酒辞

祝酒之礼

◎迎宾应注意的方面

在公务交往中，接待外国或者外地的来访者是一项重要的经常性的工作。接待工作不仅政策性强，而且处处与礼仪规范有关。迎宾礼仪的核心是要礼待宾客，给予来宾与其身份、地位相符的礼遇，表达主人的好客之意，使对方产生宾至如归之感。迎接外国来宾时的礼仪操作，通常会涉及以下两个主要方面：其一，是举行欢迎仪式；其二，是举办专门宴会。

迎接来宾的礼仪要注意三个方面：

第一，需要确定邀请规格。在正式对外方发出邀请之前，必须首先明确邀请的规格。按惯例要兼顾来宾的具体身份与来访的主要目的。在一般情况下，发出正式邀请时，要讲究一定的礼仪。其基本含义：在正式向外国来宾发出邀请时，我方出面进行邀请的人士的职务、地位、身份，应当大体上与被邀请者的职务、地位、身份相仿。我方出面进行邀请的人士的职务、地位、身份既不必比被邀请者高，也不应低于被邀请者。

第二，需要排定礼宾序列。礼宾序列又称礼宾次序，它所指的是在同时接待来自不同国家、不同地区、不同单位的外国团体或个人时，必须按照国际惯例和本国的常规做法，来排定其尊卑先后的具体顺序，并且据此给予对方相应的礼遇。目前，我国在排列礼宾序列时一般采用下列做法：一是依照来宾的具体地位的高低来排列其次序；二是依照来宾所在国家或地区名称的拉丁字母的先后来排列其次序；三是依照来宾抵达现场具体时间的早晚来排列其先后次序；四是依照来宾告知东道主自己决定到访的具体时间的先后来排列其次序；五是不排列。所谓不排列，其实也是一种特殊的排列方法。当上述几种方法难以应对时，在礼宾实践中，上述五种方法可以交叉采用。但是，不论采用何种排列方法，均应事先向外国来宾进行通报。

第三，需要掌握人员状况。详而论之，接待方必须尽可能地对其中主要人物的基本情况有所了解。包括对方的姓名、性别、年龄、婚否、籍贯、民族、宗教信仰、政治倾向、所属党派、职务级别、业务能力、专长爱好、主要禁忌等。

◎迎宾祝酒辞

举办宴会前，要提前发出请柬、准备菜单、排好座次、安排好东道主一方出席宴会的陪同人员。宴会的具体程序：宴会开始前，东道主一方的重要人员在宴会厅门口列队迎接客人。宴会开始时，应由东道主一方先致欢迎辞，然后再请主宾致辞。致辞时，服务人员要停止一切活动，参加宴会的人员均应暂停饮食，专心聆听，以示尊重。冷餐会和酒会讲话时间则更显灵活。致辞毕则祝酒。所以服务人员在致辞即将结束时应迅速把酒斟足，供主人和主宾等祝酒用。

迎宾祝酒辞的主旨是表达对客人的欢迎之意，开头可以说“在这阳春三月的浪漫季节里，我们在这里举行宴会，我代表全区50万人民热烈欢迎各位尊贵朋友的到来，你们是我们期待已久的贵宾”！中段可以向客人介绍本地的风土人情，或者本单位的情况。最后再次对客人的到来表示衷心的感谢和热烈的欢迎，并送出美好的祝愿。比如：“再次感谢各位宾朋来到我们××，希望大家在这短暂的五天里在我们××多走走、多看看，多为我们提宝贵的意见。最后，我祝愿各位在××度过一段美好的时光，并把这份喜悦带给您的亲朋好友，祝愿你们身体健康、一生平安！干杯！”

◎ 迎宾宴的座次

迎宾宴会要注意座次的细节，总的来讲，座次是“尚右尊东”、“面朝大门为尊”、“左为大右为尊”。若是圆桌，则正对大门的为主人，主人左右手边的位置是主客，其他客人则以离主人的距离来看，越靠近主人位置越尊。若为八仙桌，如果有正对大门的座位，则正对大门一侧的右位为主客。如果不正对大门，则面东的一侧右席为首席。

如果为大宴，桌与桌间的排列讲究首席居前居中，左边依次为2、4、6席，右边为3、5、7席，根据主客身份、地位，亲疏分坐。

如果你是东道主负责人，你应该提前到达，然后在靠门的位置等待，并为来宾引座。如果你是被邀请者，那么就应该听从东道主的安排入座。

一般来说，如果你的上级领导出席的话，你应该将领导引至主座，请客人最高级别的坐在主座右手边的位置。

◎迎宾宴如何点菜

如果时间允许，你应该等大多数客人到齐之后，将菜单供客人传阅，并请他们来点菜。当然，作为公务宴请，你会担心预算的问题，因此，要控制预算，最重要的是要多做准备，选择合适档次的宴请地点是比较重要的，这样客人也能大致领会你的预算。

况且一般来说，客人也不太好意思点菜，都会让你来做主。如果你的上级领导也在酒席上，千万不要因为尊重他，或是认为他应酬经验丰富，酒席吃得多，而让他来点菜，除非是他主动要求。否则，他会觉得不够体面。

如果你是赴宴者，你不该在点菜时太过主动，而是要让主人来点菜。如果对方盛情要求，你可以点一些不太贵、又不是大家忌口的菜。记得征询一下桌上其他人的意见，特别是问一下“有没有哪些是不吃的”或是“比较喜欢吃什么”，让大家感觉被照顾到了。点菜后，可以请示“我点了菜，不知道是否合几位的口味”，“要不要再来点其他的什么”等。

点菜时，一定要心中有数。点菜时，可根据以下三个规则：

一看人员组成。一般来说，人均一菜是比较通用的规则。如果是男士较多的餐会可适当加量。

二看菜肴组合。一般来说，一桌菜最好是有荤有素，有冷有热，尽量做到全面。如果桌上男士多，可多点些荤食，如果女士较多，则可多点几道清淡的蔬菜。

三看宴请的重要程度。若是普通的宴请，平均一道菜在50元到80元之间即可。如果这次宴请的对象是比较关键的人物，那么则要点上几个够分量的菜，例如龙虾、甲鱼，再要高档一点，则是鲍鱼、鱼翅等。

还有一点需要注意的是，点菜时不应该问服务员菜肴的价格，或是讨价还价，这样会让你在客人面前显得有点小家子气，而且客人也会觉得不自在。

迎宾宴上，欢迎的客人通常不是本地人，有时是外宾，有时是国内远道而来的客人。所以在宴请中要顾及各种因素，以凸显本国、本地特色为主要原则，同时兼顾切莫触犯禁忌，在此将以上原则总结为“三优四忌”。

优先考虑的菜肴：

第一，有中餐特色的菜肴。宴请外宾的时候，这一条更要重视。像炸春卷、煮元宵、蒸饺子、狮子头、宫爆鸡丁等，这些并不是佳肴美味，但因为具有鲜明的中国特色，所以受到很多外国人的推崇。

第二，有本地特色的菜肴。西安的羊肉泡馍、湖南的毛家红烧肉、上海的红烧狮子头、北京的涮羊肉等都有较突出的地方特色。在宴请外地客人时，上些本地的特色菜，恐怕要比千篇一律的生猛海鲜更受好评。

第三，本酒店的特色菜。很多酒店都有自己的特色菜。上一份本酒店的特色菜，能说明主人的细心和对被请者的尊重。

在安排菜单时，还必须考虑来宾的饮食禁忌，特别是要对主宾的饮食禁忌高度重视。这些饮食方面的禁忌主要有四条：

第一，宗教的饮食禁忌，一点儿也不能疏忽大意。

第二，出于健康的原因，对于某些食品也有所禁忌。比如，心脏病、脑血栓、动脉硬化、高血压和中风后遗症的人，不适合吃狗肉，肝炎病人忌吃羊肉和甲鱼，胃肠炎、胃溃疡等消化系统疾病的人也不适合吃甲鱼，高血压、高胆固醇患者要少喝鸡汤等。

第三，不同地区人们的饮食偏好往往不同。对于这一点，在安排菜单

时要兼顾。比如，湖南人普遍喜欢吃辛辣食物，少吃甜食。英美国家的人通常不吃宠物、稀有动物、动物内脏、动物的头部和脚爪。另外，宴请外宾时，尽量少点生硬需啃食的菜肴，外国人在用餐中不太会将送入口中的食物再吐出来，这也需要顾及。

第四，有些职业，出于某种原因，在餐饮方面往往也有各自不同的特殊禁忌。例如，国家公务员在执行公务时不准吃请，在公务宴请时不准大吃大喝，不准超过国家规定的用餐标准，不准喝烈性酒。再如，驾驶员工作期间不得喝酒。要是忽略了这一点，还有可能使对方犯错误。

经典祝酒辞

一、庆祝活动迎宾祝酒辞

范例：

【致辞背景】龙溪诗社成立20周年庆典的迎宾宴会

【致辞人】湖南省××县领导

尊敬的各位领导、各位前辈、各位来宾：

“有朋自远方来，不亦乐乎。”非常感谢大家能够来到美丽的古夜郎××，参加龙溪诗社成立20周年庆典活动，首先，我代表××县委、县政府向各位领导、各位来宾表示热烈的欢迎！

××历史悠久，特色浓郁。美丽的自然风光、醉人的侗乡风情、神秘的夜郎文化使这片乐土充满了无穷的魅力；厚重的文化底蕴更使这片乐土成为诗词歌赋之乡。文化也就成了××对外的一张名片，并不断释放出巨大的经济潜能。我们真诚地期望，通过文化桥梁加强与大家的沟通联系，真诚地期望大家能常来××做客，探寻古夜郎之神奇。

下面我提议：大家共同举杯，祝中华诗词更加发扬光大，祝领导、来宾身体健康，万事如意！干杯！

二、招待活动迎宾祝酒辞

范例一：

【致辞背景】××花园招待客户的欢迎酒会

【致辞人】经理

尊贵的朋友：

您好！欢迎进入××花园。××花园是一座集观光、休闲、餐饮、住宿、娱乐于一体的综合型高端精品度假村。在××花园，您不仅能领略到天地造化的自然美景，匠心独具的人工园林风情，更能切身享受到××人为您提供的尊贵服务。

当您踏进××花园的那一刻起，××人将以真诚、真心、真意的态度，为您奉上细心、细致、细密的服务。半封闭性、预约制的经营模式，保证您的休闲时光不被打扰，保护您的私密，彰显您的尊贵。站在××花园，巅峰之上，看山，望水，听风，享受着山海大观，蓬莱美景。美景养眼，美食养胃。××花园经营闽菜等，满足您挑剔的口味，并且××花园还会不定期推出创新菜式，期待尊贵的您享用。

有朋自远方来，不亦乐乎，好地方自要与朋友分享！愿您和您的家人、朋友，在××花园的每一天都是那么开心、快乐！为了我们今天的相聚，为了美好的生活，干杯！

范例二：

【致辞背景】“重温创业路、再展石油情”欢迎招待酒会

【致辞人】油田领导

尊敬的各位老领导、老劳模、在座的诸位贵宾：

你们好！

在这金风送爽的美好夜晚，我们欢聚一堂，重温创业路，畅叙石油情，在此，我谨代表全厂广大员工，向你们表示热烈的欢迎和崇高的敬意！

参加今天招待会的各位老领导、老劳模为公司的建设和发展作出了杰出的贡献，是公司建设的奠基人、先行者，也是我们企业建设的奠基人、先行者。我们不会忘记，在艰苦奋斗的岁月，是你们历尽艰辛，勇于探索，科学决策，无私奉献，奋力拼搏，开创了公司从无到有、从小到大、从弱到强的历史，建立了不朽的功勋，我们企业的发展同样凝聚了你们的心血和智慧。在你们身上，充分体现了对党的事业、对祖国工业事业的尽责和忠诚，集中反映了老一辈创业者坚定的政治信念、崇高的精神风范和果敢的雄才大略。

大业需携手，重任贵同心。当前，公司正处于跨越××万吨产量的全

新历史发展时期，实现新世纪新阶段的宏伟蓝图，是我们企业全体员工共同的梦想和企盼，我们一定会牢固树立和落实科学发展观，进一步解放思想、开拓创新、锐意进取；我们一定会继续发扬老一辈艰苦奋斗、求真务实的优良传统，以优异的工作成果来回报你们对企业的关心！实践证明，过去打江山、搞建设离不开你们，今天的发展同样离不开你们的支持和关心。你们的历史功绩和巨大贡献，我们永远不会忘记；你们的优良传统和崇高精神，我们永远不会丢掉；我们对老领导与老劳模的尊重、关心和爱戴之情，也永远不会改变！

同时，我们也诚挚地希望各位老领导、老劳模一如既往地关心、支持企业，为企业的不断发展把方向、出主意、献良策。也真诚地邀请你们常来看看；希望你们像在岗位时那样一直关心企业，企业时刻欢迎你们，企业永远是你们的家。

为企业更加辉煌的明天，为我们的深厚友情，也为各位老领导、老劳模、各位来宾开心快乐和身体健康，干杯！谢谢大家！

三、友好活动迎宾祝酒辞

范例：

【致辞背景】欢迎友好城市代表团的晚宴

【致辞人】接待方领导

尊敬的 ××副市长、各位领导、同志们：

晚上好！

正值××人民深入贯彻党的××届×中全会，加快建设大城市的重要时刻，×××副市长率××市代表团赴××开展对口支持工作，这充分体现了对我区工作及经济社会发展的关心与支持。首先，我代表中共××区委、区人大、区政府、区政协和全区××万人民，向×××副市长一行的到来表示热烈欢迎。

十年来，××市委、市政府积极响应党中央和国务院号召，以高度的政治责任感，积极开展对口支援和经济技术协作。累计为××捐款捐物××万元，积极组织知名企业到××考察洽谈，××××等企业和项目已落户××，有力地促进了××经济社会发展。在此，我代表中共××区委、区人大、区政府、区政协和全区××万人民，向在座各位并通过你们向所有关心、支持××开发建设和经济社会发展的各级领导、各界朋友表示衷心的感谢和崇高的敬意！

××是××的中心城市，拥有良好的发展机遇和广阔的发展前景。今后一个时期，我们将按照“五年打基础，十年构框架，二十年建成大城市”的战略部署，加快经济发展，推进城市建设。为实现这一目标，我们将全方位扩大对外开放，真诚希望××市一如既往地大力支持、关注××的经济社会发展，进一步扩大经济技术合作与交流，组织引导更多的企业到××投资兴业。我们将创造一流的政务环境、法制环境、工作环境、社会环境，支持到××投资的企业的发展。现在，我提议：请大家共同举杯，为我们的真挚友谊，为我们的精诚合作，为各位的身体健康，干杯！

四、地方性节日迎宾祝酒辞

范例：

【致辞背景】第六届泉州旅游节招待酒会

【致辞人】××领导

尊敬的各位领导、各位来宾、朋友们：

有朋自远方来，不亦乐乎。今天，我们怀着无比激动的心情迎来了第六届泉州旅游节的召开。在此，我谨代表中共××委、××区人民政府和热情好客的××人民，再次向在百忙中光临本届盛会的各级领导、各位贵宾、海内外各界朋友表示最热烈的欢迎和最衷心的感谢！

本届旅游节是泉州市首次由市辖区单独承办的一次历史性大节日，是各位领导、各界贤达、亲朋好友共话友谊、共襄盛举、共谋发展的一次历史性大聚会。我们相信，有各级领导的关心指导，有海内外各界朋友的大力支持和积极参与，以“展示多元文化，彰显名城风采”为主题的第六届泉州旅游节，一定能够办成一个全面展示泉州市及××改革开放成就和丰富旅游资源的展示盛会，一个加强与海内外各界朋友沟通联系、增进友谊、扩大合作的交流盛会，一个异彩纷呈、令人难忘的旅游盛会，一个推动旅游产业发展、互利互动共荣的收获盛会。

现在，我提议：让我们共同举杯，为第六届泉州旅游节的圆满成功，为各位领导、各位贵宾、各位朋友的光临，为大家的身体健康、事业发达、阖家幸福，干杯！

五、地方性节日迎宾祝酒辞

范例：

【致辞背景】第三届中国普陀山南海观音文化节迎宾宴会

【致辞人】××市委领导

尊敬的各位领导、各位来宾、女士们、先生们：

晚风送爽、丹桂飘香。今晚，我们相约在海天佛国、观音道场，出席第三届中国普陀山南海观音文化节，这将是一个美好的夜晚，这注定又是一个不眠之夜。在此，我代表××市人民政府、本届观音文化节组委会及全市百万干部群众，向光临观音文化节的各位领导和嘉宾表示热烈的欢迎和衷心的感谢！

××市是东海之滨最美丽的群岛，是中国海洋文化的发祥地之一。海洋孕育了××这颗璀璨的东方明珠、这座富有魅力的渔都港城、这片万众信仰的人间乐土。当今世界，海洋对人类的发展具有越来越重要的意义，是人类文明相互沟通的主要渠道，走向海洋就是走向世界，发展海洋文化就是展现世界文化精粹。观音文化作为××市海洋文化中最具内涵、最具活力的经典文化，已成为我市对外交流、友好往来的重要纽带和平台。近年来，我们充分挖掘海岛特有的旅游资源，因地制宜、真抓实干，努力把××特有的旅游文化资源优势转化为文化旅游产品优势，逐步形成了以普陀山南海观音文化节为龙头的××节庆三大品牌。首届、第二届观音文化节在社会各界的广泛支持、参与下，广结佛缘、盛况空前。第三届观音文化节充分做好继承、创新文章，进一步挖掘了普陀山乃至××海洋文化资源，进一步突出观音文化的国际性、大众性、参与性，进一步探索我市旅游经济发展、和谐社会建设的新思路、新办法。我们有理由相信，本届观音文化节的成功举办，必将为扩大××海天佛国、渔都港城的国际影响，为加强××与社会各界之间文化、旅游、经贸等各个领域的交流合作，为创造千岛××美好的明天作出新的贡献。同时，也希望海天佛国普陀山给各位领导、各界朋友留下美好的回忆！

我提议：为2005中国普陀山南海观音文化节取得圆满成功，为各位领导、各位来宾的身体健康，为我们诚挚的友谊，干杯！

六、工作会议迎宾祝酒辞

范例一：

【致辞背景】全县劳务输出工作现场会欢迎宴会

【致辞人】县委领导

尊敬的省劳务办××主任、市政府××市长、各位领导、同志们：

荆山迎嘉宾，洛水会宾朋。在全市上下认真贯彻落实全市经济工作会议和市委工作会议精神的重要时期，全市劳务输出工作现场会在我县隆重召开，这充分体现了省、市领导对我县劳务输出工作的关心和支持，我们倍感鼓舞。在此，我谨代表中共××县委、县人大、县政府、县政协，以及全县××万人民，向在百忙之中参加会议的省劳务办和市政府的各位领导、同志们，表示热烈的欢迎和衷心的感谢！

近年来，我县立足丰富的劳动力资源优势，坚持把劳务输出作为助农增收、富民强县的一项主导产业来抓，抢抓机遇，因势利导，积极为农民工提供用工信息、联系劳务基地、开展技能培训、加强保障服务，努力扩大输出规模，有效增加了农民收入，被省劳务办命名为“全省劳务输出工作示范县”和“全省境外就业先进县”。“梯田人”劳务品牌被中国就业促进会评为“全国优秀劳务品牌”。但我们深知，我们的工作与市委、市政府的要求和群众的愿望相比，还有一定的不足和差距，敬请各位领导和同志们提出宝贵的意见和建议。我们将以贯彻落实这次现场会议精神为契机，认真学习兄弟县区的好经验、好做法，按照市委、市政府的工作要求，进一步加强务工人员的技能培训，不断拓宽劳务基地，扩大输出规模，做大做强“梯田人”劳务品牌，真正把劳务产业培育成我县的一大主导产业，努力促进全县经济社会又好又快发展。

现在，请允许我提议：为了预祝会议的圆满成功，为了各位领导和同志们的身体健康、工作顺利、家庭幸福，共同干杯！

范例二：

【致辞背景】北京市工商联女企业家联谊会加入全国工商联女企业家商会的欢迎晚宴

【致辞人】全国工商联女企业家商会会长××

尊敬的北京市工商联女企业家联谊会×××会长暨全体会员姐妹们，尊敬的各位领导、各位嘉宾：

大家晚上好！

今天是九月八日——九八，广东话的谐音是“就发”；今晚这个酒宴就是为欢迎咱们北京市工商联女企业家联谊会加入全国工商联女企业家商会而设的。这象征着“北京女企联”的姐妹们今后会更加发达！百尺竿头，更进一步；目极千里，更上层楼。我代表全联女商会全体姐妹对北京女企联在今天这个好日子、在我们共和国60华诞的前夕成为我会的团体会员表示由衷的欢迎和热烈的祝贺！

全联女商会是中华全国工商联的全国性直属商会，也是全联唯一的综合商会。它是在1995年成立的“联谊会”的基础上，于2004年更改为现名的。目前有直属个人会员306位，有包括贵会在内的团体会员18个，个人会员总数两千多人；各级人大代表、政协委员占到直属会员的80%以上；团体会员遍及全国15个省市区及澳门，还有东北、西藏、香港等多地的女企业家组织正在积极与我会联络，筹组当地的女商会并成为我会的团体会员。女商会的文化：致富思源，富而思进，利义兼顾，德行并重，发展企业，回馈社会。本届女商会自去年以来，先后组织了四次慈善活动，仅汶川大地震的捐款就达1.12亿元，受到全国政协副主席、全联主席黄孟复的书面表扬；女商会还组织了诸如越南考察、世界女性论坛亚洲大会、中国—东盟女企业家论坛等国际交流活动；举办了首届（2008）投融资服务咨询洽谈会；召开了四届一次理事会，开设了女企业家论坛；“献论文，迎国庆”——女企业家优秀论文征集评选活动正有声有色地进行；在《劳动法》执行情况的调查和《社保法》征求意见的过程中，我会都积极参与，献计献策，参政议政。眼下，我会正根据国务院对全联及民政部的政策指导意见，在全联推荐下，申请在民政部独立注册登记，争取于明年获批。

下面，请大家举杯，为我们的共同目标，为共和国的60华诞，为姐妹们的事业兴旺、身体健康、家庭幸福，干杯！

范例三：

【致辞背景】全国民主党派工作研讨会

【致辞人】××市委领导

全国民主党派工作研讨会的各位领导、同志们：

大家好！

在这气候宜人的仲夏时节，我们在这里举行宴会，热烈欢迎全国民主党派工作研讨会的各位领导莅临××指导工作。首先，我代表中共××市委对各位领导、各位同志的到来表示热烈的欢迎！

××市是××的省会城市，辖六区一市三县和两个开发区，总面积8 034平方千米，总人口371.84万人。××是“森林之城”，有着丰富的矿产资源、秀丽的自然风光、浓郁的民族风情、难得的宜人气候。改革开放以来，××市经济社会发展取得了长足进步，实现了经济社会的全面、协调、可持续发展，“三个文明建设”全面推进。长期以来，中共××市委始终把多党合作作为推进社会主义政治文明建设的一项重要工作来抓，坚持“长期共存、互相监督、肝胆相照、荣辱与共”的基本方针，进一步加强同各民主党派的合作共事，积极支持各民主党派和无党派人士充分发挥参政议政和民主监督作用，努力为民主党派开展工作营造更加宽松稳定、团结和谐的政治环境。这次研讨会在××召开，给我们提供了向各兄弟城市学习的极好机会。我相信，全国研讨会在××召开，必将对××市多党合作事业的发展起到积极的促进作用，为××市率先在全省实现经济社会发展的历史性跨越作出新贡献。

现在，我提议：为友谊之树常青，为各位领导和同志们的身体健康，干杯！

七、迎接上级检查祝酒辞

范例一：

【致辞背景】欢迎人大常委会视察工作宴会

【致辞人】××市委领导

各位领导、各位来宾、同志们：

晚上好！

在这个美丽的仲夏之夜，我们非常高兴地迎来了×××州第××届人大常委会各位成员。在此，我谨代表××市委、市人民政府对视察××社区管理、××市区改造、农业设施建设情况及××公司的各位领导和各位来宾表示热烈的欢迎！

近几年，在州党委、政府的正确领导和亲切关怀下，在州人大的支持、帮助下，××市经济获得了又好又快的发展，社会事业取得了新的进步。

成绩的取得，是全市各族人民共同努力的结果，更凝结着在座各位领导的心血和汗水。

中国加入世贸组织，标志着对外开放进入一个崭新的阶段，我们也正在更大范围、更广领域和更高层次上进行参与，我市正面临着前所未有的发展机遇和严峻挑战。在这样的大背景下，我们必须紧紧抓住新机遇，迎接新挑战，全面提升竞争力，积极推进现代化进程，努力开创经济合作的新局面，实现优势互补、互惠互利、长期合作、共同发展。我市人民正聚精会神地全面建设小康社会，加快实现现代化，这将为所有朋友创造更多的发展机会和空间。

昔日戈壁滩，今日米粮川。××市的美丽繁荣，离不开党的领导、上级政府的关注和支持，也离不开各族人民的团结和努力，诸位，就让我们端起酒，尽饮此杯，共祝我们××省的首府××市更加繁荣美丽！干杯！

范例二：

【致辞背景】中国光彩事业促进会理事培训班暨知名企业家泰山行活动欢迎宴会

【致辞人】中共××市委副书记×××

尊敬的×××副主席、×××副主席、×××副主席，

尊敬的各位来宾，女士们、先生们，朋友们：

今天，在雄伟壮丽的泰山脚下，我们非常荣幸地迎来了参加中国光彩事业促进会理事培训班暨知名企业家泰山行活动的各位领导、专家和知名企业家。值此，我代表中共××市委、××市人民政府和全市550万人民，向各位嘉宾表示热烈的欢迎！

企业家是企业的灵魂，是企业最重要而不可或缺的生产要素。时代呼唤企业家，社会需要企业家，人们尊重企业家。相信通过这次会议，将会加深各位知名企业家对××的了解，增进相互之间的友谊与感情，架起开展广泛交流与合作的桥梁。“投资××，稳如泰山。”勤劳诚信的××人民真诚希望各位企业家来××投资兴业，共谋发展。真诚希望各位领导、专家对××的工作多提宝贵意见。

现在，我提议：为会议取得圆满成功，为各位嘉宾身体健康、事业发达，干杯！

八、欢迎外宾祝酒辞

范例一：

【致辞背景】 迎接外国访问团的欢迎会

【致辞人】 ×××市委领导

尊敬的各位女士们、先生们：

大家好！

今天我们高兴地迎来了英国朴次茅斯市访问团的各位友人。从大西洋东岸到中国大兴安岭之巅，千山万水隔不断，真挚友情总相连。在此，我代表×××市委、市政府设晚宴对各位嘉宾的到来表示热烈的欢迎和诚挚的问候。×××市是以旅游业为主导产业的新兴城市，拥有丰富的旅游资源。建市几年来，×××市依托得天独厚的资源优势，实施“旅游立市、兴市、富市、强市”战略，使以旅游业为主导产业的各项事业取得了飞速发展。2009 年，我市确立了 1 ~2 年建设成中国内陆综合性旅游度假区，3 ~5 年打造国际型旅游名城的奋斗目标。

为了让世界更好地认识×××，×××始终坚持积极发展对外交流与合作，先后邀请了来自法国、德国、奥地利的专家来×××考察，这些专家为×××发展旅游业、加强环境保护提出了许多宝贵意见。为了让×××走向世界，我市正在积极建设中蒙国际季节性口岸，口岸的开通，将使中国东北经济区与欧洲的距离显著缩短，两地的交流将会进一步加强。请各位嘉宾转告你们的朋友，开放的×××欢迎来自五洲四海的友人，我们相信，互信就能“海内存知己”，合作将使“天涯若比邻”。

女士们、先生们，你们不远万里来到×××，在浏览风光之余，希望大家能为我市的发展留下宝贵意见，您的建议将会更好地促进×××的发展。同时也衷心祝愿×××的山水人情能为您带来愉悦的心情和美好的回忆。

最后，让我们一起为各位嘉宾、各位朋友的身体健康和旅程顺利，干杯！

范例二：

【致辞背景】 欢迎申遗专家的晚宴

【致辞人】 ××县领导

尊敬的×××·×××先生，

尊敬的各位贵宾，女士们、先生们，朋友们：

天地承瑞气，山水蕴佳音。今天，是××人民欢欣鼓舞的日子，是值得我们永远铭记的日子，是应该载入××申遗光辉史册的日子。在昆明理工大学教授、中国丹霞申遗国内专家咨询组组长×××先生的盛情邀请下，××人民尊贵的客人——×××·×××先生今天来到了××，这是一件激动人心的好事、令人鼓舞的大事、值得庆贺的盛事。借此机会，请允许我代表××县人民政府以及60万××人民，并以我个人的名义，对×××·×××先生和各位贵宾的到来表示热烈的欢迎！

世界自然遗产是国际组织对优秀自然资源价值的认定，是对一个地区人文精神的认同，是世界顶级的旅游品牌。××作为“中国丹霞”的核心价值成员及其典型代表，充分展示了中国丹霞景观地质生物生态演化过程，集中体现了中国丹霞景观独有的自然美、生态美、科学美和艺术美，是大自然赐予人类的宝贵财富。长期以来，××政府和××人民恪守信誉和信用、保护、能力建设、宣传和传播保护世界遗产理念，为××自然遗产保护付出了巨大的努力，推动了我县遗产保护事业的快速发展。

71年前的今天，加拿大著名的外科医生、伟大的国际主义战士——诺尔曼·白求恩先生，为了支援中国人民的抗日战争，率领医疗队来到了延安，与中国人民一道，为全世界反法西斯战争作出了重要的贡献。71年后的今天，IUCN（世界自然遗产联盟）的资深专家——×××·×××先生，为保护世界遗产这一人类共同的事业，远涉重洋来到了××，为××申遗建立在科学的基础上起到了决定性的作用，也为加拿大人民和××人民架起了友谊的桥梁。这种友谊就像贵国的麦肯锡河和我国的长江一样，源远流长，奔腾不息。

将××申报为世界自然遗产，是××历届政府的期盼，是60万××人民的共同心愿。我们相信，有了×××·×××先生的考察和指导，××申遗将会充满信心和希望；有了×××·×××先生的支持和帮助，××的明天将会更加美好。

现在，我提议：请举杯，为×××·×××先生的身体健康、科考顺利，为各位贵宾的新春快乐、阖家幸福、万事顺意，为预祝××申报世界自然遗产的圆满成功，干杯！

范例三：

【致辞背景】 ××市政府代表团访问××××市之际，向外宾致欢迎祝酒辞

【致辞人】 ××××市市委领导

尊敬的××市政府友好代表团全体成员：

在这鲜花盛开草长莺飞的美好季节里，我们高兴地迎来了以第一副市长××××先生为首的俄布市政府代表团。上午，我们参观了世界著名的火山风景名胜区××××，刚才，我和××××先生代表××××市和×××××××市签订了友好城市协议。这个具有里程碑意义的协议，标志着两地间合作与交往正式展开，它必将对两地经济文化的繁荣发展，以及传统友谊的巩固和加深起到促进作用。

去年，我率团到俄罗斯首都莫斯科进行了项目考察，深深地感受到了俄罗斯人民的热情好客和淳厚的民族风情，这次能够在资源丰富、人杰地灵、民风淳朴的××××接待尊贵的俄罗斯客人，我感到十分荣幸。

今天我们××××市政府在波斯特酒店举行欢迎午宴，共同庆祝我们成功地缔结为友好城市，下面我提议：为了××××先生及其美丽助手和其他随员的身体健康，为了××××市与×市之间加强合作，携手促进两市的繁荣与发展，干杯！

常用祝酒辞

◎迎宾宴祝酒佳句

◆女士们、先生们，朋友们！现在我提议：为各位同事、各位朋友和在座的女士们、先生们的身体健康，为大家在中国期间生活愉快，干杯！

◆“有朋自远方来，不亦乐乎。”在此新朋老友相会之际，我提议：为今后我们之间的进一步合作，为我们之间日益增进的友谊，为朋友们的健康幸福，干杯！

◆女士们、先生们，朋友们！最后我提议：为我们之间正式建立友好合作关系，为今后我们之间的密切合作，干杯！

◆现在，我提议：为中×两国友好合作关系和两国人民之间的友谊，

为在座所有来宾和朋友们的健康，干杯！

◆今天可谓室内高朋满座花更艳，窗外红日高照天更蓝，在风和日丽、春意盎然的时候，我们有幸与来自远方的朋友们相聚在此，感到非常高兴。

◆有朋自远方来，不亦乐乎。现在，我高兴而友好地提议：为二位愉快的见面，干杯！

◆过去××的繁荣受益于朋友的支持，明天××的复兴更需要您的帮助。我们竭诚欢迎您的惠顾，衷心期待与您合作，真诚感谢您的支持，让我们携手为创建××灿烂的明天而努力。

◆今夜星光已灿烂，明朝日晖更辉煌。回眸20年的发展，我们洋溢着成功的喜悦和自豪；展望未来，我们满怀着奋进的信心和勇气。我们坚信，在各位领导、各位来宾的关心支持和全县人民的共同努力下，一定会开创更加美好的未来。

◆最后，祝愿各位领导、各位来宾、各位朋友，在普洱茶乡心情愉快，幸福安康，万事如意！

◆我们全体××人将以饱满的热情、无限的商机和发展空间，期待着各界专业人士的加盟与合作。××人愿与天下朋友共创辉煌未来！

◆金秋八月，正是鲜花烂漫绿草如茵的季节，也是牛羊肥壮收获的季节。在这美好的季节里，我们怀着无比喜悦的心情，迎来了××××工作会议，迎来了全国行业的领导和同志们。这是××××行业的盛大节日，也是我区经济发展中的一件大事。

◆热忱欢迎社会各界朋友来××观光旅游、投资兴业。我们相信，××的明天将以崭新的姿态展现在世人的面前。

第八章
送行祝酒辞

祝酒之礼

◎以表达情谊为主题

送行酒指的是为送行、饯别举办的宴会。有的是在朋友出国，去外地工作、学习，或毕业将要离开大家时，朋友们相聚一处，为其饯别，以壮行色；有的是东道主一方专门为来宾举行的宴会，在离别之前，专门为对方举行一次饯别宴会，不仅在形式上显得热烈而隆重，而且往往还会使对方产生备受重视之感，并进而加深宾主之间的情谊。为来宾举办的送行酒宴的主要内容：一是表达惜别之意；二是听取来宾的意见或建议；三是了解来宾有无需要帮忙代劳之事；四是向来宾赠送纪念性礼品。

无论哪种形式的饯别宴会，都以郑重其事地为对方送别为主题。饯别宴上的祝酒辞应表明欢送单位、欢送对象、欢送事由，表示热烈欢送。欢送语以说清楚上述内容要点为原则，文字要精练，不宜太长。如果是为同事送行，可以简单表达一下被欢送对象新的去向及所要从事的工作、所从事的新的工作有什么重大意义，最后对其提出热切希望，这是欢送者的赠言。如果是为访问团送行，一定要注意了解来宾来访期间的活动情况，访问所取得的进展（如交换意见，形成共识，签署了什么样的联合公报，发表了什么样的联合声明，有哪些科技、贸易、文化及其他方面的合作）等，

得悉了这些情况，祝酒辞就会显得内容丰富而准确。如果是为考上大学的学子送行，可以多说一些鼓舞和勉励的话，并提出希望和祝愿。如果是为退休老同事送行，可以在上述内容的基础上，提出号召，号召其他人学习老同志认真负责的工作态度……总之，在送行宴上的祝酒辞要切身份、切事由、切范围，感情真挚。

◎送行宴切莫依依不舍

送行酒应当既隆重，又热情、活跃，注意掌握情绪、气氛的变化，不能过于低沉、伤感、压抑。酒宴的主题应是明朗的、乐观的。也许会有朋友因难舍而潸然泪下，但不能因此而降低整个活动的基调。饯别活动可以包括用餐，也可以饭后进行。大家预备若干节目，还可以用 DV 将当时的热烈情景记录下来，把光盘送给即将远行的朋友，让他无论走到何处，都能听到朋友的声音，感受到友情的温暖。大家还应向即将远行的朋友赠送纪念品，或在纪念册上题留赠言。在分别的时刻，拍摄几张有意义的照片，也是充满情趣和深意的活动。事先应准备好照相机，大家合影留念。最后，朋友们可以共同吟唱《友谊地久天长》。

经典祝酒辞

一、为同事送行祝酒辞

范例一：

【致辞背景】同事辞职即将奔赴新单位之际

【致辞人】企业领导

朋友们：

今天我们怀着既高兴又有一些淡淡伤感的心情聚集在一起，为×××君送行。说高兴是因为×××君选择了一个他认为更适合自己发展的好单位；说伤感是因为×××君与我们共事期间，彼此建立了深厚的友谊，此次分别将天各一方，聚少离多，依依不舍是每个人心中的共同感受！

×××君 1989 年毕业就进入我们单位，到现在已经 20 个年头了。20

年中，他从一个刚出校门的学生成长为一名优秀的科研工作者、中层管理者、高级工程师、技术专家。20年在人类的历史长河中是短短的一瞬，可在人生的漫漫征程中可是一段值得珍惜的时光。×××君在这20年中，见证了我们单位由小到大、由弱到强的历史，同时也在这片热土上奉献了青春、洒下了汗水、作出了积极的贡献。这其中，有胜利的喜悦、有失败的痛苦，但是大家风雨同舟走过来了，现在回头看看我们走过的路，感到由衷的欣慰。虽然我们不愿意离别，但还是衷心祝愿×××君到新的工作岗位上闯出一片天地，干出一番事业，老朋友们、老同事们永远支持你！

《三国演义》开篇就讲“天下大势，分久必合，合久必分”。人事小事当然也是这个道理，铁打的营盘流水的兵，人才流动也是一个单位兴旺发达的标志。我们单位成立以来，进进出出的人也实在不少，有的来了又走，有的走了又来。无论以什么原因走了的，他们都没有忘记自己曾经为之努力奉献的这片热土，都在以不同的方式关注、支持我们单位的建设和发展。我们单位之所以取得今天的成绩，与我们那些分布在五湖四海的曾经的同事们的支持是分不开的。我们也真诚地希望×××君到新的单位、新的岗位上以后，时刻关注我们单位的发展，在力所能及的情况下，一如既往地支持我们单位的发展。

天下没有不散的宴席，有的同志要到新的单位发展了，我们要让他走得舒心、放心；为了我们共同的事业还要继续在一起工作的同事们要工作得称心、开心。让我们在不同的工作岗位上共同为祖国石油、石化事业的发展尽心尽力，书写我们人生的壮丽篇章。让我们大家共同举杯，衷心地祝愿×××君到新的工作岗位上以后，工作顺利，身体健康，阖家幸福，万事如意，干杯！

范例二：

【致辞背景】欢送同事出国学习的酒会

【致辞人】企业领导

亲爱的朋友们：

大家晚上好！今天是一个令人欣喜而又值得纪念的日子，因为经过公司的决定，×××同志将要出国发展学习。这既让我们为×××能有这样的机会而感到高兴，也使我们对多年共事相处的同事即将离开而感到难舍难分。

×××同志多年来作为公司的一名员工，他为人忠厚，思想作风正派；忠诚企业，爱岗敬业，遵守公司各项规章制度；服从分配，尊重领导，与同事之间关系和睦融洽。俗话说没有什么人是不可缺少的，这话通常是对的，但是对于我们来说，没有谁能够取代×××的位置。尽管我们将会非常想念他，但我们祝愿他在未来的日子里得到他应有的最大幸福。

在这里我代表公司的领导和全体人员对×××所作出的努力表示衷心感谢。同时公司也希望全体人员学习×××同志这种敬业勤业精神，努力做好各自的工作。

“莫愁前路无知己，天下谁人不识君。”在此我们也希望×××继续关心我们的企业，并与同事之间多多联系。最后，让我们举杯，祝×××同志旅途顺利，早日学成归来，干杯！

二、为访问团送行祝酒辞

范例一：

【致辞背景】×××女士访问团欢送宴会

【致辞人】中共××市委副书记×××

尊敬的×××女士，尊敬的各位来宾，女士们、先生们，朋友们：

大家好！

今天，我们怀着依依不舍的心情，在这里欢送著名文学家、教育家、国际社会活动家和友好爱国人士×××主席及各位朋友。

×××女士率团来我市考察访问，游览参观了雄伟壮丽的泰山，观看了丰富多彩的文艺演出，发表了热情洋溢的演讲，展望了双方合作交流的美好前景。通过这次访问，使各位对××、泰山有了进一步了解，相互之间增进了友谊，加深了感情，架起了广泛开展交流与合作的桥梁。我相信，通过我们双方的共同努力，在今后的合作与交流中必将取得更加丰硕的成果。

聚会短暂，友谊长存。真诚地希望×××女士一行并通过你们介绍更多的朋友到××来，登山游览，休闲度假，投资兴业，与我们携手共创美好未来！

现在，我提议：为×××女士一行的访问成功，为各位来宾的身体健康、工作顺利，干杯！

范例二：

【致辞背景】欢送外国访问团的宴会

【致辞人】接待方领导

尊敬的女士们、先生们：

首先，我代表×××，对你们访问的圆满成功表示热烈的祝贺。

明天，你们就要离开××了，在即将分别的时刻，我们的心情依依不舍。大家相处的时间是短暂的，但我们之间的友好情谊是长久的。我国有句古语："来日方长，后会有期。"我们欢迎各位女士、先生在方便的时候再次来××做客，相信我们的友好合作会日益加强。

莺歌燕舞，杨柳依依，好山好水好心情，祝大家一路顺风，万事如意！干杯！

三、为学子送行祝酒辞

范例：

【致辞背景】升学饯行宴会

【致辞人】宴会主持人

尊敬的各位来宾，女士们、先生们：

在这金秋送爽、锦橙飘香的日子，我们欢聚一堂，恭贺×××、×××夫妇的公子×××金榜题名，高中××大学。承蒙来宾们的深情厚谊，我首先代表×××先生、×××女士和×××同学对各位的到来，表示最热诚的欢迎和最衷心的感谢！

所谓人生四大喜事："久旱逢甘露，他乡遇故知，洞房花烛夜，金榜题名时。"我们恭喜×××成功地迈出了人生的重要一步。

朋友们，十年寒窗苦，在高考考场过五关斩六将的×××同学此时此刻的心情是什么？春风得意马蹄疾，一日看尽长安花。我提议：第一杯酒，为英才饯行！同学即将远离亲人，远离家乡挑战人生，请接受我们共同的祝福：海阔凭鱼跃，天高任鸟飞！

第二杯酒，祝愿×××全家一帆风顺、二龙腾飞、三阳开泰、四季平安、五福临门、六六大顺、七星高照、八方走运、九九同心！

第三杯酒，祝各位来宾四季康宁，事事皆顺！

朋友们，干杯！

四、为退休领导送行祝酒辞

范例一：

【致辞背景】欢送校长调任的宴会

【致辞人】学校党总支部书记

同志们：

今天，我们怀着依依惜别的心情在这里欢送×××校长去×××中学任校长、书记！

×××同志在×××中学工作十年期间，工作认认真真、勤勤恳恳，分管教育、教学工作成绩突出，实绩优异，为学校的发展作出了很大贡献，让我们代表三千多名师生以热烈的掌声向×××校长表示衷心的感谢！同时，我也衷心地希望×××校长今后继续支持关心×××中学的发展，也希望×××中学与×××中学结为更加友好的兄弟学校，更希望您在百忙中抽空回家看看，因为这里有您青春的倩影，这里是您倾注过心血和汗水的第二故乡。

下面，我提议：为了×××校长全家的健康幸福，为了我们之间的友谊天长地久，干杯！

范例二：

【致辞背景】欢送老领导的宴会

【致辞人】××市××区领导

各位领导、各位同仁：

今天，我们欢聚一堂，一是欢送离开××工作的各位领导，二是欢迎到××工作的新同志。首先，我提议：我们以热烈的掌声向为××经济、社会事业作出巨大贡献的各位领导表示衷心的感谢！向到××工作的新同志表示热烈的欢迎！

××建区伊始，是一个典型的“农业弱区、工业小区、城市白区、财政穷区”，被国家列入重点贫困（县）区。面对贫穷与落后，是你们坚持“团结、实干、开拓、奉献”的××精神，求实奉献、忘我工作，一举扔掉贫困帽子，带领全区68万人民实现了整体越温达标！是你们励精图治，苦干创业，培育出了一大批如春飞、维康、国基等蓬勃发展、实力雄厚的民营企业，使规模企业由4户增加到23户；工业总产值由建区时的4 761万元增加到今年的7.3亿元，增幅达15倍之多，使工业成为××经济发展的主体力量！是你们白手起家，开拓进取，使城区由建区时的“半边农民街”拓展到现在的近1000多平方千米，城市设施不断完善，功能不断配套，城市形象不断提升！是你们，开拓创新、实干争先，使全区农业经济稳步提升，农业结构不断优化，农民收入不断增加，在全省树起了农业产业化的一面旗帜，开了土地流转的先河！是你们，解放思想、与时俱进、奋发向上、艰苦拼搏，使××经济、社会综合实力明显增强，三次产业加快互动共融，城乡面貌发生了翻天覆地的变化！

各位领导，你们的工作，我们不会忘记！你们对××的贡献，××人民不会忘记！在此，我再次提议：我们以最热烈的掌声，对你们的成绩表示祝贺！对你们为××所作出的卓越贡献表示衷心的感谢！

同时，我也真诚地希望：离开××工作的老领导，请你们把你们的好经验、好做法留给我们，并一如既往地支持、帮助××的发展！即将退休的老同志要站好最后一班岗，对新来的领导干部要起好传帮带的作用，为××的发展再作新贡献！这次提拔和交流来的新领导，我和你们一样都要带头虚心地向各位老领导学习，深入基层调查研究，尽快熟悉××情况，尽快进入工作角色，在上一届班子打下的坚实工作基础上，以十六大精神为指导，以全面建设小康社会为己任，身体力行“三个代表”，认真学习、认真做人、认真工作，继往开来，努力开创××跨越发展的新局面！

让我们为美好的明天，干杯！谢谢大家！

五、大学毕业送行祝酒辞

范例一：

【致辞背景】大学毕业宴会

【致辞人】院系老师

同学们：

报纸上曾登载过这样一则科技消息：树有年轮，人类有年轮，社会也有年轮。新春佳节是中国人年轮发生变化的标志性的时刻。我们老师和学生的年轮，总是在一个学年结束，尤其是学生毕业的时候，最明显地体现出来。在座毕业班的同学将开始构建自己新的年轮，走向新的辉煌。为此，我作为一名普通老师，向大家表示热烈的祝贺！我想借此机会提出两点希望：

一要乐观地对待人生，永远保持青春的活力。人生犹如一列在丘陵地带行驶的火车，有时穿行在平坦的原野，有时又得在隧道或斜坡上运行，但不管怎样，心中总应该是光明的、坦然的，正如杰出的女革命家卢森堡所说的："不论我到哪儿，只要我活着，天空、云彩和生命的美会跟我同在。"同学们毕业后会遇到各种各样的情况，认为生活的道路铺满鲜花、锦绣，固然有点单纯，但是，把现实生活看得过于冷峻，又反而不利于心理的平衡。我们正处在一个伟大的变革的时代，对于你们跨世纪的青年来说，更是大有用武之地，没有理由不对生活和以后的命运充满自信！

二不要用"平平淡淡总是真"这样的话来谈自己的奋斗信念。"平平淡淡总是真"是大家非常熟悉的流行歌曲中的句子。对生活中有些事情，要看得平淡一点，但是，倘若我们连做一些不平凡业绩的想法都没有，那么，这种所谓的"平淡"、"平凡"，说到底，不过是甘于平庸的代名词而已。毕业是一个人生阶段的终结，然而又是一个新的历程的开端，同学们再不是"天之骄子"了，应当成为矫健的雄鹰。记得一位战斗英雄说过这样的话："在战场上，即使我倒下去了，我的目光也要看着前面。"我们也需要有这种不断进取的精神。

同学们！每一个人都有自己的母亲，每一个现代学子都有自己的母校。我们感谢第一个把"母亲"和"毕业学校"联系在一起的人，我们感谢第一个用"母亲"来形容毕业学校的智者。历史文化名城中的这所高等院校即将成为在座毕业生的母校了，我相信同学们一定不会忘记这个母校，不会忘记这个"母系"。"系"这个字，在另外一种场合又可读做"jì"，也就是扣住、拴住的意思。我相信毕业班的同学们会用一根纯真的感情红线，把这所高等院校，把我们××系永远系在心中、扣在心里、拴在心上！

祝毕业班的同学们大展宏图，万事如意！干杯！

范例二：

【致辞背景】大学毕业宴会

【致辞人】班长

亲爱的同学们：

今宵我们又欢聚一堂。只是，今宵的聚首是为了离别，就要离别了，我们每个人的心里都有很多话要讲。

四年前，我们从祖国的大江南北、四面八方来到了大学校园。四年的同窗生活中，我们同心并肩，一起走过了风风雨雨的日子。

犹记得，大海边，我们中秋聚首赏明月；

犹记得，长城上，我们烈日挥汗诉豪情；

犹记得，田径场，我们奋力拼搏争荣誉；

犹记得，教室里，我们埋头苦读修人生；

犹记得，校园里，我们点点滴滴的纯真故事。正是这点点滴滴，情深、意长、味重，我们一生都忘记不了。在10年、20年、30年之后，当我们细细地回想这一切时，我们仍会记得那菁菁校园里的良师益友，仍会记得那流金岁月里的成长故事。

要离别了，我想起了古人的十里长亭别友人，那是一丝丝的忧愁和悲壮，但我们拥有更多的快乐和更多的豪情。“十年寒窗苦，今朝凌云志”，我们就要怀着成熟的人生理念、丰富的专业技能踏上工作岗位了。曾经有一首歌中唱道：“再过20年，我们来相会。”今天，让我们也来相约20年。20年后，希望我们在座的各位中既有IT界的精英，又有军队里的将才，更有企业界的巨子，我深信我们大家都将会在各自的岗位上做出一番骄人的业绩。

有语云：无酒，何以逢知己；无酒，何以诉离情；无酒，何以壮行色。让我们举起杯，为了我们这四年的相聚，为了我们的相约20年，为了我们辉煌灿烂的明天，干杯！

范例三：

【致辞背景】大学毕业告别宴会

【致辞人】教师

同学：

举杯祝贺你，祝贺你顺利完成了三年的学习！当你带着求学的梦想坐在课堂上，我就知道你早就等待着这一天的到来。有你的学海遨游，有你的满载而归，才有我们做老师的宽慰与快乐。今天我们没有唱田汉创作的千万人唱过无数次的《毕业歌》，今天我们没有载歌载舞的盛大庆典，但并不代表我们没有激动与兴奋。当夏日的海风扑面而来，当夏日的蝉儿再一次在教室旁的树阴里放歌，当我们师生再一次共同举杯，这时，我从心底里感到了写在你脸上的微笑。三年的风风雨雨，我知道你一定有很多很多的话要说，三年的酸甜苦辣，我知道它已化成了你人生中一段难忘的回忆。

同学，请举起你的酒杯，尽管我们明天没有天涯海角的离别，我们仍感到一丝恋恋不舍。求知的你是如此的美丽，美丽得让我永世难忘；求知的你是如此的潇洒，潇洒得让你找到了生命别样的乐趣。尽管求学的日子没有跋山涉水的风光迷人，尽管攀登书山曾让你一度愁眉紧锁，尽管一道道难题亦似乎让你走进山重水复的迷宫，但你分明看到了柳暗花明、豁然开朗的世界。爬上书山，一览众山小的感觉定让你内心一振，所有的疲惫顿时荡然无存，七色的云彩在天边向你展示出动人的倩影。

同学，你永远是我们最为亮丽的风景。我们老师只是你暂时的摆渡者，前面的路还更长更远，我们会关注着你们前行的身影，等待着你们的佳音。只要抱着“黄沙百战金甲，不破楼兰终不还”的决心，相信你们的理想定能实现！“乘风破浪会有时，直挂云帆济沧海”的那一天定会到来！

同学，尽管我们平时不胜酒力，但今天我们一定要干了这一杯！为了曾经的过去，也为了你们更为美好的未来，干杯！

范例四：

【致辞背景】大学毕业欢送会

【致辞人】毕业生

各位领导、老师和同学们：

大家晚上好！

首先让我代表班主任王老师和全班同学对各位领导和老师的到来表示热烈的欢迎！

时光如流水般转瞬即逝，四年的大学生活即将结束，此时此刻我们的心情非常激动！四年来，伴随着恩师的教诲，我们知道了怎样做人、学习；四年来，伴随着朋友的关怀，我们知道了怎样交往、生活。然而此刻我们即将离开这美丽的校园、慈爱的老师和友好的同学。但是，我们不会忘记母校，这个曾给予我们知识和能力的殿堂；我们不会忘记，为了我们的成长而辛勤耕耘的领导和老师；我们更不会忘记，在校四年我们所结下的深厚情谊。然而，时光无情。离别的心是隐痛的，分别的情是伤感的。但有一句话说得好，今天的分离是为了明天更好的相聚。

一粒种子总要找到一片适合自己生长的土壤，因为只有在那里它才能开出更加鲜艳的花朵；一滴水总是要回归大海，因为只有在波涛汹涌的大海中它才能绽放出生命的光彩。我们又何尝不是？学校只是暂时的港湾，前方的路还很长，我们还需要去跋涉，去征服。

大学生活的故事与心情对于每个人来说都是一首唱不完的歌，而明天又有太多太多的故事需要我们去书写。我想只要我们心中拥有一片希望的田野，勤奋耕耘，终将收获一片翠绿。

今晚时光美好，今晚感情真挚，今晚酒色醇香。此时此刻我提议：让我们共同举杯，为我们美好的明天而干杯吧！希望各位今晚都能玩得开心，聊得畅快！最后祝大家在以后的日子里都能快乐伴随每一天。谢谢！

范例五：

【致辞背景】大学毕业告别宴会

【致辞人】毕业生

亲爱的同学们：

时常听别人哼唱，自己也时常哼唱着姜育恒的那首《再回首》，唯独对“曾经在幽幽暗暗反反复复中追问，才知道平平淡淡从从容容才是真”这一句不愿认同。“孤独王子”唱得未免太超然了——一生反复追寻，就只得出了平淡是真的结论。

在我们四年的每个日子里，倾注了父母的多少关怀和帮助，他们流淌着辛勤的汗水，默默地支持着子女的选择，他们唯一的希望就是我们能走自己的人生之路。在亲人面前，在那些关注我们的人面前，我们又有什么理由去认为“平平淡淡才是真”呢？难道我们付出自己的金色年华，挥洒着父母的血汗仅仅是为了换取这份平平淡淡吗？仅仅是为了换取一张各科都过了60分的毕业证吗？小到为了每个家庭的付出，大到为了那如水流逝的时光，我们怎么就可以轻易认同“平平淡淡”才是真呢？

最欣赏把撒哈拉沙漠变成人们心中绿洲的三毛，也最欣赏她说的：即使不成功，也不至于成为空白。成功女神并不垂青所有的人，但所有参与、尝试过的人，即使没有成功，他们的世界却不是一份平淡，不是一片空白。世上不过只有一个天才贝多芬，也不过只有一个神童莫扎特，更多的人是通过尝试，通过毅力化平淡为辉煌的。毅力在效果上有时能同天才相比。有一句俗语说，能登上金字塔的生物只有两种：鹰和蜗牛。虽然我们不能人人都像雄鹰一样一飞冲天，但我们至少可以像蜗牛那样凭着自己的毅力默默前行。

不要再为落叶伤感，为春雨掉泪；也不要满不在乎地挥退夏日的艳阳，让残冬的雪来装饰自己的面纱；岁月可使皮肤起皱，而失去热情，则使灵魂起皱。

拿出我们尝试的勇气，拿出我们青春的热情，离开学校的庇护，到大千世界里自由翱翔，创造我们没有平淡、遗憾的青春。

同学们，让我们为飞扬的青春，为指日可待的成功，干杯吧！

六、为客商送行祝酒辞

范例：

【致辞背景】江南区“两会一节”客商欢送会

【致辞人】南宁市领导

各位朋友、各位来宾，女士们、先生们：

大家中午好！

名闻中外的“两会一节”经过这几天的活动已告一段落。连日以来，大家废寝忘食、不辞劳苦、身体力行，赶会场、忙考察、深入洽谈，共同谋划“构建新江南、建设大江南”宏伟蓝图，取得了丰硕的成果。在此，我代表中共江南区委、江南区人民政府对 18 家企业 60 多位嘉宾的辛勤劳动表示衷心的感谢！向前来江南区访问、考察、投资的广大客商表示诚挚的问候！对所取得的成果表示热烈的祝贺！

开放的江南、投资的热土。现在生机勃勃的南宁正值一派热火朝天的开发新气象，越来越多的中外客商将投资目光锁定南宁、锁定江南，我们看到江南未来的发展及希望。我们将汲取广大客商的宝贵意见，融入到我们发展的理念中，以现代都市的标准建设高品位、高层次的江南，我们将借鉴国内外成功的先进经验，坚定信心，强化服务，创造宽松的投资环境，为建设时尚美丽的大江南而努力。有道是：相见时难别亦难。今天的成功只是我们合作双赢的一个良好的开端，也是在政府与企业之间架起友谊的桥梁。我们相信，在政府的支持和企业的努力下，我们的沟通会更加密切，我们的交流会更加融洽，我们的长期合作也一定会更加圆满成功！现在我提议：为此次活动的圆满成功，为美好未来，干杯！

七、为援藏干部送行祝酒辞

范例：

【致辞背景】为援藏干部举行的送别宴会

【致辞人】市领导

同志们：

今天，市五套班子在家的各位同志以及全市副处级以上领导干部相聚这里，借××大酒店这块宝地，备几杯薄酒，为援藏干部，为我们的战友同志饯别、壮行。

首先，让我代表市五套班子和今天参加送别会的全体同志，代表全市120万人民，向×××同志，向×××同志的妻子及其亲属，表示亲切的问候，并致以崇高的敬意！

干部到西藏工作是建设高素质干部队伍、实施人才强国战略的有效途径，也是维护祖国统一和民族团结、促进西藏地区稳定和发展的内在要求。这次省委和××市委在县市中挑选年富力强、工作得力的干部到西藏自治区任职，支援边疆建设，×××同志积极响应，踊跃报名，并最终被上级领导充分肯定、委以重托，这是一项非常光荣而艰巨的使命，也为我们、为我们的干部争得了荣誉。

再过几天，×××同志即将远行，奔赴万里之外的西藏，履行为期三年的××县委书记这一新的重要使命。×××同志作为××县百万人民的友好使者和代表前往西藏工作，不仅代表着他个人，更代表着整个××县。到西藏工作，也是一次十分难得的学习、锻炼和提高的机会，我们衷心希望×××同志珍惜这个机会，继承发扬“特别能吃苦、特别能战斗、特别能忍耐、特别能团结、特别能奉献”的“老西藏精神”，紧紧立足××县实际，创造性地开展工作，为西藏地区的经济发展、社会稳定、民族团结作出新的贡献，以实际行动树立起援藏干部的良好形象。

面对别离，我们复杂的心情难以言表。在这里，我要送给×××四句话：珍重身体，发挥才智，努力工作，建设西藏。我们在座的各位同志还有百万人民，都在为你鼓劲，为你祝福！同时，期待着你三年后的凯旋。

最后，我提议：为×××同志的顺利出征和凯旋，为××县更加美好的明天，干杯！

常用祝酒辞

◎送别退休员工祝酒佳句

◆我知道今晚的每个人都认为××已不是我们的同事，而是我们的一位朋友。他离开我们是我们公司最大的遗憾，我们也非常高兴他现在能够享受美好的晚年。让我们举起杯，向我们最好的一位朋友祝酒。

◆现在，我提议：为了各位老领导、老同志的身体健康，为了我们××行业的快速发展，干杯！

◆聚也不是开始，散也不是结束，同事数载凝聚的无数美好瞬间，将永远铭刻在我的记忆之中。

◎出国送别祝酒佳句

◆临别请你喝一杯故土的酒，你走遍天下，也别忘了把家乡装在胸中。

◆明晨行别，但愿云彩、艳阳一直陪伴你走到遥远的天涯；鲜花、绿草相随你铺展远远的前程。

◆终于你要走了，说是到很远很远的地方去，去读一本很厚很厚的书。我不惊讶，本该如此。弃燕雀之志，羡鸿鹄以高翔！

◆人活着，不仅是存在，而是真正按照自己的意志和理想生活。燃烧吧，有理想的人，有一分热，发一分光。

◆相会再别离，别离再相聚；秋风吹旷野，一期只一会。我会珍惜你我的友情，更期待相会的时刻。

◆大地上有五色土，海滩边有五彩贝，乐章里有五线谱，人生中有五彩路。

◆朋友，你今天就要远走，干了这杯酒，忘掉那天涯孤旅的愁，一醉到天尽头。也许，你从今开始的漂流，再没有停下的时候，让我们一起举起这杯酒，干杯！

◎毕业宴会祝酒佳句

◆尽情地饮干这杯毕业之酒吧！它是生活的甘露！它将给未来注进胜利，它将长留在我们的唇间舌上，留下无尽的回味。

◆面对着岁月摆下的宴席，我们相互微笑殷勤地劝酒，仿佛所有没说的爱恋与不舍，都藏在语句的背后。因为我们都已明白，此去再也没有比手中这一杯更醇更美的酒了。

◆你留给我的，是美丽的记忆。当我捧起记忆中的佳酿想请你喝时，却先醉了自己。

◆今日同窗分手，互说一声：珍重！明朝校友相逢，互贺一句：成功！

◆风吹走了祝福的心绪，雨模糊了期盼的视线，我扎紧了思念的情结，相信总有一天我们会再度重逢！

◆你终于要走了，但你把花的形象留了下来，你把花的芬芳留了下来，你把我们共同浇灌的希望也留了下来。今后只要想起你，我的岁月就会永远鲜艳，永远芳菲。

◆我们不得不分离，轻声地说声再见，心里保存着感激，感谢你曾给我那一份深厚的情谊。

◆一声汽笛，跌落在旷野；无限的惆怅与孤独，在别离的那一刻，一齐涌上心头。

◆比起生活在一个依靠现在的智力就能理解一切的地方，我宁愿生活在充满新奇的神秘世界。那么，你呢？

◆像雄鹰搏击长空，像大江汹涌奔流。我们追求一个壮丽的人生，为华夏崛起而忘我奋斗！

◆青春的阳光，照亮了我们追求的方向，让我们认准目标，展翅奋飞，为给未来增添一片美丽的华光而努力……

◆带着稚气，带着惊异，带着迷惑，带着理想，带着自信……我们一起迎接人生最美好的青春时光。

◆这台阶有多高？我们不知道，但我们沉着地跨越，毅然地跨越，把那旧日的台阶留在身后。

◆人生是什么？是历史大厦的一块砖，是与风浪搏斗的一双橹，是万绿之原的一朵花……愿我们用自己的双手，创造最美好的人生！

◆我们的青春为何这般的朝气蓬勃？我们的生活为何这般龙腾虎跃？因为我们青春和生活的每一瞬间，都为着希望和奇迹而存在！

◆我们脚下的路，虽然小而曲折，但是它通向社会，是宽阔而平坦的大道的起点。所以，莫犹豫，莫徘徊，让我们轻轻松松地向前走吧！

◎毕业宴会各系幽默祝酒佳句

◆毕业时节雨纷纷，毕业生们欲断魂。试问前途何处有，学生遥指中关村。让我们干了这一杯酒，携手进军中关村！干杯！（计算机系）

◆其实世上本没有哲学。总结的人多了，也便成了哲学。为了哲学，干杯！（哲学系）

◆在我心中，曾经有一个梦，要用歌声让你忘了所有的痛。让我们干了杯中酒，尽情歌唱！（音乐系）

◆虎狼声声啸，人生任逍遥。虽说生命是平等的，但是动物们不能饮酒，让它们嫉妒去吧，干杯！（生物系）

◆一个人一辈子写一篇好文章并不难，难的是一辈子写好文章，几十年如一日地写好文章，这才是最难的啊！让我们为彼此加油、鼓劲，干杯！（中文系）

◆商海一声笑，滔滔两岸潮；挣赔随浪，只记今朝。为了繁荣祖国的酒水经济，干杯！（经济系）

◆人类没有新闻，发展怎有希望？人类没有美酒，心情该多惆怅？干杯！（新闻系）

◆国外的世界很精彩，国外的世界也很无奈。为了精彩，为了无奈，干杯！（外语系）

◆愿我们不当自然享受者，争当建设者，干杯！（建工系）

◆风声、雨声、读书声，声声入耳；散伙、留念、找工作，事事无关。喝了这杯酒，再到图书馆走一走，干杯！（考研族）

◎ 退伍送别祝酒佳句

◆宴席终散，放弃该放弃的是明智；行程如潮，军旅如歌，放弃不该放弃的是懦弱；始终如一，坚定不移，不放弃不该放弃的是执著。

◆人生就像一场篮球赛，总有球星在里面闪烁着光彩，希望你就像赛场上的明星一样，在你的人生中发出耀眼璀璨的光。

◆别离的泪水，为记忆的长河增添新的浪花；别离的祝福，为再一次相聚拉开了序幕。

◆离别，有点难舍，但不怅然；有点遗憾，但不悲观。因为还有相逢的希望在安慰。

◆相逢又告别，归帆又离岸，既是往日欢乐的终结，又是未来幸福的开端。

◎公务送行祝酒佳句

◆女士们、先生们，朋友们！我提议：为我们之间日益深厚的友谊，为我们共同的事业，为×××先生及各位顾问的身体健康、归途顺利，干杯！

◆女士们、先生们，朋友们！最后，我提议：为×××先生一行的访问成功，为×××先生一行的健康，为在座各位女士们、先生们的健康，为××市同××市的友好合作，干杯！

◆你们马上就要出发了，我祝你们一路顺风。今天这桌酒菜是为你们饯行。来，干杯！

◆双方一年多来的辛劳终于有了成果，应该干杯庆贺。女士们、先生们，朋友们！现在我提议：为在座的×××同志和×××等×国朋友愉快友好的访问，干杯！

◆朋友们，最后，让我们斟满祝福的酒，加深炽热的情，共同举杯，为中×两国人民友好、为中×工会之间的友好交往、为××人民与××朋友的友谊，为各位女士、先生的健康和快乐，干杯！

◎送别宴祝酒辞素材

送别诗是抒发诗人离别之情的诗歌。古往今来，许多文人墨客对于离别总是歌吟不绝。在浓浓的感伤之外，往往还有其他寄寓：或用以激励劝

勉，或用以抒发友情，或用于寄托诗人自己的理想抱负。较为著名的送别诗句有：

◆桃花潭水深千尺，不及汪伦送我情。

——李白《赠汪伦》

◆劝君更尽一杯酒，西出阳关无故人。

——王维《送元二使安西》

◆轮台东门送君去，去时雪满天山路。

◆山回路转不见君，雪上空留马行处。

——岑参《白雪歌送武判官归京》

◆海内存知己，天涯若比邻。

——王勃《送杜少府之任蜀州》

◆孤帆远影碧空尽，唯见长江天际流。

—李白《送孟浩然之广陵》

◆莫愁前路无知己，天下谁人不识君。

——高适《别董大》

第九章
开业祝酒辞

祝酒之礼

◎开业酒讨吉利祥霭喜盈门

开业酒宴是指在单位创建、开业，项目完工、落成，或某一建筑物正式启用之际，为了表示庆贺讨吉利或纪念，而隆重举行的宴会。开业宴会在商界一直颇受人们的青睐。

一般认为，举行开业宴会，至少可以起到下列五个方面的作用：

第一，它有助于塑造出本单位的良好形象，提高自己的知名度与美誉度。

第二，它有助于扩大本单位的社会影响，吸引社会各界的重视与关心。

第三，它有助于将本单位的建立或成就"广而告之"，借以为自己招徕顾客。

第四，它有助于让支持过自己的社会人士同自己分享成功的喜悦，为日后的进一步合作奠定良好的基础。

第五，它有助于增强本单位全体员工的自豪感与责任心，从而为自己创造出一个良好的开端，或是开创一个新的起点。

站在礼仪的角度来看，开业酒其实只不过是一个统称。在不同的场合，它往往会采用其他一些名称。例如，开幕酒会、开工酒会、奠基宴会、竣

工宴会等。它们的共性都是要以热烈而隆重的宴会，来为本单位的发展创造一个良好的开端。它们的个性，则表现在仪式的具体运作上存在着差异，需要有所区别。

◎美酒祝新业

在开业宴会上，通常依次由本单位负责人、嘉宾代表致祝酒辞。主办方所致的祝酒辞，首先要感谢来宾的出席，可以说："我谨代表全体员工，对各位嘉宾的光临表示热烈的欢迎，感谢你们与我们一同分享这个美好的时刻！"

祝酒辞主旨要体现宴会的意义，可以向来宾介绍本单位的情况，然后提出决心和希望，邀请来宾以后多多惠顾、多多合作。比如："诚然，创业伊始，我们还是一棵幼苗，但我们渴望成长为参天大树。在我们的成长与发展过程中，我们真诚地希望各位领导继续给予关怀和支持，欢迎新闻界的朋友多多给予舆论监督，也希望律师业同仁给予更多的关心和帮助，更希望的是各位能够给我们些批评和指正，这一点对我们来说尤为宝贵！"最后再次对来宾的出席表示感谢，并对来宾致以美好的祝愿。如："各位领导和嘉宾能在百忙之中亲临这个晚宴，是我们的荣幸和骄傲，再一次向各位领导、嘉宾表示热烈的欢迎和衷心的感谢！最后，我提议：为各位领导、嘉宾的身体健康，工作顺利，阖家幸福，干杯！"

嘉宾的祝酒辞，主旨是表达恭贺之意，也可以对双方的合作前景作以展望，最后对主办方、来宾致以真诚的祝愿。

经典祝酒辞

一、酒店开业祝酒辞

范例：

【致辞背景】酒店开业午餐酒会

【致辞人】酒店经理

尊敬的各位领导、各位嘉宾，女士们、先生们，朋友们：

大家中午好！

今天，酒店正式试营业，作为酒店总经理，我感到十分荣幸。在此，我谨代表全体员工，对各位嘉宾的光临表示热烈的欢迎，对酒店的试营业表示衷心的祝贺，对日夜奋战在酒店施工现场、为酒店顺利投入运作而付出全部精力和时间的所有员工及有关协作单位致以诚挚的谢意！

××公司成立于××××年，经过十几年的成长和历练，业务范畴不断扩大，从初期的房地产开发、装饰设计及建筑施工、物业管理服务，到近年涉足的包装工业、餐饮业、高尔夫球场等，无不体现××公司的勤奋和上进精神，而××酒店的正式试营业，对推进公司的进一步发展将具有重要的意义。

××酒店总面积超过20 000平方米，拥有设备完善的客房和服务式公寓套房100多间，休闲设施包括多功能会议中心、迷你影院、中西餐厅、阳光泳池、足浴、棋牌、歌厅酒吧、舞蹈室、健身室、桌球乒乓球室和羽毛球场等，适合短暂商务停留或中长期居住，再配合现代风格的建筑设计，可谓主题、内容、需求相符。而在我市大力推进旅游经济发展的今天，亦可谓天时、地利、人和兼备。

未来的日子里，我们会努力提升酒店的服务和管理质量，以更高的目标建设各类项目，也希望能够得到在座各位一如既往的关怀和支持。最后，让我们共尽一杯酒，祝愿各位嘉宾身体健康，万事顺意，家庭幸福，干杯！

二、餐厅开业祝酒辞

范例：

【致辞背景】餐厅开业庆典仪式

【致辞人】餐厅经理

各位领导、各位来宾、朋友们：

××餐厅在各有关方面和在座各位的大力关心支持下，今天正式开业并举行庆典仪式。值此，我谨代表××餐厅全体员工，对各位领导，各位来宾表示热烈的欢迎！对关心和支持××餐厅发展的各位领导、各位朋友表示最诚挚的感谢！

××餐厅能有今天的发展，是全体员工辛勤工作的结果，更是各位领导、各界朋友关心支持和大力帮助的结果。不忘老朋友，结识新朋友，是本店的一贯宗旨。今后，我们将不辜负大家的厚望，进一步强化内部管理，不断改善服务环境，努力提高服务水平，竭诚为广大客户提供高标准、规范化的优质服务。由衷地希望新老朋友一如既往地关心、支持××餐厅。

最后，我提议：让我们共同举杯，为各位的身体健康、家庭幸福、事业兴旺，干杯！

三、大厦开盘祝酒辞

范例：

【致辞背景】大厦开盘答谢酒会

【致辞人】大厦经理

尊敬的各位来宾，女士们、先生们：

大家晚上好！今晚我代表××大厦项目的全体团队成员站在这里，想说的只有三句话。

第一是感动。今天我和在场的每一位来宾一起经历了一个难忘的日子：××大厦在经过×个月精心筹备之后，终于在这个月的下旬正式和大家见面了。这×个月对于我们来说是具有非凡意义的×个月。在这×个月里面，××大厦在全体员工的共同努力下，在各位朋友的支持和关注下从诞生到成熟，从默默无闻发展成为备受多方关注的商业地产项目。今天，莅临酒会的各位朋友和我在这里一起共同分享××大厦成长的快乐，共同祝愿××大厦的辉煌未来。

第二是承诺。××大厦承诺以保障每个客户的利益为我们市场经营的根本出发点。对于每一个投资××大厦的客户，我们都会充分地替您考虑到可能面对的所有风险和问题，并且我们会从操作模式上充分保障您的收益。我们的项目经营模式以及提供高质量的运营管理服务都是为了这一目标而服务的。

第三是感谢。感谢大家在百忙之中抽出时间和我们一起在这里共同分享大厦的成长欢乐，更要感谢大家一直以来对××大厦的关注和厚爱。没有你们的支持，就不会有××大厦的今天。在这×个月里，你们深深的信赖始终是我们战胜一个个困难，精益求精、打造建筑精品的动力。

最后，再次感谢大家光临××大厦的庆祝酒会，在不久的将来，我们会以项目的成功运作与良好的回报对每一个关注××大厦的客户作出回答。

朋友们，让我们共同举杯共祝××大厦美好的未来，祝愿光临本次庆祝酒会的各位朋友身体健康，生意兴隆，万事顺利！干杯！

四、足浴城开业祝酒辞

范例：

【致辞背景】足浴城开业庆典

【致辞人】足浴城经理

各位领导、各位嘉宾，女士们、先生们：

大家好！

从经营建材到涉足房地产，从开发房地产到涉足休闲，我们脚踩着福城大地，紧跟着湖南人民前进的步伐，脚踏实地一步步走来，××新天地足浴城，不过是我们高歌猛进、一路前行的足迹！

各位成功人士：阁下百忙之中拨冗出席新天地足浴城的开业庆典，足见阁下对新天地企业的厚爱、对足浴事业的重视、对休闲产业的青睐！这足以令我们充满信心、鼓足勇气、铆足干劲、做足文章，以打造资兴第一足浴城的手笔，书写东江旅游和郴州休闲的扛鼎之作！

千里之行，始于足下。让我们一起，为新天地、新项目、新产业、新理念、新健康、新辉煌，干杯！

谢谢大家！

五、保险分公司开业祝酒辞

范例：

【致辞背景】保险分公司乔迁开业酒会

【致辞人】保险分公司经理

尊敬的各位领导、各位来宾：

在××保险××分公司今天正式乔迁开业之际，我们有幸请来县有关部门领导、各乡镇政府主要领导和社会各界朋友欢聚一堂，感到非常高兴。我谨代表××保险××分公司的全体员工，对各位领导、各位嘉宾的光临，表示热烈的欢迎和衷心的感谢！

××保险××分公司在××县良好的经济、社会发展环境下，将努力为当地的团体和个人客户提供热情周到的服务。我相信，在各位领导、各

位嘉宾的关心和支持下，我们的发展前景将会更美好

同时，我恳请各位领导、各位嘉宾一如既往地关心和帮助我们。我也希望大家相互交流、广交朋友、寻求合作、共同发展。

最后，请大家举杯，为各位领导和嘉宾的身体健康、事业有成、家庭幸福，干杯！

六、经贸公司开业祝酒辞

范例：

【致辞背景】经贸公司挂牌成立仪式

【致辞人】公司经理

尊敬的各位领导、各位来宾：

大家好！

在各级领导的亲切关怀支持下，在公司全体员工的共同努力下，××经贸有限公司经过企业改制，今天终于正式挂牌成立了！

在这春回大地，万象更新的美好时刻，××经贸公司董事会及全体员工，向前来祝贺的各位领导、各位来宾表示热烈的欢迎和衷心的感谢。

××经贸有限公司改制前始建于××××年，是××市经营物资较早的企业。近十年来公司有了较大的发展，经济效益逐年提高，福利待遇得到保障，全体员工思想稳定，团结一致，特别是对公司改制给予了充分的理解、支持和拥护。新公司的成立，标志着二次创业的开始，我们肩负的责任将进一步加大，但是我们有信心不辱使命，继续发扬团结务实、奋力拼搏、以诚为本、多种经营的方针，在钢材、汽车、机械设备、地产等方面再接再厉，把企业做大、做强，让公司持续健康稳步发展，为社会多作贡献。

最后，让我们为了新公司的美好前景，为了在座各位领导的身体健康，为了广大员工的幸福生活，干杯！

七、婚纱影楼开业祝酒辞

范例：

【致辞背景】婚纱影楼开业典礼

【致辞人】影楼经理

各位宾朋：

大家好！

金秋的阳光温馨恬静，十月的秋风和煦轻柔，仰望蓝天，白云飘逸悠然。在这硕果飘香的喜庆之日，大型婚纱影楼——××××隆重开业了！值此开业之际，我谨代表××××的全体员工，向各位宾朋的到来表示热烈的欢迎和诚挚的感谢！向光临影楼的幸福情侣表示衷心的祝福。

××××婚纱影楼经过精心装修，投入巨资，打造了超豪华实景影棚，新购多款当今世界流行时尚的极品婚纱、礼服，聘请具有新思想、新理念、新摄影手法的婚纱摄影界领军摄影师和引领时尚主题的化妆造型师，为您提供精心周到的服务，让您领略婚纱摄影极品店的舒适与豪华！

在此，××××婚纱影楼向幸福情侣们郑重承诺：我们将以“亲切·专业·创意·领先”的经营理念，竭诚为您服务。

乘风破浪会有时，直挂云帆济沧海。××××婚纱影楼的全体员工将以精诚合作的团队精神，在婚纱摄影的天地间尽显风采！

我们真诚祝愿天下有情人终成眷属，祝愿终成眷属的有情人恩爱幸福，天长地久！

让我们斟满酒杯，为各位来宾的身体健康、生活幸福，干杯！

八、律师事务所开业祝酒辞

范例：

【致辞背景】律师事务所成立晚宴

【致辞人】律师事务所所长

尊敬的各位领导、各位贵宾：

大家上午好！

××律师事务所乘八面来风，应众心期盼，于××××年××月××日经司法部核准、省司法厅批准，在今天挂牌开业。值此庆典之际，我代表××律师事务所的全体工作人员对各位领导、律师业的同仁以及各位贵宾表示热烈的欢迎和真诚的感谢！

在这激动人心的时刻，我心潮澎湃，感慨万千。在律师事务所筹备期间，承蒙省司法厅、市司法局各位领导及诸多朋友给予了事务所最大的帮助和支持。在此，请允许我真诚地向你们致谢！

本所将着力为中小企业提供法律服务，为行政机关依法行政当好参谋，为企业经济发展做好顾问，为社会弱势群体提供法律援助，为促进社会和谐、经济发展作出贡献。

没有热忱，事业就不会有沸腾。法律就像田地、机器一样，不经运作将毫无意义，而运作的好坏则是关键。我们正是在心中对法律怀有热爱，对正义怀有渴望，对社会怀有思考才投身于律师这一职业，我们所求的不仅是定纷止争，更谋求未雨绸缪，为社会的长治久安作出我们应有的贡献！

诚然，创业伊始，我们还是一棵幼苗，但我们渴望长成参天大树。在我们的成长与发展过程中，我们真诚地希望各位领导继续给予关怀和支持，欢迎新闻界的朋友多多给予舆论监督，也希望律师业同仁给予更多的关心和帮助，更希望的是各位能够给我们批评和指正，这一点对我们来说尤为宝贵！

最后，我谨代表××律师事务所全体工作人员，向大家再次致以最诚挚的祝福与感谢！

让我们举起酒杯，为天下太平，为正义、公正和真理，干杯！

九、画廊开业祝酒辞

范例：

【致辞背景】画廊开业宴会

【致辞人】画廊经理

尊敬的各位朋友：

你们好！走过春暖花开的春天，又迎来了金色夏天。今天××茶楼的员工们将以亲切热烈和无比感激的心情欢迎书画家和老朋友的光临，感谢你们五年来对我们的关心与支持！

为弘扬民族文化，提升茶楼品位，繁荣书画市场，推展我市名家名画的发展，在各位艺术家、收藏家和书画爱好者的关爱与帮助下，×××画廊今天正式挂牌。

为促进书画艺术的发展，画廊将举办各种书画展活动，经常邀请书画艺术家莅临×××画廊与广大收藏家、书画爱好者进行面对面的交流。使您在欣赏佳作的同时，也能品味到艺术家高尚的人格魅力。

企业家常说：以质量求生存，以信誉求发展。为广大收藏爱好者提供高质量、高品位、有收藏价值的作品是画廊的天职和得以生存的基础，只有确保书画的真实性，画廊才能有持续发展的空间。为了艺术，我们将尽一切可能为您提供最诚挚、最优质的服务。茶香、墨香，凝结着人生最珍贵的友情和祝福，迎来送往，呈现出生活的艰辛和精彩。正因为有了你们才有了×××画廊，今天的××茶楼，带着新意、带着友情、带着朋友们的祝福和期盼，以自己的文化特色走在竞争激烈的行业前列。

希望在座各位朋友一如既往地支持我，请允许我代表全体员工，真诚地向你们道一声：谢谢你们！让我们一起翱翔在艺术的天地里！谨以杯中酒，顺祝在座的各位朋友身体健康，家庭幸福，开心快乐每一天！干杯！

十、医院开业祝酒辞

范例：

【致辞背景】庆祝医院开业的晚宴

【致辞人】医院院长

尊敬的各位领导、各位来宾、朋友们：

大家上午好！

春回大地，万象更新。在这春暖花开、春意盎然的美好季节，××医院在各级领导的关心和支持下，今天正式开业了。

首先，请允许我代表××医院全体员工，向前来参加开业庆典的各位嘉宾表示热烈的欢迎！向关心、支持、帮助××医院发展的各位领导、新闻媒体、社会各界朋友表示衷心的感谢！

××医院是我市卫生局批准的一家综合性医疗机构，是我市第一人民医院技术指导医院。医院配套设施完善，装修精美，格调高雅，布局合理，环境优美，医院设内科、外科、妇科、儿科、中医科……

我们将努力构建和谐医患关系，积极开展“同样的医德比医风，同样的技术比效率，同样的质量比信誉，同样的效果比费用，同样的条件比快捷”活动，不断推进医院“品质、疗效、服务、环境”的建设步伐，全面提高医疗技术服务水平，合理规范医疗技术服务价格，以高品质的医疗技术服务，至真至诚，奉献社会，提高我市东部居民的健康水平。

我们有理由相信，××医院的开业，一定会为东区的居民朋友带来更加优质的医疗服务，给东区的医疗行业注入新的活力。我们更加相信，有

市、区各有关部门营造的良好环境，有广大人民群众的支持和厚爱，我们一定会不负众望，把健康事业做得更好！

在未来的发展中，我们也恳请各位领导、嘉宾给予××医院一如既往的关怀和支持。

各位领导和嘉宾能在百忙之中亲临这个晚宴，是我们的荣幸和骄傲，再一次向各位领导、嘉宾表示热烈的欢迎和衷心的感谢！

最后，我提议：为各位领导、嘉宾的身体健康，工作顺利，阖家幸福，干杯！

十一、家具店开业祝酒辞

范例：

【致辞背景】家具店开业宴会

【致辞人】友好单位领导

各位嘉宾、朋友们、同仁们：

在这千山万岭枫叶红，十里长街飘酒香的收获季节里，××家具店宏张开业了。在这开业庆典吉祥喜庆的时刻，我谨代表××公司和全体师生员工，向××家具店宏张开业表示热烈祝贺！向关心支持商店经营事业的领导、嘉宾、同仁们表示衷心感谢，并致以崇高敬意！

在××××年，国内外市场发生剧烈变化的特殊时期，××家具店以崭新风貌闪亮登场，面临市场经营新形势，充满信心，生机勃勃。希望××家具店在社会各界和广大宾客的关心与支持下，外拓市场，内强管理，狠抓服务，创新经营理念，更好地为社会服务、为顾客服务，同时面对产品品牌化、服务品牌化的发展需要，不断探索完善经营管理，要一切为客户着想，一切“以客为尊”，同时在产品样式采购环节秉承“质优价廉”和满足不同消费者需求的理念。希望通过真情赢得顾客，通过顾客赢得市场，通过市场赢得更多商机。

财如旭日祥云排，利似春潮带雨来。

名牌誉满三江水，好货能招四海财。

礼貌待客品质高，文明经商暖情怀。

生意恰似泉中水，朋友如花遍地开。

希望借助各位来宾、女士们、先生们带来的吉祥和美意，广吸喜气，海纳财源，满怀信心，辛勤耕耘，科学经营，努力奋斗，创造灿烂辉煌的美好明天！与在座各位互惠共赢，共享共乐。

请大家共同举杯，为健康干杯！为美好的生活干杯！为大家的幸福干杯！

常用祝酒辞

◎开业祝酒佳句

◆女士们、先生们，朋友们！现在我提议：请大家举起手中的酒杯，为我们今天的欢聚，为我们诚挚的友谊和合作，为在座各位的事业成功、身体健康、家庭幸福，干杯！

◆再次感谢各位领导、各界朋友的光临。女士们、先生们，朋友们！现在我提议：为各位领导、各位来宾、各位新老朋友的身体健康、家庭幸福、万事如意，为××合作银行的兴旺发达，干杯！

◆女士们、先生们，朋友们！我提议：为了我们××和××超市以后的合作愉快，我们一齐干一杯！

◆不论是公司注册，还是将来的生意，都少不了×××先生、×××女士和在座其他朋友的鼎力相助，我提议：首先，为大家合作愉快，干杯！

◆女士们、先生们，朋友们！我提议：为××公司的兴盛发达，干杯！

◆在××公司开业喜庆之际，我向××公司表示最热烈的祝贺！我衷心地希望××公司生意兴隆，生意长久！

◆祝贺你开业兴隆财兴旺，财源茂盛达八方，事业顺利福高照，日进斗金门庭闹。

◆幽香拂面，紫气兆祥，庆开业典礼，祝生意如春浓，财源似水来！

◆送你一个吉祥水果篮，底层装一帆风顺，中间盛放财源滚滚，四周堆满富贵吉祥，上面铺着成功加永远快乐！祝开业大吉！

◆今天的庆典，标志着事业的起步，标志贵公司大展宏图、绘制五彩缤纷画卷的开始，标志着××集团“联合舰队”打造的“金飞环号”扬帆起航，迎着市场经济的大潮，迎着大潮中汹涌的波涛，驶向胜利的彼岸。

◆三国故里，人杰地灵；千年古城，英才辈出。××公司的鸿篇巨制将在你们手中挥笔。我们坚信，有各级领导和社会各界的鼎力相助，经过××全体员工的共同努力，发扬开拓进取、求真务实、尊重科学、尊重人才的精神，坚持讲究效率、快捷高效、团结协作、诚实守信的作风，一定能够取得良好的经济效益和社会效益，一定能够取得辉煌硕果。

◆在这里我也衷心祝愿×××大酒店在以后的发展中，财如晓日蒸云起，利似春潮带雨来，衷心地祝愿×××大酒店与社会各界朋友的友谊天长地久、地久天长！祝愿所有的朋友吉祥如意，事业腾达！

◆我希望××大酒店能立足新区、稳步发展，客源倍增、生意兴盛！同时，也衷心地祝愿××集团的事业灿烂辉煌！让我们举起酒杯，预祝××大酒店开业庆典圆满成功，干杯！

◆一艘刚刚起航的航船，让我们一起驶向更美好的明天！最后祝××公司开业大吉，祝开业庆典圆满成功。

◎开业祝酒辞行业妙句

一、商业机构开业

宏图大展；裕业有孚
财源通海；顾客盈门
隆声远布；兴业长新
吉星欣在店；祥霭喜盈门
昌期开景运；泰象启阳春
恒心有恒业；隆德享隆名
友以义交情可久；财从公取利方长
文明经商生意好；礼貌待客顾客多
公平交易财源广；合理经营利路长
货有高低三等价；客无远近一样亲
湖海交游凭道义；市场贸易具经纶
贸易岂无德贤志；权衡须用公正心
经商不教陶朱富；买卖长存管鲍风

门前大道通八方利路；店后小溪纳四面财源

礼谦宜贸无论东南西北；应时便民当分春夏秋冬

开张呈喜无边春色融融乐；举业有方不尽财源滚滚来

祝开门大吉喜看四方进宝；贺同道呈祥欣期八路来财

生意通东西财源贯南北经营有道；新风送冬夏信誉奉春秋盈得多方

二、餐饮业开业

生意如春意；新行胜旧行

看今日吉祥开业；待明朝大富启源

公平有德财源广；和气致祥生意兴

酒店兴宏图大展；人缘广裕业有孚

待客人诚挚百倍；做生意信诺千金

酒楼开业逢盛世；贺客盈门颂吉祥

雅逸门庭茶逸雅；清真饭馆菜真清

莫笑阳春供一饱；须知风味有三鲜

四座了无尘世在；八窗都为酒人开

美酒佳肴迎挚友；名楼雅座待高朋

三、工业、交通运输业开业

凌霄挥巨手；立地起高楼

飞驰千里马；更上一层楼

闭关非良策；开放架金桥

乘风誓兴鹏程路；兴厂功高有志人

无限春光无限路；有为时代有为人

万众一心齐奋力；百舸千里竞争流

树雄心创大业江山添锦绣；立壮志写春秋日月耀光华

四、文卫机构开业

大地文风布；长空墨气存

欣文坛喜溢；看艺苑花荣

心连四化业；笔绘九州春

书画诗词歌大治；吹拉弹唱庆升平

艺苑花开添锦绣；文坛春暖布阳和

展望文山增智慧；挖掘遗产写新篇

两只起死回生手；一颗安民济世心

沾喜露医林劲旅千花竞秀；迎春晖华夏药坛百草生香

五、教育机构开业

学烛炬气概；效春蚕精神

园丁励志栽桃李；伯乐诚心育英才

乐教梓楠同受范；喜看桃李广成才

庆新校改颜国旗招展腾腾气；祝校园更貌院舍生辉阵阵歌

第十章
开幕闭幕祝酒辞

祝酒之礼

◎杯酒言欢善始终

开幕宴会和闭幕宴会通常在开幕式和闭幕式之后举行，有时也与开幕式、闭幕式融为一体。致开幕祝酒辞可以依照以下几方面进行：

第一，宣布活动隆重开幕。如："金秋九月，硕果飘香。在这个美好的季节，我们有幸请来全国各地的嘉宾、朋友，共同庆祝第九届中国秦皇岛昌黎国际葡萄酒节隆重开幕。在此，我谨代表中共秦皇岛市委、秦皇岛市人民政府，对各位领导、各位来宾表示热烈的欢迎和衷心的感谢！"

第二，本次活动的主要议程和要达到的目的。

第三，完成最终目标，必须依靠团结各方面的力量。如："站在新的起点上，放眼未来，我们豪情满怀，信心倍增。让我们紧密地团结起来，在市委的正确领导下，励精图治，攻坚克难，与时俱进，锐意进取，创造××更加美好灿烂的明天。我们的目标能够实现，我们的目标一定能够实现！"

第四，开幕祝酒辞的结束语一般是发出号召，一方面希望与会者搞好本次活动；另一方面，号召与会者落实活动精神。如："美好的未来要靠我们用激情和热情，用智慧和劳动，用汗水和奉献，用信念和奋斗去开创！

现在我提议：让我们共同举杯，为迎来××地区更加灿烂辉煌的明天，干杯!”

闭幕祝酒辞与开幕祝酒辞在内容上有一种对应关系，一次会议是一个整体，开幕祝酒辞是开头，闭幕祝酒辞是结尾，中间的过程是主体，它像一篇文章一样，要有一个统一的、有机的、具有内在联系的完整结构。开幕祝酒辞宣布大会隆重开幕，闭幕祝酒辞宣布大会胜利闭幕、开幕祝酒辞提出议程，闭幕祝酒辞对议程完成情况加以总结、开幕祝酒辞提出希望搞好本次活动，闭幕祝酒辞对搞好本次活动付出辛劳的同志表示感谢。开幕祝酒辞和闭幕祝酒辞都要简短，这也是在结构形式上的对应。只有这样前后对应，才能体现出活动始终所贯穿的一个集中鲜明的主题，表现出活动的完整性。

◎鸡尾酒会礼仪

有时，如果开幕举办了隆重的宴会，闭幕有可能举办相对轻松的鸡尾酒会。鸡尾酒会在近年来的社交界很流行，这种聚会形式时尚简洁，非常方便人们交谈。通常鸡尾酒会以酒水为主，配备一些小点心。这种形式的设计就是淡化食品，注重结友交流。参加鸡尾酒会，应注意以下几点：

第一，有时候会有服务生拿着托盘在场内走动，你可以在他的托盘中拿取食物、酒水，也可以选择自己去吧台拿酒水。有的食物是用牙签串着的，有的则没有牙签，需要用手拿，在拿取这些食物的时候应当拿一张纸巾，随时擦自己的手指和嘴。

第二，鸡尾酒会通常不设坐椅，目的是促使客人多走动，增加交往范围。这时不应当把注意力集中在食物上，而是应当去和更多的人交谈，同时切忌用又冷又湿的右手和人握手。

第三，不要把烟灰弹到地毯上，或拿杯子、盘子当烟灰缸，用完就不管了。

第四，不要在和别人说话时东张西望，好像生怕错过哪个更重要的人物，这是非常不礼貌的。

第五，不要抢着和贵宾谈话，不让别人有和他们搭讪的机会。

第六，不要硬拉着主人讨论严肃话题，聊个没完。要知道，主人还有更重要的事要做。

第七，不要霸占餐点桌，以致别的客人没机会接近食物。

经典祝酒辞

一、展会开幕祝酒辞

范例：

【致辞背景】展览会开幕招待酒会

【致辞人】贸易促进委员会分会领导

女士们、先生们：

晚上好！中国国际××展览会今天开幕了。今晚，我们有机会同各界朋友欢聚，感到很高兴。我谨代表中国国际贸易促进委员会××市分会，对各位朋友光临我们的招待会，表示热烈欢迎！

中国国际××展览会自上午开幕以来，已引起了我市及外地科技人员的浓厚兴趣。这次展览会在××举行，为来自全国各地的科技人员提供了经济技术交流的好机会。我相信，展览会在推动这一领域的技术进步以及经济贸易的发展方面将起到积极作用。

今晚，各国朋友欢聚一堂，我希望中外同行广交朋友，寻求合作，共同度过一个愉快的夜晚。

最后，请大家举杯，为中国国际××展览会的圆满成功，为朋友们的健康，干杯！

二、比赛开幕祝酒辞

范例：

【致辞背景】庆八一领导干部篮球赛开幕酒会

【致辞人】区领导

尊敬的各位领导、同志们、朋友们：

晚上好！

首先，我代表××区委、区政府向各位领导的到来表示热烈的欢迎，向一直以来给予我们支持和帮助的领导和朋友们致以崇高的谢意！

今晚的酒会，我们有三喜。

一喜，喜迎建军××周年，全区军民同庆，鱼水之情更深、更浓。

二喜，由×××、×××、×××联合主办的庆八一领导干部篮球比赛，今天下午就要开幕了。比赛场上，运动员们将以球会友，强健体魄。

三喜，是区、矿、乡领导欢聚一堂，借球赛之机，共叙友情，共谋地区发展更大的合作领域。

××是我们共同的家园！无论是在企业还是在机关，无论是中直还是省直，无论在军队还是在地方，我们都共同生活、工作在××这片美丽的土地上，共饮××水，同为××人。携手共建一个美好和谐的新××，是我们无上的光荣。我们要更加紧密地团结起来，树立区域一体、共谋发展的思想，走项目联上、市场联开、城区联建的发展之路，在干事创业，造福于民的道路上再创新佳绩，铸就新辉煌！美好的未来要靠我们用激情和热情，用智慧和劳动，用汗水和奉献，用信念和奋斗去开创！

现在我提议：让我们共同举杯，为迎来××地区更加灿烂辉煌的明天，干杯！

三、节庆开幕祝酒辞

范例：

【致辞背景】第九届中国×××××国际葡萄酒节招待酒会

【致辞人】×××常务副市长×××

尊敬的各位领导、各位来宾：

金秋九月，硕果飘香。在这个美好的季节，我们有幸请来全国各地的嘉宾、朋友，共同庆祝第九届中国×××××国际葡萄酒节隆重开幕。在此，我谨代表中共×××市委、×××市人民政府，对各位领导、各位来宾表示热烈的欢迎和衷心的感谢！

×××是中国第一瓶干红葡萄酒诞生的地方。近年来，我市大力培植葡萄酒产业，不断丰富和延伸产业链条。目前全市拥有近6万亩酒葡萄基地，形成了华夏长城、朗格斯酒庄等高档次葡萄酒加工企业集群，以葡萄酒为主题的休闲旅游初具规模，葡萄酒产业已发展成×××市重要的支柱产业。

中国×××××国际葡萄酒节，是弘扬葡萄酒文化，打造葡萄酒品牌，增进业界交流和友谊的重要平台。葡萄酒节已成功举办了八年，我们的葡萄酒品牌由全国逐步走向了世界，各兄弟城市间的感情也越来越深。本届葡萄酒节继续秉承政府搭台、企业唱戏的办节思路，突出合作共赢主题，坚持以节会友、以酒叙情，不断拓展业界合作领域，不断提升我市葡萄酒品牌知名度和影响力。

希望各位嘉宾、各界朋友一如既往地关注和支持×××市干红葡萄酒产业的发展。我相信，有在座各位的鼎力相助，本届葡萄酒节一定会取得圆满成功，×××的葡萄酒产业一定会实现持续快速发展。

最后，我提议：让我们共同举杯，预祝第九届中国×××昌黎国际葡萄酒节圆满成功！祝各位领导、来宾、朋友，身体健康，万事如意！干杯！

四、交流会开幕祝酒辞

范例：

【致辞背景】××市迎新春历代名家书画精品赏析交流会开幕式

【致辞人】××市收藏文化交流协会会长×××

各位领导、各位来宾：

大家好！

2008，不朽的中国！我们为2008喝彩！我们为2008干杯！

我们已经站在了2009年的门槛上，这是2008年的终点，也是2009年的起跑线，有了2008年的助跑，2009年我祝愿我们国家国泰民安，举世仰慕！

朋友们，我们××市收藏文化交流协会是一个刚刚诞生的社会团体，它在起步之时就得到了社会各界的支持和各位嘉宾的厚爱，充满了强劲的生命力。在此，我代表××市收藏文化交流协会对各位老领导、各位嘉宾的青睐和光临，表示衷心的感谢！

女士们、先生们，改革开放30年，艺术品收藏市场发展走向集约化管理十几年，经历了从单一化到规模化、从一般经营到高端收藏、从传统交流模式到进入互联网空间的巨大转变。我协会主办此次历代名家书画精品赏析交流会，以及将要在2009年其他三个季度分别举办的玉器、杂项、古陶瓷三场专题活动，就是要为引领我市高端收藏作出我会应有的贡献。

在新春佳节来临之际，我谨代表××集团、中国古玩网、××市收藏文化交流协会，向各位嘉宾拜早年啦！

请大家举起酒杯，祝愿大家牛年收藏健康，收藏鸿运，收藏幸福，把收藏进行到底！

谢谢大家！

五、艺术节闭幕祝酒辞

范例：

【致辞背景】宝山国际民间艺术节闭幕式

【致辞人】××市××区领导

尊敬的伊廷先生、瑞卡斯先生，

各位艺术团团长、各位民间艺术表演家：

晚上好！

刚才在我们的闭幕式上，每个艺术团都拿到了一个精致的奖杯，在此，我代表艺术节组委会向大家表示衷心的祝贺！

××国际民间艺术节是世界民间艺术交流的舞台，在这个舞台上，我们交流艺术，增进友谊，正是有了大家的参与，才使我们的艺术节举办得如此绚丽多姿、精彩无比。

在过去的8天里，大家的精彩演出给××人民留下了难忘的印象，我们已经为大家做好了精美的影集和开幕式DVD光盘，明天各位将陆续离开上海，我希望大家能把这些照片和图像带回自己的家乡，和家人、朋友共同分享艺术节的成功和喜悦。我相信，虽然我们相隔遥远，但我们的心灵是相通的，我们的友谊是永恒的。

××国际民间艺术节是大家共同的节日，我现在给大家透露一个消息：今天也是×××××民间艺术团×××××小姐的生日。

最后，我提议：让我们共同举杯，为艺术节的成功，为我们的友谊，为祝贺×××××小姐的生日，干杯！

六、党代会闭幕祝酒辞

范例一：

【致辞背景】党代会闭幕宴会

【致辞人】区委领导

尊敬的各位代表，

新当选的中共××区第八届委员会各位委员、候补委员，

新当选的中共××区纪律检查委员会各位委员，

大会全体工作人员，同志们：

全区××万各族人民和×××名共产党员共同瞩目的中国共产党××市××区第×次代表大会，历时两天，今天胜利闭幕了！此时此刻，我们怀着无比喜悦和激动的心情，欢聚一堂，共同庆祝本次盛会的圆满结束。

大会期间，全体与会代表以高度的政治责任感和历史使命感，解放思想，实事求是，团结一致，同心同德，选举出了第×届××区委员会和纪律检查委员会，圆满完成了大会各项工作任务。

这次党代会，得到了市委领导和市委有关部门的指导、支持和帮助，得到了全区各界人士的大力支持，全体工作人员和所有为大会服务的同志们夜以继日、辛勤工作，从各个方面保证了大会的顺利进行。在此，我代表×届区委、区纪委，向与会全体代表、列席代表和全体工作人员，向所有指导、支持、帮助我们大会的同志们、朋友们表示衷心的感谢和崇高的敬意！

今年及今后一个时期，第×届区委将在市委的直接领导下，以邓小平理论和“三个代表”重要思想为指导，坚持以科学发展观统领经济社会发展全局，团结和带领全区各级党组织、全体党员和广大干部群众，抢抓机遇，加快发展，为全面实现××区新一轮跨越式发展而努力奋斗。

各位代表、同志们，现在我提议：为庆祝××区第×次党代会胜利闭幕，为××区的美好明天，为在座各位的身体健康，干杯！

范例二：

【致辞背景】党代会闭幕宴会

【致辞人】市委领导

各位代表、同志们、朋友们：

潮平两岸阔，风正一帆悬。

在这生机勃勃、激情迸发的五月，中国共产党××市第×次党代会胜利召开了。在此，我们表示热烈的祝贺！

过去的三年，在中央领导的亲切关怀下，在省委、省政府的高度关注和大力支持下，在市委、市政府的坚强领导下，在全市广大党员干部群众

的共同努力下，×市发生了日新月异的变化，走上了复兴崛起之路，谱写了我市经济社会发展的绚丽篇章。

今日的××大地，天时、地利、人和，这里孕育着科学发展的最好机遇，这里形成了心齐、气顺、劲足、实干的创业环境，这里是我们干事、干成事、干成大事的一方热土。今日的××人民有着更多的企盼、更高的追求。风劲潮涌，自当扬帆破浪；任重道远，更需快马加鞭。我们深信，与会代表一定会以高度的责任感、强烈的使命感，充分发扬民主、凝聚民智、反映民意、共谋民利，一定会从大局出发，不负全市人民重托，行使好权利，保证顺利完成大会预定议程，绘就我市更快更好发展的宏伟蓝图。

站在新的起点上，放眼未来，我们豪情满怀，信心倍增。让我们紧密地团结起来，在市委的正确领导下，励精图治，攻坚克难，与时俱进，锐意进取，创造××更加美好灿烂的明天。我们的目标能够实现，我们的目标一定能够实现！

我提议：为第×次党代会取得圆满成功，为实现我们的理想和目标，为××百姓的福祉，干杯！

七、职代会闭幕祝酒辞

范例：

【致辞背景】油田公司职代会闭幕晚宴

【致辞人】油田公司领导

各位代表、同志们、朋友们：

在这充满喜庆、孕育希望的元月，××油田公司××××年工作会议暨第×届一次职代会、第×届工会会员代表大会胜利召开了。在此，我们首先对三会的胜利召开表示热烈的祝贺！

过去的××××年，在集团公司、股份公司正确领导和大力支持下，××油田公司全体员工团结一心，奋发拼搏，各方面工作都取得了可喜的成绩和突破。职工生产、生活条件进一步改善，队伍团结稳定，油区各项事业欣欣向荣，处处呈现生机勃勃的景象。

××××年是××油田顺利完成“十一五”规划目标，实现跨越发展至关重要的一年，也是充满希望和挑战的一年。站在新起点的××石油人，应该有更多的企盼、更高的追求。我们深信，与会代表一定会从××油田的发展大局出发，不负全公司员工重托，行使好职能，带头宣传、贯彻、执行好本次大会的精神，带领公司全体员工，以无比的热情投身到公司的发展洪流中去，绘就××油田的宏伟发展蓝图。

面对××油田新时期的目标和任务，我们豪情满怀，信心倍增。让我们紧密地团结起来，在集团公司的正确领导下，为油田奋斗，创新务实，锐意进取，努力开创××油田公司又好又快的发展新局面。

我提议：为油田公司三会的顺利召开，为“十一五”规划进程的顺利推进，为××油田的美好未来，干杯！

八、比赛闭幕祝酒辞

范例一：

【致辞背景】职工乒乓球比赛的闭幕宴会

【致辞人】公司领导

尊敬的领导们、同胞们：

大家晚上好！

春回大地百花香，举杯同庆新篇章。今天，在这璀璨的时刻，我们欢聚一堂，共同庆祝××公司第五届××××杯职工乒乓球比赛的闭幕。在此，我代表××党委向出席今天宴会的领导及××同胞表示热烈的欢迎！

×××公司已先后举办了五届乒乓球比赛，极大地丰富了广大员工的业余文化生活，激发了广大职工参与全民健身的热情，锻炼了员工的体魄，增进了员工之间的相互了解。我们将珍惜这次难得的机会，认真学习和借鉴×××的光荣传统和先进经验，加强交流，扩大往来，增强×××同胞兄弟般的情谊，在交流切磋之间共同发展，一起形成坚固的与同业竞争的抗衡力。这次活动在××市举办并由×××单位承办，得到了有关部门大力支持，在此表示衷心的感谢！

在这次比赛中，相关工作人员各负其责、加强协作，切实搞好服务，确保了比赛客观、真实、公正、公平；同时，参赛选手发扬了顽强拼搏的精神和良好的体育道德风尚，赛出风格、赛出水平，展示出职工良好的精神风貌，以达到增强体质、创建和谐的目的。这将促进营造具有××特色的企业文化氛围，进一步推动精神文明建设，以健康的体魄、良好的精神风貌努力开展工作，促进各项工作的发展。让我们为今天的相聚，为明天

的希望，为你我的健康，为大赛的圆满成功，干杯！

范例二：

【致辞背景】 ××县委“紫荆杯”篮球邀请赛闭幕式

【致辞人】 ××市××县委领导

尊敬的各位领导、各位来宾、同志们：

大家下午好！

在欢庆五一的热烈气氛中，经过三天的紧张比赛，××县“紫荆杯”篮球邀请赛今天就要胜利闭幕了。在此，我谨代表××县委、县人大、县政府、县政协及全县43万人民，向不辞辛苦、远道而来的各位领导、各位嘉宾、体育界同仁表示最诚挚的敬意！

本次篮球邀请赛，既对我县近年来经济文化建设成果进行了宣传和展示，也同全市各县（区）进行了广泛的学习和交流，加强了团结，增进了友谊。在比赛过程中，各县（区）代表队充分发扬团队精神，团结拼搏，勇于进取，赛出了风格，赛出了水平，给××人民留下了深刻的印象。本次邀请赛是一次开拓创新、共建和谐的盛会，是一次凝聚人心、鼓舞干劲的盛会，达到了相互交流、共赢发展的目的。我相信，这次邀请赛的成功举办，必将对今后兄弟县（区）之间的共同合作、对加深各县（区）之间的友谊、对全市体育事业的蓬勃发展都起到积极的推动作用。

现在，我提议：为本次邀请赛的成功举办，为我们共同的友谊，为朋友们的健康、幸福，干杯！

常用祝酒辞

◎开幕宴会祝酒佳句

◆女士们、先生们，朋友们！在会议正式开始之前，请允许我提议：为我们国家的繁荣昌盛，为我们的成功合作，为大家的身体健康，干杯！

◆女士们、先生们，朋友们！现在我提议：为海外侨胞事业兴旺发达、身体健康，为××××年华侨华人专业人士创业发展洽谈会圆满成功，干杯！

◆今天，我们欢聚在亚洲最具异国风情的国度，在芭堤雅美丽的阳光、碧海、沙滩之间，隆重举行“中国××集团××××年明星高峰会议”，热烈庆祝平安一年一度的盛大节日。首先，我谨代表大会向来自全国各地的高峰英雄致以热烈的欢迎和衷心的祝贺，你们是平安最璀璨的明星，平安因你们而骄傲！今天，这里是你们挥洒胜利喜悦的舞台！明天，平安依然是你们壮志凌云的家园！

现在，这里热血沸腾、激情四溢的盛会使芭堤雅的美更锦上添花！让我们一起品尝胜利的果实，回味成功的快乐。

◆各位代表，让我们以饱满的热情，以对党的事业和我单位前途高度负责的精神开好这次大会，圆满完成大会提出的各项工作任务，把这次大会开成一个振奋精神的大会、明确方向的大会、真诚团结的大会、开创未来的大会！预祝大会圆满成功！

◆国家统一、民族振兴是中华民族的共同愿望。一个统一强大的中国，将使包括海外侨胞在内的全体中华儿女为自立于世界民族之林而自豪，为世界的和平年发展作出更大贡献。希望广大海外同胞继续为促进两岸关系的健康发展，推进中国的和平统一进程作出新的贡献。我们相信，在海内外全体中华儿女的共同努力下，祖国的完全统一和中华民族的伟大复兴一定能早日实现。最后，预祝大会圆满成功！祝愿海外同胞事业发达，家庭幸福！干杯！

◆我衷心地希望公司各单位、公司各族干部职工积极参与到公司首届文化节中来，尽展雄风，拓展素质，大展才艺。我也相信，通过公司各族干部职工的共同参与和努力，首届文化节一定流光溢彩、绚丽夺目。最后，祝文化节举办得热烈精彩、圆满成功！祝各位领导、各位来宾、同志们身体健康，吉祥如意！干杯！

◆同志们，职业技能竞赛是发现人才、挖掘人才和培养人才的一种好形式，是对操作员工职业技能培训和岗位练兵活动成果的一次大检验。竞赛不是目的，目的是要通过竞赛激发更多的员工学习技术、苦练技能。通过比赛切磋技艺，找出差距，共同提高。希望各位选手沉着应战，赛出水平，赛出风格，取得好成绩。最后，祝首届员工技能竞赛取得圆满成功，祝各位参赛选手取得好成绩！

◎闭幕宴会祝酒佳句

◆女士们、先生们，朋友们！现在我提议：让我们共同举杯，为××大赛的圆满成功，为各位来宾的身体健康、事业发展、家庭幸福，干杯！

◆女士们、先生们，朋友们！最后，我提议：让我们共同举杯，为出席今晚宴会的×××主席及各位朋友、与会代表的身体健康，为“第×届××大会”的成功举办，为各位在充满活力的××逗留愉快，干杯！

◆女士们、先生们，朋友们！现在我提议：为会议的圆满成功，为各位朋友的健康，为我们友谊地久天长，干杯！

◆女士们、先生们，朋友们！现在我提议：为××的团结与合作，为××地区的稳定与繁荣，为在座各位的健康与幸福，为本次大会的圆满成功，干杯！

◆女士们、先生们，朋友们！现在，我高兴地提议：让我们举起酒杯，为××数码艺术周圆满成功，为××艺术和××产业的更快发展，为在座各位的身体健康、阖家幸福，干杯！

◆金秋拂秋实，玉杯斟佳酿。现在我提议：让我们共同举杯，为第十一届中国豆腐文化节圆满成功，为我们的健康、友谊和发展，为各位来宾事业兴旺、万事如意，干杯！

◆女士们、先生们，朋友们！现在我提议：让我们共同举杯，为×届服装交易会的圆满成功，为××、为××更加光辉灿烂的未来，为在座各位来宾的身体健康，生活美满，事业辉煌，干杯！

◆女士们、先生们，朋友们！下面，我提议：为××××年××文化旅游节取得圆满成功，为新闻界各位朋友的身体健康，为我们诚挚的友谊，干杯！

◆女士们、先生们，朋友们！我提议：大家举杯，为××大会的圆满成功，为××暨中医药事业取得更大的成就，为各位领导、各位来宾的身体健康，为各位同道事业有成，干杯！

◆女士们、先生们，朋友们！现在，我提议：为第×届××花卉博览会暨农业合作洽谈会的成功举办，为各位领导、各位来宾、各位朋友的健康幸福，为我们在更为广阔的领域里的交流与合作，干杯！

◆女士们、先生们，朋友们！现在，我提议：为此次活动取得圆满成功，为各位的身体健康，为大家在××度过一个美好的佳节，干杯！

◆女士们、先生们，朋友们！现在我提议：为第×届××高新技术成果交易会取得圆满成功，为各位的幸福健康，为我们的友谊地久天长，干杯！

◆女士们、先生们，朋友们！现在我提议：为这次××咨询会议的圆满成功，为我们的真诚合作，为在座各位的事业辉煌、身体健康、家庭幸福，干杯！

◆此次篮球联赛的成功举办，不仅提高了我们公司球员的竞技水平，愉悦了广大员工的身心，为公司将来的篮球发展打下良好的基础，更重要的是，此次联赛将是我们企业文化建设的一个缩影。这对培养企业文化底蕴有着深刻的意义，对提高企业团队的凝聚力和向心力起着非常重要的作用，相信××公司在秉承“以人为本”企业宗旨下，其具有特色的企业文化之路将越走越好。祝愿我们的企业文化活动越办越精彩，干杯！

◆七月，带着红荔金芒的醇香，带着丰收的喜悦，走进火红；七月，捎来宜人季节的祝福，载着文化艺术的浪漫，走进辉煌。××的七月，如诗如画，如歌如梦。××县文化艺术节就在七月鲜花的簇拥下徐徐启幕，又缓缓闭幕，如潮欢声给××大地带来心旷神怡的风貌，如花之舞给××大地披上斑斓多姿的盛装……精彩的节目还在我们耳边回响，欢乐的气氛还在我们心中荡漾，在愉快的歌声与开心的笑声中，在热烈的掌声与如海的鲜花中，××县文化艺术节即将落下帷幕。历史将会记住这如歌的七月，勤劳勇敢的××县人民将会把这七月之歌唱遍××大地，把创业的豪情挥洒在××山水之间，××的明天将更加辉煌！

◆“长风破浪会有时，直挂云帆济沧海。”我们有理由相信，经过我们的共同努力，新世纪的××将是一个发展空间宽阔、投资环境优越的新××，一个产业结构合理、经济飞速发展的新××，一个社会全面稳定、人民安居乐业的新××，一个充满生机、充满活力、商机无限，希望无限的新××！

◆“××首届瓜果节”是团结协作的盛会，是圆满成功的盛会，是孕育希望的盛会！在此，我代表大会向各位领导、各位来宾、广大客商朋友以及本次活动的全体工作人员，再一次表示衷心的感谢。

第十一章
庆功祝酒辞

祝酒之礼

◎庆功宴把美酒佳辞送功臣

庆功宴上的祝酒辞，开头一般都要简要说明所获得的成绩并予以适当评价，继而对取得优异成绩的人员表示感谢。如："金菊绽放，丹桂飘香，在这充满喜庆的日子里，我们××学院参加第十二届省运会的体育代表团，在刚刚结束的省运会上，发扬积极拼搏、勇于进取的体育精神，夺得了19枚金牌，8枚银牌，9枚铜牌，并打破了青年男子800米纪录，获得省运会组委会颁发的体育道德风尚奖和优秀组织奖。我校建校以来首次参加省运会就获得了如此骄人的成绩，可喜可贺！在这里请允许我代表厅党组向取得优秀成绩的运动员表示热烈的祝贺，向辛勤工作的教练员和工作人员表示诚挚的问候，向学院表示祝贺。"

祝酒辞主体部分的内容没有统一的要求，可视具体情况而定，比如在公司庆功宴上，可回首奋斗阶段全体员工付出的心血和努力；在学校高考庆功宴上，可以回顾总结老师们敬业的事迹。如："天道酬勤。我们今天庆功会的主角，应该是我们呕心沥血、刻苦拼搏、无私奉献的高三全体老师，是你们的执著追求，是你们的全意奉献，是你们的无私情怀，是你们日日夜夜的不眠不休，才铸就了我乡教育的辉煌。有志者，事竟成，百二秦关终属楚；苦心人，天不负，三千越甲可吞吴。你们的汗水，你们的辛苦，你们的付出，终于赢得了苍天的眷顾，为我乡孩子的未来，开辟了又一条坦途，我代表全乡人民感谢你们。”

祝酒辞最后以希望、号召的形式收尾，以起到激励、教育的作用。一般可以针对两方面的人员和部门提出要求：一是希望先进人物或集体再接再厉，发扬成绩，不断进取，以便取得更大成绩。二是号召大家向先进人物和部门学习，以他们为榜样，把工作做好。三是对来宾致以美好的祝愿。如：“我们的前途美如画，我们的未来不是梦。让我们更加紧密地团结在一起，坚毅执著、顽强拼搏、勇于开拓、不断超越，继续保持艰苦奋斗的优良作风，再创佳绩、再铸辉煌。今日畅饮庆功酒，漫漫征程第一步，英雄团队写新篇，一腔热血万里图。各位英雄，干杯！”

◎庆功宴礼仪

庆功宴是一个单位为了总结前一段时间的工作经验和成绩，寻找不足，表彰、鼓励先进，为更好地开展下一步全面工作而进行的一项活动。庆功宴通常有三种形式：宴会、冷餐会和酒会。

宴会是公关活动中较为常见的宴请形式，有午宴和晚宴之分，以晚宴最为隆重和正规。庆功宴的规格应视宴请的人员身份来确定，规格过低显得失礼，规格过高亦无必要。宴请的范围确定较为复杂，一般以“少”、“适”为原则，对庆功宴效果有直接影响的方方面面自然不可缺少。但若没有原则地泛泛而请，则失去宴请的意义。特别是不考虑涉及公关活动多边关系而盲目邀集宾客于同一次宴请的做法，很可能会使宴请本身成为公关活动最终失败的导火线。若有必要，还可邀请宾客的配偶出席宴请，不过应该首先明确配偶的出席是仅仅出于礼仪的需要还是对这次活动可能产生影响，弄清这一点至关重要。

在宴请的各项准备工作中，发邀请也是一项重要的任务。请柬便是一种既礼貌，又普及，还可提醒备忘的邀请方式。庆功宴正式宴请的请柬通常需在一周至两周前发出，以便被邀请者及早安排。

◎庆功会如何开香槟

在庆祝胜利的宴会上常常会开香槟庆祝。当香槟被轻轻开启，伴随着软木塞滑落，珠串般金黄色的气泡从瓶底升腾，仿佛奏响了一曲欢快的赞歌。香槟不但拥有柔顺、清新、易于亲近的美好滋味，如珠串般不停冒升涌起的气泡，更随时令欢饮时刻的喜悦心情与庆功会气氛一起达到最高点。

用香槟来庆祝荣耀的传统源于法国。在 1904 年法国国庆的时候，法国人组织的探险队成功地抵达南极大陆，此时就是用香槟来庆祝的。如今，在各种形式的庆功宴会上“香槟塔”几乎成为保留节目。香槟塔通常是为了烘托气氛，祝福以后的事业前景节节高。好看的香槟塔并非只具有盛放香槟的作用，其本身就是一个美轮美奂的艺术品，倒了香槟之后，本来就晶莹剔透的杯塔再加上各种颜色的香槟映衬，更具有无以言表的美丽。一般细长形或郁金香形状的高脚香槟杯最能衬托出香槟的优雅，同时也有益于保持香槟的气泡与香气。

在庆功宴上，特意要制造喷射而出的泡沫，开香槟时一定要谨慎小心。必须掌握正确的方法：

第一，左手握住瓶颈下方，瓶口向外倾斜 15°，右手将瓶口的包装纸揭去，并将铁丝网套锁口处的扭缠部分松开。

第二，在右手除去网套的同时，左手拇指需适时按住即将冲出之瓶塞；然后右手以餐巾替换左拇指，并用手掌按住瓶塞。

第三，在瓶塞冲出的瞬间，右手迅速将瓶塞向右侧揭开。

第四，如瓶内气压不够，瓶塞无力冲出，可用右手捏紧瓶塞不动，再以握瓶之左手将酒瓶左右旋转，直到瓶塞冲出为止。

第五，由于瓶内的压力比瓶外大，有时软木塞会弹出，所以要一直把手放在软木塞上，以免弹出伤人。

有人误以为开香槟时，木塞冲出时“砰”的声音越大越好，实际上，最优雅的开香槟动作是几乎没有声音的，仅仅发出微弱放气的“嗞”声，而正是这种轻微的声音，被喻为“女人的叹息”。这个女人指的就是法国国王路易十六的妻子玛丽·安托瓦内特。

在法国香槟区一个叫沙隆的地方，有一扇美丽的圣克罗伊门，那是

1770年专门为玛丽王后修建的。那时，她正带着无数香槟赶往巴黎，要去跟路易十六结婚——这个姑娘要当王后了！经过圣克罗伊门，看到欢送的人群，开心的玛丽"砰"的一声打开香槟，洒向欢乐的人群。然而，玛丽王后好景不长，1789年法国大革命爆发，玛丽王后仓皇出逃，当她逃到圣克罗伊门时，被革命党人抓住了。面对圣克罗伊门，玛丽王后触景生情，再次打开香槟，人们听到的却是玛丽王后的一声叹息。后来，为了纪念玛丽王后，从1789年至今的两百多年里，香槟区的酒农们除了盛大的庆典活动外，平时在开启香槟时，是不弄出声响的。当酒农们拧开瓶盖，酒瓶中传出"咝"的气声时，他们便会说这就是玛丽王后的叹息。

◎庆功冷餐会饮酒礼仪

大型商务庆功宴常常以冷餐会的形式举办，会上提供葡萄酒，参加此类宴会要遵守葡萄酒的相关礼仪。

1. 用三根手指轻握杯脚

酒类服务通常是由服务员负责将少量酒倒入酒杯中，让客人鉴别一下品质是否有误。只需把它当成一种形式，喝一小口并回答"Good"。接着，侍者会来倒酒，这时，不要动手去拿酒杯，而应把酒杯放在桌上由侍者去倒。

正确的握杯姿势是用手指轻握杯脚。为避免手的温度使酒温增高，应用大拇指、中指和食指握住杯脚，小指放在杯子的底台固定。

2. 喝酒的方法

喝酒时绝对不能吸着喝，而是倾斜酒杯，让酒流入口中。可轻轻摇动酒杯让酒与空气接触以增加酒味的醇香，但不要猛烈地摇摆杯子。此外，一饮而尽、边喝边透过酒杯看人、拿着酒杯边说话边喝酒、吃东西时喝酒、口红印在酒杯沿上等行为都是失礼的。不要用手指擦杯沿上的口红印，用餐巾擦较好。

3. 敬酒的方法

西方各国的宴会敬酒一般选择在主菜吃完、甜品未上之时。敬酒时将

杯子高举齐眼，并注视对方，且最少要喝一口酒，以示敬意。

经典祝酒辞

一、学校庆功宴祝酒辞

范例一：

【致辞背景】高考庆功宴

【致辞人】校长

老师们、同志们：

今天，我们隆重举行我校高考庆功宴。在此，我代表学校党、政、工以及高三毕业班领导小组向我校的全体同仁在今年的高考中所创造的佳绩表示热烈的祝贺和诚挚的感谢！

虽然高考已落下了帷幕，虽然高考的硝烟在渐渐散去，但我校师生三年的奋斗历程却在我的脑海里打下了深深的烙印，挥之难去。新生入校第一天，我们就有了清晰的目标，大家围绕目标，夯实双基，拓展视野。进入高三，面对2006级划时代的跨越，自加压力。高位起步，抛弃小我，挑战自我，一路前行，伴随高亢的《毕业歌》杀进高考的战场……苍天不负苦心人，我们的师生不愧是敢打硬仗能打胜仗的团队。你们践行了当初的诺言，未留乌江之憾；你们把胜利的旗帜插在××全市的巅峰，再创我校高考历史的辉煌；你们向父老乡亲交上了满意的答卷，进一步展示了我校的实力与魄力；你们用集体的智慧和辛勤的汗水又一次谱写了我校毕业班高考旋律上最美的乐章！美酒敬英雄，佳肴谢战友，我提议：让我们高举酒杯，为自己喝彩、为学生喝彩，为我们的××中学喝彩。让我们共同祝愿××中学明天更美好！干杯！

范例二：

【致辞背景】高考庆功宴

【致辞人】校长

尊敬的教育局各位领导、全体教职员工：

“自古逢秋悲寂寥，我言秋日胜春朝。”今天，我们在这里隆重举行××中学××××年高考庆功宴。在此，我代表学校向长期以来给予我们正确领导和大力支持的教育局领导致以诚挚的谢意！向取得辉煌战绩的高三同仁表示祝贺并感谢！

××××年高考捷报频传，××中学学生意气风发。升重点人数首次突破两位数，升文科重点人数排名××区第一，成功实现进入××省20强的目标。辉煌战绩，可喜可贺！这其中包含着教育局及社会各界对我们的关心和支持，包含着学校领导的正确决策，更包含着全体高三老师的辛勤汗水和心血。

××××级高三，出现了一个又一个教育教学的新名词：捆绑式评价，师生同场对决，高考策略研究……出现了一个又一个教育教学的先锋模范：×××、×××……出现了一个又一个感动的场景：领导彻夜研究，老师倾心辅导，学子挑灯夜读……所有的点点滴滴，铸就了365个日日夜夜后的辉煌！高三年级组不愧是敢打硬仗能打胜仗的团队，践行了你们的诺言，向上级领导和学生家长交了一份满意的答卷，用集体的智慧和汗水谱写了××中学历史上最壮丽的篇章！

在这里，请允许我代表学校再次向特别能奉献的高三全体班主任，向特别能工作的高三全体任课教师，向特别能吃苦的高三全体功臣表示衷心的感谢和崇高的敬意！

最后，我提议：让我们斟满酒杯，为今年高考战役的全面胜利，为明年再创佳绩，干杯！

范例三：

【致辞背景】××××高考庆功宴

【致辞人】××××校长

高三毕业班的老师们：

大家好！

今天，我的心情特别高兴、特别激动，因为这是一个喜庆的日子，这是一个值得我们××××全体师生员工欢庆的日子。高考成绩统计结果已经揭晓，我校2009年高考再创辉煌。

高三毕业班的老师们，我代表学校领导感谢你们，我代表二中感谢你们！感谢你们创造了××××新的辉煌，二中因为有你们而骄傲，二中因你们而自豪。

××××在2007年、2008年高考取得优异成绩的基础上，2009年高考再创佳绩。2009 年高考应届二本以上分段上线率综合排名市区第一；应届二本以上一次上线率位居全市八县三区第二；有三名同学进入全市八县三区文理科前 10 名；有多名同学进入 600 分以上高考考生行列。

本届高三毕业班全体教师，脚踏实地，勤恳敬业，奋力拼搏，做了大量卓有成效的工作，用智慧和汗水书写了 2009 年高考的辉煌。高考成绩得到了教育行政部门的认可和主管市长的表扬。

值得一提的是，在高考备考的冲刺阶段，年级主任、级部主任、班主任每天坚持早 7 点到校督促学生学习，解答学生疑难问题。直到最后高考自由复习阶段，学生按时到校，老师解答问题，教学秩序井然。

作为校长，让我向你们道一声：高三毕业班的全体老师们，你们辛苦了！三年来，你们放弃了节假日的休息时间，放弃了与家人的团聚，甚至放弃了作为一个父亲或者母亲的职责，与你们的学生一起摸爬滚打，拼搏三年，硕果累累。

把××××办成最受人尊敬的学校，让我们二中走出更多的像×××、×××这样的优秀学生，让二中成为优秀学生快速成才的摇篮，展望新学年，机遇与挑战同在，信心和困难同在！现在××××正处在一个新的发展机遇期。我坚信，××××这艘富有生机的航船，一定能承载我们二中人的梦想，在教育的碧海中乘风破浪、扬帆远航！

借此机会，祝大家身体健康，家庭幸福，工作顺利，万事如意！祝愿××××事业兴旺，前程似锦！

现在，让我们共同举杯，为 2009 年高考取得今天的丰硕成果，为二中的美好未来，开怀畅饮，一醉方休！干杯！

二、家庭升学宴祝酒辞

范例一：

【致辞背景】同事儿子高考升学宴

【致辞人】学生家长的同事

各位来宾、朋友们：

金秋时节，凉风送爽。在这个满怀喜悦、收获成功的季节，在这个播种希望、描绘锦绣的季节，×××、×××夫妇爱子荣登科第、金榜题名。栉风沐雨，勤奋耕耘；春华秋实，硕果累累。×××同学在人生旅途上，已通过自己的努力迈开了他坚实的第一步。光辉灿烂的前景在招手，铺满鲜花的道路就在脚下，我们相信×××同学在今后的学习、工作、生活中，一定能够成为一个自尊、自爱、自立、自强的男子汉；我们希望×××同学承载着远大理想，翱翔在广阔的人生天地间，成为国家的栋梁之才。

带着甜美，带着微笑，带着真诚，带着祝福，今天，我们欢聚在××大酒店，让我们共同举杯再次祝愿×××同学学习进步，明天更美好；同时也祝愿所有的来宾朋友阖家欢乐，幸福安康！干杯！

范例二：

【致辞背景】女儿高考升学宴

【致辞人】学生父亲

各位亲朋好友，尊敬的领导、同事们，老师和同学们：

下午好！

感谢大家在百忙之中抽出时间来到××酒楼，为小女的升学捧场祝贺。

相聚皆是情做缘，祝福全因榜题名。

弹指一挥间，从小学到初高中，12 年的学习生涯如白驹过隙般转瞬而逝。12 年的寒窗苦读，留下的是知识的积累，忘不了老师们的谆谆教诲，同学们的相互帮助，亲朋好友的关心和呵护。是大家的鼓励和鞭策才使得小女在学业上不断地充实自己，把知识化做力量，才能在被誉为千军万马过独木桥的高考中有惊无险地闯过来。金榜题名已不再是目标的终点，××大学将是小女的学习起点，在新的环境中认识新的同学，学习新的知识。今天亲朋好友为小女捧场祝贺，这样激动人心的场面将伴随小女一生，留下美好的回忆。

希望小女在未来的大学校园里努力学习，不辜负亲朋好友寄予的厚望，为社会的健康发展，为改善人们的健康生活水平，尽一份绵薄之力。

好，现在我宣布，小女的升学宴会正式开始！请大家斟满酒，共同举杯，把我们美好的祝福都浓缩在这杯美酒中，让我们共同品尝生活的美好！干杯！

最后祝大家一年开开心心、一生快快乐乐、一世平平安安、一家和和睦睦；祝愿大家天天喜气洋洋、月月身体健康、年年财源广进、代代金榜题名、家家喜事频传！谢谢！

范例三：

【致辞背景】儿子高考升学宴

【致辞人】学生父亲

各位亲朋、各位嘉宾：

大家晚上好！

今天是我儿子金榜题名、状元宴会的大好日子，此时我的心情也万分的紧张和激动，首先我想对爱子表示衷心的祝贺，同时也希望他以此为一个新的台阶，好好学习，不骄不躁，再接再厉，将来成为祖国的有用之才，与此同时我还要代表我们全家对各位亲朋和老师在百忙之中抽出时间前来捧场表示最衷心的感谢！

在此我想说的有很多，但千言万语化做一副对联送给大家：

上联是：吃，吃尽天下美味不要浪费；

下联是：喝，喝尽人间美酒不要喝醉。

横批是：吃好喝好。最后，我提议：让我们一起干了今晚的第一杯酒，祝大家度过一个愉快的夜晚，干杯！

范例四：

【致辞背景】朋友女儿的高考升学宴

【致辞人】嘉宾

各位嘉宾、各位朋友：

大家好！

金秋时节，秋高气爽，风轻云淡。在这迷人的季节，在这迷人的时刻，在这美丽的××酒店，我们大家欢聚一堂，共同祝贺×××同学以×××分的好成绩考入××大学。

十几载寒窗铸直了你挺拔的身姿，丰富的知识成就你睿智的目光，岁月的流逝反衬出你娇美的容颜，奋斗的道路上，你的身影显得无比的昂扬。你与每一个成功“恋爱”，你的汗水在七彩的生活里闪光！

大家知道：两天的高考，背后反映的是12载寒窗苦读的结果。我们大家常常把高考比喻成千军万马过独木桥。如果真的把高考比喻成一场战役的话，×××同学无疑在这场战役中抢占了有利地形，为日后攻城拔寨、取得成功奠定了坚实的基础。

眼看自己一天天长大、成熟、进步，了解的知识一天天增多，精神领域一天天开阔，胸襟一天天变大，感情一天天丰满、深刻，这不是人生最美满的幸福是什么？这不是最隽永、最迷人的诗歌是什么？

大学生活是丰富多彩的，在那里不但可以建立新的友谊，也可以收获更多的知识。当然，也可以收获爱情。但我要告诉你：离开父母独立生活，一定要学会自己把握自己。把握了今天的自己，也就把握了自己日后的人生。

最后，请大家共同举杯，把我们美好的祝福都浓缩在这美酒中，共同品尝生活的美好，共同分享×××同学成功的喜悦！干杯！

范例五：

【致辞背景】儿子中考升学宴

【致辞人】学生父亲

各位来宾，女士们、先生们：

大家好！

今天，我们一家三口诚挚地邀请大家相聚在××饭店，请大家分享我们的快乐。请允许我代表我们全家对百忙之中前来赴宴的来宾表示最热烈的欢迎和衷心的感谢！

中年是人生最繁忙、最劳累的季节，同时也是最美好、最灿烂的季节。我们在追求事业成功的同时，还要上敬老人、下育儿女，并且经常为同事、同学、战友、朋友操心费神。今天大家能够有机会、有情绪欢聚在一起，是难得的机缘。

常言道："十年树木，百年树人。"今天在座的同事、同学、战友、朋友都会有同样的感受和同样的心情。望子成龙可谓人之常情，应该给予充分的理解。有人说"细节决定成败"，其实"心态也决定成败"。在中考之前，我们根据×××参加××市中考"一模"的成绩，参照班主任的建议，结合他平时的学习状态，我们进行了综合分析和评估，本着不盲目攀比、宁低勿高的原则，很客观地对省、市重点高中进行了填报。虽然他的成绩并不理想，但是一个对学习不十分投入的孩子，能考入××市第× ×中学，我和妻子已经很知足了。

有人说："机遇总是青睐有准备的人。"我儿子虽说没有更多的准备，但他对自己今后的前途很有信心。但愿我儿子在今后漫长的学习岁月里，能够取他人之长，补自己之短，不断地超越自己、完善自己。

现在我提议：请大家共同举杯，祝大家心想事成，笑口常开！

谢谢大家！

范例六：

【致辞背景】女儿的高考升学宴

【致辞人】学生母亲

尊敬的各位领导、亲爱的朋友们：

大家好！

今天的宴会大厅因为你们的光临而蓬荜生辉，在此，我首先代表全家人发自肺腑地说一句：感谢大家多年以来对我女儿的关心和帮助，欢迎大家的光临，谢谢你们！

这是一个秋高气爽、阳光灿烂的季节，这是一个捷报频传、收获喜讯的时刻。正是通过冬的储备、春的播种、夏的耕耘、秋的收获，才换来今天大家与我们全家人的同喜同乐。感谢老师！感谢亲朋好友！感谢所有的兄弟姐妹！愿友谊地久天长！

女儿，妈妈也请你记住：青春像一只银铃，系在心坎，只有不停地奔跑，它才会发出悦耳的声响。立足于青春这块处女地，在大学的殿堂里，以科学知识为良种，用勤奋做犁锄，施上意志凝结成的肥料，去再创比今天这季节更令人称赞的金黄与芳香。

今天的酒宴，只是一点微不足道的谢意的体现。现在我邀请大家共同举杯，为今天的欢聚，为我的女儿考上理想的大学，为我们的友谊，还为在座各位和我们家人的健康和快乐，干杯！

三、公司庆功宴祝酒辞

范例一：

【致辞背景】国庆夜××公司庆功冷餐晚会

【致辞人】××××建材科技有限公司总裁

亲爱的各位××人：

大家晚上好！

值此中华人民共和国成立60周年和中秋佳节来临之际，我们××××建材科技有限公司的全体人员，从天南海北齐聚总部济南，欢聚一堂，共庆祖国华诞，喜迎中秋佳节。此时此刻，我和大家一样，都是怀着激动的心情，共同祝愿祖国繁荣昌盛，祝愿我们每一个家庭欢乐和谐，祝愿每一位老人安详幸福，祝愿我们每一位××人成长进步。

前两天，我们大家一起经历了一次难忘的“企业精英体验式研讨培训”，目的是想让在座的各位都快速成长，成为精英和领袖。今晚，我们召开月启动会议和庆功冷餐晚会，庆祝9月取得的好业绩，启动10月工作。作为公司的负责人，我要感谢大家长期以来的辛勤和付出，感谢我们的家人给予的大力支持。

我们××公司目前正处于上升和发展时期，她和大家一样，充满活力，年轻而富有朝气。我们努力让××成为一个和谐的大家庭，成为一所学校，成为大家成长进步的加油站，成为大家共同的心灵家园。

今天上午我们集体观看了首都国庆大阅兵，大家用热烈的掌声为祖国的繁荣富强而骄傲、而自豪。作为一名曾经的老兵，我也有很多感慨，只有祖国的强盛，军队的强大，才会有国家和社会的安定，才会有我们每个家庭的幸福，才会有每一个企业的兴旺发达。

社会上每一个家庭，每一个企业，都离不开祖国的繁荣富强。具体到一个公司的发展，同样要与祖国同呼吸、共命运，比如选择的项目要符合国家产业政策，要以报效国家和社会为企业的责任，同样还要有一批具有报效祖国崇高理想和远大胸怀的员工。一个人的理想和追求，只有融入到公司的理想和事业当中，才能和公司共同成长，才会创造个人和公司的辉煌。公司的发展需要全体同仁共同的理想追求和付出。让我们携起手来，为了××的明天，为了我们每一个××人心中的理想而努力。让我们感谢、感恩于这个伟大的时代，让我们无愧于青春，无愧于这个时代。

此时此刻，我们还有一些员工，因为工作原因不能到现场和我们共同度过这美好幸福的时刻，在此，公司向他们表示衷心的感谢和节日的问候。同时也向在座的各位表示节日的问候，祝愿大家阖家欢乐，万事如意。

让我们举起杯来，共同祝愿我们强大的祖国繁荣昌盛，共同祝愿我们的××明天更美好，共同祝愿我们的人生更精彩，我们的家庭更幸福。干杯！

范例二：

【致辞背景】三生公司年终庆功宴

【致辞人】公司高级经理

朋友们、兄弟姐妹们：

当我踏上这方绚丽的舞台，我想对你们说：我“三生”有幸！也许我们从未谋面，也许我们并不知道彼此姓甚名谁，是“三生”将你、将他、将我邀约在这里，从此我们同在一个屋檐下，不说两家话。我们用爱心共同构建了这个以“三生”为大本营的家，它是一个崭新的家族和部落，一个全新的集体和团队。它让我们拥有一个共同的名字，那就是——三生。指不定下次见面我们就会这样招呼：Hello！SanSheng good morning！

时尚、浪漫、亲切、引领潮流、追赶潮头，这就是怀揣梦想的“三生”人，他们将从这里起航扬帆远行！是啊！甜蜜的梦啊！谁都不会错过，我们手拉手啊想说的太多！

过去的2008年是一段大喜大悲、风雨兼程的日子，南方冰雪、汶川地震，由金融危机衍生的经济危机，股市崩盘、楼市缩水，国际国内经济每况愈下，旷日持久地被金融海啸的寒流团团围困。

然而，我们“三生”人迎来的是一个风和日丽的暖春，一个接一个的高级经理应运而生，从一星到三星，如日中天，所向披靡！

在过去的日子里，无论成还是败，“三生”人都会海纳百川，最大限度地宽容和包容，欢迎你，接纳你，只要你勇敢地迈出这艰难的第一步，路就在脚下，好戏就在明天！

论成败，人生豪迈，大不了从头再来！

与“三生”携手，我们痴情不改！与“三生”结伴，我们义无反顾！与“三生”同行，我们无怨无悔！

来吧！父老乡亲们！让我们在这里举杯祝福，唱出心中的赞歌，舞动醉酒的探戈。心相连，风雨并肩，未来不再遥远！干杯！

范例三：

【致辞背景】阶段性庆功酒会

【致辞人】公司经理

各位同事：

首先，我要说今天的成功来源于我们大家的团队协作，我们为了同一个目标，互相包容，各自发挥所长。承蒙大家抬爱，让我做这种发号施令的角色，谢谢！

从下周开始，我们的主要任务是“深化应用”，争取早日通过SGl86验收。同时，我们要做的另一件事是深化、升华我们的感情。过去的14个月太忙了，任务一个接着一个，很多事情我们没有来得及做。张总是个预言家，他说我们的工作要“五加二、白加黑”，我开始还有点不相信，现在我彻底明白了什么叫缺氧不缺精神。阶段性成功已经取得，从下周开始，我们要多关心家人、朋友、同事，还有我们的关键用户，分享关爱、知识，还有红苹果。

让我们举杯，为公司和感情的升华而干杯！

范例四：

【致辞背景】山西×××化工有限公司糠醛分厂庆功宴

【致辞人】公司董事长

各位同事，不！各位英雄，各位创造奇迹的人们：

今日设宴为各位庆功！首先，我向糠醛分厂取得了四、五、六三个月月月高产，三破记录，并首次突破190吨大关的伟大胜利表示衷心的祝贺。我为你们的辉煌业绩感到自豪，我为糠醛分厂这样的英雄团队和这样的英雄而骄傲。

同样的天、同样的地、同样的设备、同样的工艺，为什么有不一样的业绩？因为有不一样的体制、不一样的企业文化和不一样的思想行为。

我们糠醛分厂有一个团结奋斗、专注执著、不断超越、敢拼能胜的优秀领导班子：上有×××、×××两位厂长，一文一武、一张一弛、密切配合、通力协作、乐于奋斗；中有生产部×××、×××主任，埋头苦干、勤恳如牛、紧跟时代、奋斗不已；下有兵头将末的各位班组长以及其他职能部门的负责人，你们是糠醛分厂这个英雄团队的精英，你们是企业的台柱子！我因你们而自豪，你们因企业而荣光。我对未来更加充满信心，对事业更加豪情万丈。我对糠醛事业更加热爱，即使买不成化工厂，我们也要新建糠醛厂。我们不仅仅在××搞，我们还要到外地建厂创业，要把糠醛事业进行到底。

各位同事，本人爱憎分明、赏罚严明，该表彰定表彰，该处罚定处罚，该提拔定提拔！只要你为企业尽心尽力，企业决不亏待你。在我们的事业大发展的时候，你们将被量才重用、量绩提拔。我们的前途美如画，我们的未来不是梦。让我们更加紧密地团结在一起，专注执著、顽

强拼搏、勇于开拓、不断超越，继续保持艰苦奋斗的优良作风，再创佳绩、再铸辉煌。今日畅饮庆功酒，漫漫征程第一步，英雄团队写新篇，一腔热血万里图。

各位英雄，本人向大家祝酒，干杯！

范例五：

【致辞背景】化工企业辞旧迎新庆功酒会

【致辞人】厂领导

同事们：

今晚，我们欢聚在风景秀丽、幽静怡人的东方花园，共度迎接××××年新年的美好时刻。此时，抚今追昔，我们感慨万千；展望前程，我们心潮澎湃。

即将过去的××××年，是化工行业实施改革与发展战略承上启下的一年；是全厂职工迎接挑战、经受考验、努力克服困难、出色完成全年任务的一年。回顾过去的一年，我们在争创一流、企业改革中取得了突破性进展，呈现出近年最好势头。以上这些累累硕果，都与全体干部职工所付出的艰辛和努力密不可分，与我们顽强拼搏、开拓创新、无私奉献的敬业精神密切相关。这种艰辛和努力将功垂青史，这种敬业精神令人敬佩。在此，我代表厂党政班子全体成员向为我厂建设和发展作出贡献的全体干部、职工以及家属表示亲切的问候和衷心的感谢！

同志们，新的一年即将来临，我们在品尝美酒、分享胜利喜悦的同时，还要清醒地认识到我国加入世贸组织后，化工企业将面对广泛的机遇和严峻的挑战。我们必须抓住新机遇，迎接新挑战，以高度的使命感和责任感来推进我局的改革和发展，承担起历史赋予我们的神圣使命。

朋友们，再过几个小时，和着新年的钟声，我们将携手跨入崭新的一年。我坚信，有省公司党组的正确领导，有全局广大干部职工的众志成城，我们的目标一定会实现，我们的企业一定会不断发展壮大，××厂一定能铸就新的、更加壮美的辉煌。

最后，让我们共饮庆功美酒，祝愿各位新年快乐，身体健康，家庭幸福，事业成功！

四、政府庆功宴祝酒辞

范例：

【致辞背景】在庆祝奥运健儿凯旋的招待会上致祝酒辞

【致辞人】原中共××省委副书记

各位来宾、各位朋友、各位同志、奥运健儿们：

你们好！

在举世瞩目的第27届悉尼奥运会上，我省8名奥运健儿不畏强手，顽强拼搏，以精湛的技艺和良好的精神风貌先后五次打破三项世界纪录，共夺得七枚金牌、一枚银牌、五枚铜牌，一个第四、三个第五、一个第七的优异成绩，金牌数、奖牌数和总分数均在全国各省市区中名列第一，圆满完成了省委、省政府交给的光荣任务，为祖国赢得了荣誉，为××人民争了光，为中国体育事业作出了突出贡献，党和人民感谢你们，祖国感谢你们，你们是××的骄傲，人民的功臣！

今天，我们欢聚一堂，为奥运健儿的凯旋举杯共庆。借此机会，我代表省委、省政府向在奥运会上取得历史性突破的体育健儿们表示热烈的祝贺并致以亲切的问候！向出席招待会的各位领导，向多年来辛勤耕耘、无私奉献的全省广大体育工作者，向所有关心和支持我省体育事业并为之作出过贡献的社会各界朋友表示崇高的敬意和衷心的感谢！让我们以三湘体育健儿为榜样，在以江泽民同志为核心的党中央领导下，沿着建设有中国特色的社会主义道路，再接再厉，顽强拼搏，夺取一个又一个新的胜利。

现在，我提议让我们举起酒杯，为××的经济发展与社会繁荣，为在座的来宾们、朋友们和同志们的健康，为我省的体育事业再创历史辉煌，干杯！

常用祝酒辞

◎升学宴祝酒佳句

◆进入大学意味着你的人生迈出了重要的一步，想要在若干年后不抱怨自己的境遇，就要从这一时刻起奋斗不息。

◆学习是一块跳板，彼端连着成功；理想是一块画板，笔尖流淌幸福。愿你学业有成，开心快乐！

◆快乐生活，开心学习，青春在激励你，理想在等待你，鲜花在召唤你。新学府，新起点，祝你永不停息！

◆为理想奋斗，值得；为青春拼搏，无悔；为生命歌唱，最美。新起点，祝你绽放光彩，永不止步，向前冲！

◆当你跨进校门时，会不会想到，偏僻的山区有很多双渴望知识的眼睛炽热地盯着你幸福的身影。请珍惜每一个学习的机会吧！

◆无论风光与失意，把它留在过去；无论希望与梦想，把它行动在今天；无论幸福与美好，把它展现在明天。新起点，加油！

◆金榜题名，愿你装载新的希望，绽放年轻的笑容，张扬青春的个性，追寻自己的梦想，勇往直前，拼搏不息！

◆有梦想谁都了不起，为梦想而拼搏不息就更了不起。愿你在象牙塔中挥洒激情，张扬青春，为梦想奋斗！

◆女士们、先生们，朋友们！我提议：第一杯酒，为英才饯行！×××同学即将远离亲人，远离家乡，挑战人生，请接受我们共同的祝福："雁点青天字一行——成功！"第二杯酒，祝愿×××全家一帆风顺、二龙腾飞、三羊开泰、四季平安、五福临门、六六大顺、七星高照、八方走运、九九同心！第三杯酒，祝各位来宾四季康宁！朋友们，干杯！

◆女士们、先生们，朋友们！现在，我高兴而友好地提议不只为了×××，更为了我们年轻精彩的生命，干杯！

◆走出寒风的怀抱，投入阳春的温暖。女士们、先生们，为成长，干杯！

◎公务庆功祝酒佳句

◆尊贵的先生们、高贵的少爷们，贤惠的女士们、漂亮的小姐们！玻璃酒瓶互相碰撞发出清脆的声响，来吧，为我们的成功，为未来，干杯！

◆女士们、先生们，我提议：为了××探险队，为了我们中华民族的骄傲，干杯！

◆请大家一起举起酒杯，为×××先生荣获××奖，干杯！

◆女士们、先生们，朋友们！第一杯酒我提议：为了那个见义勇为的年轻人，干杯！

◆今天，是×××大喜的日子，我们的男子篮球队以××分的巨大优势，战胜了××班，在此，我高兴而友好地提议：为××班全体球员凯旋，干杯！

◆我提议：为大家的相逢，也为×××的生意成功，干杯！

◆女士们、先生们，朋友们！现在，我高兴而友好地提议：为我们的密切合作，干杯！

◆今天，全长×××米的左岸隧洞还剩13米就打通了。女士们、先生们，朋友们！为我们即将到来的胜利，干杯！

◆现在，我高兴而友好地提议：为××百年校庆的圆满成功，为××教育事业的腾飞，为各位领导、嘉宾、校友的身体健康和事业辉煌，干杯！

◆××和××今天联手，真是所向无敌，来，我们为这对黄金搭档干一杯！

◎升学宴祝酒佳词

鱼跃龙门　蟾宫折桂　状元及第　独占鳌头

雁塔题名　金榜题名　名列前茅

◎庆功祝酒辞妙对

一、升学祝酒

十年学子苦；半世父兄恩

智慧源于勤奋；天才出自平凡

持身勿使丹心污；立志但同鹏羽齐

自古风流归志士；从来事业属良贤

苦经学海不知苦；勤上书山自恪勤

天下兴亡肩头重任；胸中韬略笔底风云

书山高峻顽强自有通天路；学海遥深勤奋能寻探宝门

大本领人平素不独特异处；有学识者终生难有满足时

入学喜报饱浸学子千滴汗；开宴鹿鸣荡漾恩师万缕情

跬步启风雷一朝大展登云志；雄风惊日月十载自能弄海潮

二、表彰庆功祝酒

业著光荣榜；花开报喜春

功高且把云为鉴；誉重宜将岭做师

巨手回天四化业；群英向党百花红

声声颂誉催人奋；朵朵红花向党红

改革涌新潮群龙戏水；振兴挥壮志大浪催舟

巨龙崛起英雄兴大业；华夏腾飞时势造新人

伟业方兴功颂英豪报国；宏图大展名传志士骋才

业绩辉煌无愧英雄本色；鹏风浩荡首推志士精神

壮志凌云英雄奇迹惊天宇；凯歌动地时代新潮奏乐章

第十二章
就职祝酒辞

祝酒之礼

◎就职祝酒要把握主题

就职的祝酒辞一般的场面都比较大，和家庭的宴会比起来要更加规范，注意的事项也就特别多。

从内容上来说，就职的祝酒辞主要内容可以从三个方面来把握：

第一，要表达自己的喜悦之情。例如“今天是我担任××职位的第一天，内心非常高兴”、“我很荣幸能担任××一职”，或者说“很高兴能成为××的一员”等，在言语中间要能让宴会的参与者感受到致辞者内心的愉悦。

第二，要表达对领导的感谢以及自己会坚决地完成自己的工作任务。例如“我之所以能有今天离不开领导对我的栽培和大家对我的支持，我一定不辜负大家的期望”，或者是“领导对我的信任和大家对我的支持是我不断进步的动力”等都是表示感谢的常用语。当然也可以用其他的方式来表达自己的谢意。

第三，要表示自己在今后的岗位中会怎样去完成工作。这一点可以从很多方面入手，可以写自己的虚心和不满足，抱有一种求教的态度。例如，可以这样说“我将会不断取经，向前辈们学习怎样才能更有效率地处理问

题”；也可以从对自己的严格要求上来写，如“新的岗位并不仅仅是光环和荣耀，更多的是一种责任，我将会更加严格地要求自己，全身心地投入到工作中去”；还可以从同事关系入手，例如“我对工作环境还不熟悉，还有很多地方需要大家的帮助”、“我将会团结所有的力量，创造一个更美好的明天”等。

前两点是就职祝酒辞必须具备的结构，第三点就要灵活很多，其中的三个方面可以面面俱到，也可以只强调其中的一两点作详细的说明，致辞人可以根据具体情况适当调整。

◎就职祝酒小技巧

除了职场祝酒辞的主要内容之外，掌握一点职场祝酒的小技巧会出现意想不到的效果，也会让整个的宴会达到高潮，这些小技巧可以从三个方面来把握。

首先，可以借助就职的时间大做文章。因为一般就职的时候都有具体的时间，遇到特殊的年份和时间都可以尽情发挥。例如某干部就职的年份刚好是马年，他就说了这样的一段祝酒辞，“时逢马年我上马，上了马背就要快马加鞭、争取立下汗马功劳，最好能一马当先，最后马到功成”，这一段充分运用的比喻手法，将马的成语运用到了极致，非常具有感染力。

其次，还可以借助当选的票数和支持率来发挥。一般的就职宴会都是在选举完成后才举行的，这时候大家对于支持率都有一个大概的了解，祝酒人就可以利用支持率来发挥，例如某祝酒人说“××这次以80%的支持率高票当选，真可谓众望所归，这就说明了××在你们的心目中还是一个很好的干部”或者说“我这次参加竞选，支持率超过了××，这给我莫大的信心和鼓励，既然我是大家所选出来的，那么在今后的工作中假如遇到了问题，希望大家也能和今天一样帮助我、支持我”。这样就表明了自己谦虚的态度，起到团结的作用，同时也能迅速地树立起自己的威信。

再次，很多祝酒人都会用到的一点，就是借助宴会参与者的目光来发挥了。一般可以说“在你们殷切的目光中我看到的是信任和期待”，或者说“我在一部分人的眼中看到了怀疑，就说明我自己还存在着问题，需要我不断地去改进”等，酌情而定。

职场祝酒的方式和方法有很多，但是都要根据具体的场合来决定究竟应该使用哪一种方法，而且在职场祝酒中最忌讳的就是哗众取宠，泛泛而谈，让人体会不到祝酒人的诚意。如果这一点做不到，其他的做得再好也不会取信于人，这样对于今后工作的开展是极为不利的，所以真诚是第一要务。在保证真诚的前提下，可以适当地精练语言，言简意赅。

◎职场祝酒礼仪

不管是官场还是商场，领导们的就职宴会就好比是一个酒的战场，免不了要喝酒。可是和领导们喝酒尤其需要注意礼仪，否则很有可能就因为这些细节的问题，断送了自己事业和前程。

第一，身为下属，要及时为领导挡酒。在领导的庆功宴上，领导免不了会被很多人灌酒，这时候就要及时地出来为领导挡酒。但是挡酒的时候不能直接说明是为挡酒，而是要表明自己是因为喜欢喝酒才这样做的，给领导留下足够的面子。

第二，不要给上司灌酒。将你的上司灌倒没有任何好处，反而会让领导认为你非常不懂事。在给领导庆功的宴会上，尤其如此，不管是领导还是下属，保持清醒的状态就是最好的形象。

第三，在给领导敬酒的时候，杯子要低于领导的杯子，而且要等领导喝完之后再喝。如果酒杯高于领导或者没等领导喝完你就喝，就会喧宾夺主。

第四，敬酒的时候不能喝得太多，但是也不能喝得太少。要根据自己的职位情况来具体分析自己的度应该在哪里。

第五，敬酒的时候不要说太多的话，简单地表明自己的心态就可以了。

作为领导，和下属喝酒也需要注意，因为酒桌也是一个和下属之间进行沟通的平台。

当领导和下属在一起的时候，下属会因为领导而变得非常的压抑。作为领导，这个时候就要尽量亲切和蔼一些，千万不要摆领导的架子。

庆功宴毕竟不是工作时间，所以和下属交流的时候，多谈一些工作之外的事情会让气氛变得更加轻松。

不管是作为领导也好，作为下属也好，在酒场上都必须要遵守一定的礼仪，这样两者之间才能更好地交流，对工作的开展才会有莫大的帮助。

经典祝酒辞

◎政府官员就职祝酒辞

范例一：

【致辞背景】庆祝新省长上任的宴会

【致辞人】就职省长

尊敬的各级领导和代表们：

你们好！

现在我接受党交给我的任务以及××省几百万群众对我的期望，开始担任××省人民政府的省长。在这里我以党员的名义宣誓，一定会用自己的实际行动来回报党和人民群众对我的信任，争取让××省的人民群众过上更好的生活，不辱党的使命。

我来这里的时间并不算很长，就在这短短的几年中，我见证了××省发生的日新月异的变化。从我来到这里的那一刻开始，我的命运就和××省的发展紧密地联系起来了。经过历届省长的努力工作，××省的经济实力明显地上升了，但是我们并不能就此满足。在新的历史时期，我们面临着更艰巨的任务，不仅要深入地贯彻实施科学发展观，坚持党的方针政策，还要不断地努力争取早日实现人民群众的小康生活。我身为一省之长，身上的责任更加重大，我愿意用我所有的能力来完成这一任务，在党中央的政策指导、省级各级领导的合作、人民群众的大力支持下，即使前面的任务再艰难，我也有信心和大家一起完成。

虽然前途多艰，自己才疏学浅，恐有负重托，但是我必将竭尽所能，先天下之忧而忧，后天下之乐而乐，时刻贯彻“三个代表”重要思想，将人民群众的利益放在首位，遵守党的纪律，廉洁奉公，不徇私枉法。为实现××省更美好的未来，我愿意奉献自己所有的力量，做一个合格的省长和一个合格的党员。

现在我提议，为了××省的明天，我们一起举杯，干！

范例二：

【致辞背景】庆祝市长就职的宴会

【致辞人】就职市长

尊敬的各位领导和代表们：

大家好！

首先谢谢大家对我的信任和支持，使我能够担任××市市长一职，我深知在这光荣的背后更多的是一份责任，所以我将会不遗余力来完成我的使命，争取在大家的共同努力下为××市创造一个更好的未来。

××市是我的家乡，虽然是一个地级市，但是我热爱这一块美丽的土地，我非常希望能够看到家乡的父老乡亲都能过上幸福美满的生活，但是现在我们离这个目标还有一段很长的路要走。作为市长，我觉得自己的个人能力有限，肩上的责任重大，恐怕有负所托，但是市委领导和广大的人民群众给了我莫大的勇气和信心，在这里我对他们表示感谢。

虽然我的个人能力有限，但是我有赤子之心，为了父老乡亲，我愿意付出我全部的血汗，全心全意为百姓谋福利，少说口号，多做实事，做一个廉洁守法的好官员、好党员，既不辱没党员的称号，也不辜负广大群众的期望。

现在请各位帮我做一个见证，在今后的工作中，我将始终把百姓利益放在第一位。算是我对全市人民作出的承诺，我会用实际行动将这个承诺坚持到底，给父老乡亲一个满意的答案，也请在场的所有领导和代表们时刻监督我，鞭策我前进。我相信，在我和大家的共同努力下，这个愿望一定会变成现实，现在就让我们为了这个愿望，干杯！

范例三：

【致辞背景】庆祝县长就职的宴会

【致辞人】就职县长

尊敬的各位领导和代表同志们：

大家好！

我非常荣幸今天能够成为县长站在这里，我之所以有今天，是因为有领导的培养和人民群众的大力支持，在这里我首先感谢你们。

以前大家都会说，新官上任三把火，要把自己的官位先摆出来。说实话，我不是第一天当官，也不会将人民赋予我的权力胡乱地使用。如果真的要放几把熊熊的大火燃烧一下，我宁愿工作的热情永远地持续下去，而不仅仅是三把火就够了。即便是已经取得了不错的成绩，也要继续保持下去，而不是骄傲自满。

成为县长对于我来说是一个全新的开始，我知道县长并不仅仅代表的是一种权力，更多的是一种责任；并不仅仅是一种荣誉和光环的代名词，更多的也是一种义务。而我会将这种责任和义务一肩扛下，尽心尽力地为老百姓多做实事。

请领导放心，也请所有的人民群众放心，只要我一天在县长的任上，就绝对不会做出有损于党员形象和人格的事情，就绝对不会置百姓的利益于不顾，更不会收受贿赂，贪图个人的享受。我一定会做一个堂堂正正、光明磊落、廉洁守法的人。发挥自己所有的力量来和大家一起建设好××县。

为了表示我们的信心，请大家一起举起手中的酒杯！

范例四：

【致辞背景】庆祝区长就职的宴会

【致辞人】就职区长

尊敬的各位领导和代表们：

大家好！今天我被任命为××区的区长了，这和领导的信任以及大家的支持是分不开的，所以在这里我首先谢谢大家对我的关心和支持。

从领导和同志们的眼中，我看到的是对我殷切的希望，虽然现在成了区长，但是我丝毫也不敢放松对自己的严格要求，因为我害怕稍一放松就会辜负你们现在的眼神，辜负了党和国家对我的栽培，更辜负了百姓们对我的肯定。所以我时刻提醒着自己，作为一个区长的责任。

现在正是××区发展的关键时期，在前进的道路上一定会有很多的困难在等着我，尽管自己才疏学浅，但是我已经做好了充分的准备来面对即将到来的挑战。而我也坚信，在前进的道路上，××区的所有人和我的信念都是一样的，那就是要将××建设得更加富强，要让××区的人过上最幸福的生活。为了实现这一目标，我会奉献出自己所有的热血和精力，只希望能做出一番成绩才能不负重托。

和我志同道合的同志们，让我们在以胡锦涛总书记为中心的党中央的领导下，一切按照“三个代表”重要思想和科学发展观的指导，认真贯彻执行上级领导下达的命令和任务。我们接受来自上级领导和社会各界的监督，虚心地接受意见，力争将××区建设成为经济发展的带头者。

就让我们为早日实现这一目标而干杯！

范例五：

【致辞背景】庆祝乡长就职的宴会

【致辞人】就职乡长

尊敬的各级领导和代表们：

大家好！很高兴今天能站在这里和大家分享我的喜悦心情。

××乡第××届人民代表大会第×次会议于前天结束了，大会取得了圆满的成功，而我也很荣幸地被任命为××乡的乡长。在这里我向前来参加会议的各位领导和代表表示感谢，也对所有参加会议的父老乡亲表示由衷的感谢。

我从小就是在这块土地上长大的，这里的所有人都是我的乡亲，面对他们热切的盼望，我肩上的担子并不轻松。之前我一直在企业，没有在机关部门任职的经验，这种角色的转变对我来说是一个巨大的挑战，而目前××乡面临的情况也要求我必须尽快地熟悉工作，将责任挑起来。这样我就必须时刻严格要求自己，带领新的领导团队，树立起一个全新的廉洁守法、积极进取的政府形象，建设成为百姓信得过的政府。

我没有显赫的家世背景，也没有丰富的经验，从小到大，我经历了无数次的考试，也经历过各种艰辛。这里也相当于一个大考场，但是怎样才能交上一份漂亮的答卷，这是我一直在思考的问题。所以我在这里向所有的领导、代表和乡亲承诺，我愿意用我所有的力量，和大家一起团结努力，携手共进来完成这人生当中的一次大考，不贪污、不腐败，全心全意为人民服务，坚持贯彻党的政策和方针，和家乡的乡亲们一起，让我们的家园更加的美丽。

我坚信，我们的理想在我们的努力下将不再是遥不可及的梦想，现在，请诸位举起酒杯，为了能够实现我们共同的政治理想而干杯！谢谢大家！

范例六：

【致辞背景】庆祝会长就职宴会

【致辞人】就职会长

尊敬的×会长，各位领导和理事代表们：

很高兴今天大家能够在一起和我一起分享喜悦的心情。现在我是怀着无比激动的心情站在这里，之所以有现在的喜悦，首先要感谢大家对我的信任，所以我才有机会成为××省××会的第××届会长。

我知道成为会长并不是任务的结束，而是更大责任的开始，我会随时牢记自己肩上的责任，严格地要求自己，不敢有丝毫懈怠。

×会从×年成立至今，已经走过了×个年头了，在这×年中，历任的会长都在为协会的发展鞠躬尽瘁死而后已，这样才有了××今天的成就。在××省已经成为颇具影响力的协会，甚至在全国的同类协会中也有一定的知名度，而且会中的很多成员已经成为国内知名的专家。除了往届会长的努力耕耘之外，还离不开各级领导和同行们的支持和关心。在感谢各级领导的同时，我也会努力地向之前的会长学习，争取能取得更好的成绩。

谁也没有办法预料到前面的道路上究竟会遇到什么样的危险和困难，与其缩手缩脚，还不如大胆地闯一闯，正所谓“船到桥头自然直，车到山前必有路”。也许我的经验还不足以应对面对的困难，但是请大家相信我，我将以百分之百的热情投入到我的工作之中，向各位前辈请教，做好××会中各种日常的事务。我也希望各级领导能够一如既往地支持我们的工作，这样我们将会用更饱满的激情来工作，这样才能够将×会建设得更加美好。

大家之所以能够聚在一起，都是因为共同的兴趣爱好和理想，为此，我们来干一杯，而为了我们共同的友谊，也要干一杯，为了我们共同的事业，更要干一杯！

◎校长就职祝酒辞

范例一：

【致辞背景】庆祝新就职的小学校长宴会

【致辞人】新上任的小学校长

尊敬的各位领导和老师们：

晚上好！

今天对我来说是一个非常特殊的日子，我成了这所学校的校长。第一个要感谢的就是教育部门对我的信任和肯定；其次要感谢学校的各位领导和老师们对我工作上的支持；最后我还要感谢前任校长，没有他，就没有学校现在的成就，没有他的努力，我现在工作的开展就不会这样顺利。

小学教育是义务教育的起始阶段，是为后面的初中教育和高等教育打基础的时期，所以非常重要。作为一名小学校长，肩上的责任就更加的重大。人贵有自知之明，知道自己的综合素质还需要进一步提高，要想能胜任这一工作，还要付出更多的努力来不断地学习和提高。

在这里我想用一句话来表达我此时此刻的心情，“智山慧海传真火，愿随前薪做后薪”，和各位同行共勉，最后祝愿各位身体健康！干杯！

范例二：

【致辞背景】庆祝新就职的中学校长宴会

【致辞人】新上任的中学校长

尊敬的各位领导和老师们：

大家好！

今天是我第一天到任的日子，原本是一个小小的教导主任，虽然小有所成，但是不敢居功自傲。蒙上级组织和领导的抬爱，任命我来担任××中学校长一职，恐自身能力有限，难担大任，幸得和各位同行共事，深感荣幸，还望在今后的工作中多多支持，不周之处，敬请指出。

我的学历可能没有很多老师的高，来到××中学担任校长对于我个人来说，深知肩上的责任重大，稍有不慎就会将学校声誉毁于一旦，成为误人子弟的庸人，对于我来说是一个巨大的挑战，所以平时行事比较小心谨慎。虽然我之前并不在这所学校任职，但是××中学声名在外。在上一任校长×××的带领下，××中学取得了一系列辉煌的成就，培养了无数的人才。而且××中学的老师都非常热爱教育事业，学校的学风优良，学生的素养极高，是同类学校中的佼佼者。我能来到这样优秀的学府担任校长，内心非常高兴，同时我也有信心将这种优良的传统传承下去，站好自己的岗位。

有句老话“不是一家人，不进一家门”，现在我进了这所学校，和各位就成了休戚与共的一家人了。这所学校所有的一切都和我紧密相连，学校的荣誉也就是我的荣誉，学校的耻辱也就是我的耻辱。希望能够在今后的学校工作中，我和各位老师同心协力，为学生营造一个良好的学习环境，培养出更多优秀的学生。

为了学校将来的发展，为了更加美好的明天，也为了我们共同的教育

事业和理想，让我们干了这杯酒！谢谢！

范例三：

【致辞背景】庆祝新的学生会主席就任庆祝会

【致辞人】新任的学生会主席

尊敬的领导、老师，亲爱的同学们：

大家晚上好！

金菊含笑，秋风送爽，在这个美好的季节，新一届的学生会领导集体也组成了，而我很荣幸地成了这一届学生会的主席。我有一颗自信的心，相信自己能做好服务同学们的工作，也相信自己能够和所有的成员一起努力将学生会的事情处理好。

学生会是一个为全校学生服务的学生组织，可以说就是同学们的另外一个家。我很珍惜老师和学生会为我提供了这样一个平台，能够有机会为更多的学生服务。所以在学校团总支老师的带领下，在求实创新的学风鼓励下，在所有学生会成员的支持下，我相信，只要我们齐心协力，团结合作，用顽强的毅力面对各种困难和挑战，我们最终会成就开创一片属于自己的蓝天，等到下一届的学生会领导成员接替我们的工作时，我们可以自豪而问心无愧地大声说：我们成功地履行了我们的岗位职责！

最后我想说的是："只要我们拧在一起，就是穿透黑暗的一道闪电，心聚在一起就是能够普照大地的太阳，只要信念团结在一起，就是任何困难都难不倒我们的万里长城。"只要我们齐心协力，一定能够让学生会大放异彩。

最后希望所有的老师都健康幸福，所有的同学学业有成，也为了我们共同的理想而干杯！

范例四：

【致辞背景】新学生会主席上任的欢迎会

【致辞人】老师

亲爱的同学们：

你们好！

每一年的这个时候，学生会都会进行换届选举，每一年的选举都能给学生会带来新鲜的血液和活力，新老接替，这样学生会才能不断地焕发出活力。今天×××成了新的学生会主席，他的得票支持率在×××以上，可谓众望所归。在这里我代表团总支的老师们向他表示祝贺。

×××同学是××专业的学生，从大一就开始成为学生会的一名普通成员。在这×年的时间内，不仅自己的学业没有落下，而且在学生会的工作也非常出色，每一次的任务都能非常出色地完成。后来他成了××部的部长，在对这个部门进行管理的时候显示出了良好的领导力，而且和每一个成员相处得都很愉快，很有人缘。在工作上也是勤勤恳恳的，受到了一致好评。可以说，不论是从工作能力还是从领导力还是人气上，××同学都是学生会主席的不二人选。

××今天当选学生会主席，也许有人羡慕，有人不甘心。这些想法并不可耻，反而说明了学生会是一个有活力的组织，这里的人都有朝气。既然结果已经产生，就希望大家能全力地支持××同学展开学生会的各项工作，如果心有不服的同学，可以在以后的过程中监督他的表现，同时自己也要努力地工作，争取在下一届的选举中胜出。

你们都知道学生会的主要职责是为学生服务，组织好各种社团的活动，保证各个社团的和谐。所以学生会主席不一定就如外表所显的那样光辉，可能会面临更烦琐、更艰难的工作，也会花费更多的精力来处理。这样一来，就要求必须合理地分配时间，处理好学业和工作之间的平衡。所以希望×××能够很好地处理好这个关系，既不耽误学业，也能将学生会的工作做好。这一点只凭借一个人是很难的，需要你们这一个集体来共同解决。只有大家互相帮助、互相体谅，才能成为最好的团队！

最后，再一次祝贺××同学成为学生会主席，也希望更多的成员向他学习，成为比他更优秀的主席，大家一起喝了这杯酒！

◎大学生村官就职祝酒辞

范例一：

【致辞背景】村官上任庆祝会

【致辞人】就职的大学生村官

尊敬的各位领导，亲爱的同志们：

很高兴能见到你们！

我是毕业于××大学××专业的×××，即将成为××村的一名普通的村官，除我之外还有××名和我志同道合的伙伴们即将到基层去锻炼，我无比荣幸能站在这里代表我们所有的村官发言。趁着这个机会，我代表所有大学生村官，感谢领导对我们的关心和爱护。

大学生当村官，成为一名最普通的基层干部，是国家现在的一项重要政策，能缓解现在巨大的就业压力，也能够锻炼大学生，运用所学去支援农村建设。我们刚刚从学校毕业，也许没有足够的社会经验，但是我们有满满的一腔热血，我们是祖国建设的一块砖，哪里需要我们，我们就搬到哪里，现在我们能够为建设新农村贡献自己的绵薄之力，我们都感到无上光荣。

现在"三农"问题是国家需要迫切解决的一个问题，新农村的建设也是关系到国计民生的重要课题。身为现代青年，我们立志于投身到祖国的现代化建设中去，新农村的建设就是施展我们抱负的最好平台。

我们这些大学生来自不同的地方，但是共同的理想让我们走到了一起。面对即将到来的挑战，不管之前我们各自的家庭背景如何，都让我们感到既熟悉又陌生，对于身上的责任，我们也许还没有足够的能力来掌握。我们是初出茅庐的大学生，在思想上还会有很多不够成熟的地方，但是正因为年轻，我们拥有最旺盛的生命力和毅力，再艰难的挑战我们也会去克服。

既然我们现在成了村官，就意味着我们选择了付出。不管之前我们取得过多么辉煌的成绩，也不管我们的家庭背景如何，从这一刻开始，我们又重新站到了同一起跑线上。今后，我们的家就在农村，朴实的农民就是我们最亲切的家人和最坚强的后盾，而为了我们的家人能生活得更好，我们将铭记党的教诲，始终坚持科学发展观的战略要求，在新农村建设中留下自己的灿烂一笔。

最后我希望领导能够继续信任我们，也希望我的同学们能够在广阔的农村天地中干出一番事业来，大家一起干杯！

范例二：

【致辞背景】大学生村官欢送会

【致辞人】××领导

亲爱的同志们：

你们好！

今天××多名村官即将奔赴祖国的各个农村的最基层去锻炼自己，他们都是一群刚刚从大学毕业的年轻人，有的甚至家庭背景显赫，但是他们都自愿去支援我国的农村建设，小小的年纪就能有这样的觉悟，不得不令人佩服！在这里，我是他们的领导，但我更愿意以一个长辈的身份对他们说一句：好样的！你们是大学生的骄傲，也是父母的骄傲。

奥斯特洛夫斯基曾经说过："人生最宝贵的就是生命，人的一生应该这样度过：当他回忆往事的时候，不会因为虚度年华而悔恨，也不会因为碌碌而为而羞愧，在临死的时候，能够说，我的整个生命和精神都献给了人类最伟大的事业！"我想说的是，你们最宝贵的地方就在于你们的年轻，年轻会有很多梦想，也有很长的时间能够去实现这些梦想，因为年轻，可以不害怕任何的困难和阻碍而勇往直前。你们现在正值青春年华，选择了成为一位最基层最普通的干部，舍弃了很多东西，但是正因为你们无畏地实现自己梦想的精神，到了我这样的年纪的时候，你们也不会后悔现在的选择，因为你们并没有虚度年华，也不会碌碌无为！

年轻是你们的财富，所以请你们一定要好好地珍惜，但是年轻也有很多的弱点，因为你们年轻，前方会有很多困难等着你们，有的人会因为你们的阅历和资历太浅而排挤你们，甚至会故意地刁难你们，会因为年轻没有足够的经验和成熟的心理，容易冲动地处理事情，但是也正因为你们年轻，接受新事物的能力也强，农村也有你们的老师，会帮助你们快速地成长起来。希望你们能清楚地知道前方会有怎样的困难，做好充分的准备！

看到你们，就如同看到了过去我们自己的影子，我们也同样的意气风发，也拥有和你们一样的理想，尽管随着岁月流逝，但当初的梦想依然扎根在内心深处，或许我们有生之年都没有办法去实现，但是因为我们努力过，为此奋斗了终生，所以我们不会有遗憾。希望你们能继承前辈的脚步，将这火种继续传递下去，直到实现的那一天！

希望你们能在未来依然保持一颗年轻的心和信念，也希望你们能在广阔的天地中有所成就，也为了我们共同的理想，干杯！

◎公司领导就职祝酒辞

范例一：

【致辞背景】新任董事长的庆祝酒会

【致辞人】就职的董事长

尊敬的各位领导，亲爱的同事们：

你们好！

今天非常荣幸能够作为公司新的董事长站在这里发言，现在我的心情非常激动，用一句很俗的话来说就是简直都不知道用什么词来形容了！很感谢公司领导对我的器重，也很感谢公司同事对我的大力支持，谢谢你们！

我进入公司的时间说长不长，说短也不短。还记得最开始从事的工作是×××，虽然很普通，但是却让我学会了很多的东西，更多的是让我学会了做人的道理和良好的工作习惯。这让我在后来的工作中获益匪浅。

在刚刚参加工作的时候，经常会面对各种各样的困难不知道该怎么办，这时候就总是会有人热心地帮助我，或者提醒我应该怎样才能完成得更好。就是因为这种良好的工作环境和这种互相帮助的氛围，让我下定决心在这里干下去，并坚信有着这样团队的公司一定能够创造出奇迹。

果然只用了短短的××年，我们公司就已经成功地闯出了属于自己的品牌，在业界获得了良好的口碑。销售业绩也在不断地攀升，我们的产品也正在被越来越多的消费者认同和接受。这一切都是我们大家共同创造的。当然离不开上一届领导的辛苦努力，为我打下了坚实的基础，能够用更多的精力去大展拳脚，在这里对这些前辈和老员工也表示衷心的感谢。

我知道前面的成绩都不算什么，现在我站在了新的岗位上，一切都要从零开始，这也是我工作以来一直告诫自己的，不能因为一时取得的成绩而骄傲，这样就会让人丧失前进的斗志。所以一旦站上新的岗位就会将之前所有成绩归零，重新开始。现在我的职位高了，身上的责任和使命就重了。我的工作将不再是只关系到个人了，而是关系到公司的所有人，所以即使能力有限，我也会倾注所有的热情来工作。也正因为这样，希望所有的同事和我一起努力，心往一处想，劲往一处使，一起去创造属于我们的辉煌。

最后，再一次地感谢大家，谢谢大家对我的鼓励和信任，让我们一起干杯！

范例二：

【致辞背景】庆祝新任董事长就职的宴会

【致辞人】上一届董事长

尊敬的各位领导，亲爱的同事们：

大家晚上好！

今天是××董事长上任的日子，大家欢聚一堂来庆祝这一喜庆的日子，我谨代表我自己和所有的上一届领导对他表示热烈的祝贺。

××是××年前进入公司的，在这几年的工作中，在自己的岗位上扎扎实实地做出了不少成绩。能够成为现在的董事长，他付出了很多努力和汗水，大家都是共处十几年的同事了，他的努力是我们有目共睹的。正所谓天道酬勤，现在的成功是靠自己的努力争取到的，而他的成功也是对我们每一个人的鼓励。

一般人只会在意花朵是如何的娇艳，但是有谁又能想到，当它还只是一颗种子的时候，要怎样的努力才能破土而出；当它还只是一颗嫩芽的时候，有谁又能想到它要有怎样的坚强才能抵抗风霜的洗礼，所以对于××的成功，我发自内心的钦佩。

动听的旋律是音乐家将自己的思想融入其中，经典的画作是因为绘画家是用自己的灵魂来创作，不朽的文学巨作是因为作家倾注了自己的心血，而××，将自己所有的情感都给了事业，这样的奉献，让人不敢怀疑他会成就一番伟大的事业。在他今后的工作中，希望他能秉承着这种精神，和每一位同事都能保持良好的合作关系，让公司的事业更上一层楼。

现在就让我们一起举杯，来祝愿他，祝愿他能够继往开来，获得更大的成功！干杯！

范例三：

【致辞背景】新总裁到任的欢迎会

【致辞人】就职总裁

尊敬的各位领导，亲爱的同事们：

大家晚上好！

今天我成了公司新的总裁，首先就要感谢公司领导对我多年来的悉心栽培；其次要感谢公司同事对我的大力支持。真是因为这样，我才能顺利地成为新任总裁，我知道我身上寄托了你们的期望，所以我一定会努力地工作，不让你们感到失望。

说句心里话，如果只为了自己的舒适生活和享受，那么做这个总裁对于我来说确实很简单。但是现在我却一点儿也不觉得轻松，因为我明白，

我不能辜负大家对我的厚望，所以怎样才能成为一个合格的总裁，是我一直在思考的问题。

我知道，这个问题没有具体的答案，每一个人都会给出不同的回答。在我心里，只有让公司的每一个员工生活得幸福和满足，才能成为一个合格的总裁，然而这并不是一件简单的事情。我知道，前面等待我的不只是光环和荣耀，更多的是未知的困难。但是我并不害怕这未知的一切。我是一个敢于挑战的人，正因为未知，所以才能令我相信，凭借着努力就能创造一个光明的未来，假如一切都是已经设定好的，那么即使我们怎样拼尽全力，对于结果也是毫无作用的，所以我希望大家和我一起去改变这种未知，创造一个奇迹。

为了这一个奇迹的诞生，为了让这个奇迹早日来临，我们一起努力，一起干杯！

范例四：

【致辞背景】庆祝新总裁上任的宴会

【致辞人】××部门的员工

尊敬的各位领导，亲爱的同事们：

首先祝各位晚上好！

我很荣幸今天能在这样隆重的场合中代表我和所有的同事祝贺新总裁上任。

在过去的××年中，××总裁一直都是我们的好同事。虽然他刚参加工作的时候，显得略微有点胆小，但是非常热心，不管哪一个同事需要帮助，他总是第一个就冲上去帮忙的。在工作中，他也很积极，主动地承担工作中最苦最累的部分，所以在办公室，他的人缘总是最好的，大家都愿意和他在一起工作。他也很好学，在工作中遇到了困难，总是虚心地向别人请教，但是他也很固执，只要是以前犯过的错，他就绝对不会让自己第二次犯同样的错误，所以很短的时间，他就很快地熟悉了工作上的所有事务。因为他的表现很优秀就被调到别的部门，但是看到之前办公室的同事，还是会很热心地问候。

这就是我们所认识的总裁，热心、能干、充满激情。我相信以他的能力，一定会将公司发展得更好。我相信，只要是跟他共过事的同事一定都会有和我同样的想法。也请各位领导和总裁放心，我们绝对会百分之百地配合他的工作，和总裁一起，同心协力地把公司发展得越来越好。因为公司的命运也是和我们所有人的命运联系在一起的。

最后，让我们再一次祝贺新总裁上任，大家一起干杯！

范例五：

【致辞背景】总经理上任的庆祝酒会

【致辞人】就职的总经理

尊敬的各位领导，亲爱的来宾们：

大家晚上好！

很高兴今天我能成为××的总经理，对我来说是一件非常荣幸的事情，首先感谢大家对我的信任，我也会努力地做好自己的工作，不让大家失望。

我们公司是属于××行业，很长一段时间，我们的宗旨就是为消费者提供物美价廉的商品。但是因为各种各样的原因，我们公司现在还不具备实现这一承诺的条件。作为未来公司的总经理，我有义务带领各位员工和我一起，使我们公司发展得越来越好，能够有实力为客户提供物美价廉的产品，能够在激烈的市场竞争中占据一席之地。为了能早日实现这一目标，我会对公司内部一些不合理的组织结构进行调整，争取让每一个人都能在岗位上发挥出最大的光和热。

为了这个目标，各部门的领导就要首先以身作则，成为员工效仿的典范。营造出一种轻松愉快的工作环境，在工作的过程中，大家能够很好地交流沟通，这样我们的公司会发展得越来越好。

在这里我先敬各位一杯，希望在今后的工作中能和大家愉快地相处，也希望能够得到大家的帮助，希望我们能够一起努力！谢谢大家！

范例六：

【致辞背景】欢迎新的店面经理到任的宴会

【致辞人】就职的店面经理

尊敬的各位领导，亲爱的伙伴们：

大家晚上好！

上午公司举行了非常激烈的竞选店面经理的选举，我有幸能够胜出，成为这里的经理。看到大家为我举行的欢迎宴会，我内心非常感动，谢谢大家的支持，也感谢大家在这么忙的情况下还来参加这次的宴会，衷心地感谢大家！

我在这个公司已经工作了×年了，之前一直都在××分店工作，先后担任过各种职位，在这×年的过程中，积累了丰富的经验，广大客户的评价尚可。虽然之前没有和大家接触过，但是希望今后我们能相处得非常愉快！

参加工作这么多年来，我内心一直渴望公司能够给我一个更能施展抱负的舞台。所以这次能够成为店面经理是我一直以来追求的，很感谢公司能提供这样的机会，让我施展自己的才华，也让大家能更好地认识我、了解我。在这次竞选的过程中，我再一次实现了自我的突破，不仅口头表达的能力提高了，心理上也更加成熟了。当然，在这个过程中，我也看到了自身的很多缺点，也能帮助我在今后的工作中有针对性的提高。

这一次非常感谢大家对我的信任和支持，我会将这份信任铭记在心里，不断地鼓励自己继续向前进，不会因此而停下自己的脚步，将这份信任化作动力。在我工作期间，我也会努力实现以下几个目标，第一个就是店面的经营额再上一个高度；第二个就是提高自身的工作能力；第三个就是努力地创造新的方法解决问题；第四个就是加强新技术的开发。希望大家能够严格地对我进行监督，在我有所松懈的时候不断地鞭策我。

最后希望大家工作顺利，身体健康，干杯！

范例七：

【致辞背景】新任店面经理的欢迎会

【致辞人】店面的××老员工

尊敬的各位领导，亲爱的同事们：

你们好！

很高兴能够作为这个店面的代表向我们新任的店面经理表示祝贺，祝贺他在这次竞选中获得胜利，成了我们这个小家庭的一员。

对于我们这个店面来说，是经历很多波折才建立起来的，这里的每一个成员都是从最初就一直在这里的老员工，这里就像我们的第二个家一样，也希望×××经理能在这里找到家的感觉，我们会像对待家人一样来对待×××经理，所以在这里完全没有必要顾忌什么，只管放心地施展自己的才华，我们会尽最大的力量来配合经理完成各项工作。

虽然之前我们一直没有机会共过事，但是×××经理的大名确实已经在整个公司和所有的门店中传开了。最主要的是因为他对公司做出的贡献，和他自身的人格魅力为大家树立了一个榜样，很多年轻人也正是因为受到了他的鼓励，鼓足干劲去拼搏，最后也都获得了不错的成绩。我和所有的同事都为有这样一个具有号召力的领导在一起工作而感到自豪和骄傲，也相信在他的带领下我们能实现新的辉煌。

相信经理在上任之前也对这个店面有所了解，对于这里存在的问题也有了认识，所以希望×××在上任之后能够帮助我们解决这些问题。相信凭借着经理的才干，只要解决了这些问题，这个店面就能产生出全新的力量，当然，我们每一个人也会为问题的解决出力的，因为我们都是一家人！

最后，为了欢迎我们新的家庭成员，也为了我们这个家能越来越好，大家一起干杯！

◎部门经理就职祝酒辞

范例一：

【致辞背景】新任部门经理的欢迎酒会

【致辞人】就职的部门经理

尊敬的领导和同事们：

大家晚上好！

今天我能站在这里，是因为领导对我的信任和关怀，也是同事对我的鼓励和支持，我才能成为×××部门的新任经理，首先谢谢大家！我一定会努力工作，不辜负你们对我的信任和支持。

×××部门是整个公司比较重要的部门，虽然平时的工作很不起眼，也不会为公司直接带来很大的经济效益，但是我们就像是一个连接所有部门的纽带，如果没有我们，其他的部门就会出现很多意想不到的麻烦，所以尽管我们的工作很细致，永远不会被摆在台面上，但是我们是一群幕后英雄，所以不要妄自菲薄，怀疑自己的工作没有什么作用，可能因为我们的认真工作，公司就能避免一笔巨大的损失，公司取得的任何一个成功，其中都有我们的一份功劳在里面。我能成为这里面的一员非常高兴，伟大的事业需要平凡扎实的工作来成就。

我虽然在这次竞选中胜出了，但是我知道自己身上还存在着很多缺点，身为一个部门的经理，并不是自己的能力出众就能够做出成绩的，但我还是很自信，因为我们是一个整体，我只是其中最普通的一个，和大家是一样的。困难出现后，大家一起想办法，总是能够解决的。

为了我们今后的合作愉快，大家一起干一杯！

范例二：

【致辞背景】欢迎新任经理就职的酒会

【致辞人】该部门的××同事

尊敬的各位领导，亲爱的同事们：

你们好！

今天是×××成为我们部门经理的大好日子，在这里，我谨代表自己和部门的所有同事向他表示祝贺。

大家都知道，想要取得成功并不是一件容易的事情，大海如果不接受每一条细小的河流，也不会有容纳百川的气魄；如果大山不接受每一粒细小的尘埃，也就不会成就它巍峨的高度。成功也是一样的，需要经过每一件小事的不断积累，如果没有坚强的意志，是不可能长期坚持下来的。×××经理之所以在事业上能够取得巨大的成功，很大程度上是因为他的执著。他的这种精神令我们敬佩，而他的成功也鼓舞了我们，有他这样的领导是我们值得自豪和骄傲的一件事情，在这里我祝愿他的事业能像芝麻开花一样，也祝愿他在今后的道路上带领我们不断地去拼搏，创造更多的奇迹。

曾经，我和×××经理还是同事，我比他进入公司要晚，很多问题都还不懂，每次需要帮助的时候都是他向我伸出援手，帮助我度过了最开始的艰难。对于他，我心存感激，所以我还要祝愿他在今后的工作中万事如意，如果需要我的支持，我将二话不说。

×××经理从来不摆架子，就像我们最熟悉的一个朋友那样，有这样的经理是我们的幸运，在今天这样一个特别的日子里，大家举起酒杯，为我们之间的情谊干杯！也为我们的未来干杯！

◎主管就职祝酒辞

范例一：

【致辞背景】庆祝新任主管上任的宴会

【致辞人】就职的主管

尊敬的领导，亲爱的同事们：

晚上好！

今天上午我成功地竞选成为××部门的主管，心情非常激动，这是承蒙各位上级领导的信任和大家的信任才能实现的，所以在这里我非常感谢大家！

回顾我以前走过的路，似乎都非常顺利，几乎没有遇到过什么大的挫折和失败，可能有很多人会很羡慕我的经历。可是只有我自己知道，一路走过来的艰辛，一般人都会注意到鲜艳的花朵，而忽略了它生长过程中经历的风雨。现在，我终于勉强像一朵鲜花了。

回想我当初进入公司的时候，刚刚大学毕业，什么都不懂，没有经验，有的只是年少的轻狂，在工作上碰到过很多大大小小的钉子。但也就是凭着年轻时候的那一点傲气，我从不愿在人前低头。有做错的地方，我会默默地记在心里，告诫自己，下一次绝对不能再犯同样的错误。而我的性格也在这个过程中变得更加的随和，不再那么固执，学会了虚心地请教问题，耐心地接受教训，也正是因为这种转变，才有了后来的成功，在这里我也感谢当时所有帮助过我的人，谢谢你们成就了我！

我知道，当好一个主管不是一件轻松的事情，在工作中也会遇到各种挑战，但是在困难面前，我依然不会低头，直到我们攻克它。我一个人的力量是有限的，所以还需要大家和我一起并肩作战，这样我们的力量就会更加的强大，创造更美好的明天。

所以，为了我们的团结，也为了我们的明天，大家一起干杯！

范例二：

【致辞背景】新任主管的就职宴会

【致辞人】××领导

亲爱的同事们：

大家好！

今天是一个令人高兴的日子，因为×××主管今天正式上任了，我代表在场的所有人向他表示热烈的祝贺，恭喜他竞选成功，成为新一届的主管！

正如同他自己所说，他刚来的时候就是一个毛头小伙子，桀骜不驯，就好像将什么都不放在心上一样。每一个人都曾经有过年少轻狂时候，那时候大家也都和他一样，他缺少的只是锻炼的机会，为什么就不能给他呢？再说了，正是因为大家都有过年少的时候，所以都知道，这样的孤傲，只是害怕自己得不到别人的承认而做出来的坚强。毫不夸张，我的判断一直都很准确，在他工作中，他自己可能都没有发现，在工作的过程中，他一点点地在变化，直到自己的性格和能力都已经具备了一个主管的必备素质。所以说他今天之所以能够成功，很大程度上是靠他自己的努力。

年轻是一种资本，不要随意地浪费这种资本，成熟有经验的人固然有好处，但是年轻却会打破原有的教条，创造出一种新的方式，这样公司也会充满活力。年轻人可以以他作为自己的榜样，只要努力，就一定能获得回报。

在这里，再一次向他表示祝贺，也希望其他的年轻人像他一样，能够不断地成长，一步步走向成功，干杯！

常用祝酒辞

◎就职祝福佳句

◆祝愿×××的事业就像芝麻开花一样，节节高升！

◆希望×××事业成功，身体健康，将来创造出更辉煌的成绩！

◆×××能取得今天的成就，是凭借着自己的实力，祝贺×××取得了成功，也希望他能继续努力，创造更美好的明天！

◆希望×××能在未来依然保持一颗年轻的心和信念，也希望×××能在广阔的天地中有所成就。

◆希望×××能秉承着这种精神，和每一位同事都能保持良好的合作关系，让公司的事业更上一层楼。

◆希望其他的年轻人像×××一样，能够不断地成长，一步步走向成功，干杯！

◆希望××能够继续保持，带领大家一步步朝着康庄大道迈进。

◆祝贺×××升任×××，希望你能做出更好的成绩，为了你，也为了×××的未来，我们干杯！

◆为了×××的上任之喜，也为了我们这个美好的愿望，大家一起来举杯共饮吧！

◆为我们年轻的×××上任干杯，希望他能带领着我们不断前进，让×××的明天更加辉煌灿烂，干杯！

◆祝贺××同学成为×××，也希望更多的成员向他学习，以后成为比他更优秀的××，大家一起喝了这杯酒！

◆希望你们能在未来依然保持一颗年轻的心和信念，也希望你们能在广阔的天地中有所成就，也为了我们共同的理想，干杯！

◆祝愿×××能够继往开来，获得更大的成功！

◆欢迎我们新的家庭成员，为了我们这个家能越来越好，我们大家一起干杯！

◆在今天这样一个特别的日子里，大家举起酒杯，为我们之间的情谊干杯！也为我们的未来干杯！

◆希望其他的年轻人像×××一样，能够不断地成长，一步步走向成功，干杯！

◆祝愿×××在今后的工作中继续快马加鞭，一马当先！

◎就职承诺佳句

一、官员承诺佳句

◆虽然前途多艰，自己才疏学浅，恐有负重托，但是我必将竭尽所能，先天下之忧而忧，后天下之乐而乐，时刻贯彻“三个代表”重要思想，将人民群众的利益放在首位，遵守党的纪律，廉洁奉公，不徇私枉法。

◆身为××××，身上的责任更加重大，我愿意用我所有的能力来完成这一任务，在党中央的政策指导、省级各级领导的合作、人民群众的大力支持下，即使任务再艰巨，我也有信心和大家一起完成。

◆我深知在这光荣的背后更多的是一份责任，所以我将会不遗余力来完成我的使命，争取在大家的共同努力下为×××创造一个更好的未来！

◆在今后的工作中，我将始终把百姓利益放在第一位，我会用实际行动将这个承诺坚持到底，给父老乡亲一个满意的答案。

◆只要我一天在×××的任上，就绝对不会做出有损于党员形象和人格的事情，就绝对不会置百姓的利益于不顾，更不会收受贿赂，贪图个人的享受。我一定会做一个堂堂正正、光明磊落、廉洁守法的人。

◆让我们在以胡锦涛同志为总书记的党中央领导下，一切按照“三个代表”重要思想和科学发展观的指导，认真贯彻执行上级领导下达的命令和任务。

◆我愿意用我所有的力量，和大家一起团结努力，携手共进来完成这人生当中的一次大考，不贪污、不腐败，全心全意为人民服务，坚持贯彻党的政策和方针，和家乡的乡亲们一起，让我们的家园更加的美丽。

◆在×××岗位上，我将一如既往地保持良好的生活和工作作风，带领大家一起为××市创造一个更好的明天！

二、万能承诺佳句

◆我不敢说自己是最有能力的，但是我相信自己是最努力和最合适的！

◆说得好不如做得好，再多华丽的语言也抵不上最朴实的行动！

◆长江后浪推前浪，我不敢说自己多么有才华，多么有能力，我也有缺点，但是我愿意付出最大的努力去不断地追求完美，尽力地克服自身的缺点！

◆今天是我上岗的第一天，我不会制定太多的规划，但是我所有的工作都会从实际情况的一点一滴开始。我不会随便给出承诺，但是只要是我说过的，就一定会尽最大的努力去实现。我可以做到的一点就是：我说过的话绝对不会是一张空头支票！

◆我非常荣幸能够站在这里，跟大家一起来分享这个荣誉，只要我一天站在这里，就要完成我站在这里的使命，所有的人都可以来监督我的工作！

◆我会虚心地向前辈请教，提高自己的业务能力，同时也会努力地完成工作，尽最大努力创造更好的成绩。

◆我知道，×××不仅仅是一种荣耀的象征，更多的是一种责任。在今后的工作中我会认真地履行自己的职责，不辜负领导的信任和大家的支持！

◆我将以百分之百的热情投入到我的工作之中，向各位前辈请教，做好××会中各种日常的事务。

◆我一定会努力地工作，不辜负你们对我的信任和支持。

◆我有自知之明，知道自己的综合素质还需要进一步提高，要想能胜任这一工作，还要付出更多的努力来不断地学习和提高。

◆我一个人的力量是有限的，所以还需要大家和我一起并肩作战，这样我们的力量才会更加的强大，才能去创造更美好的明天。

第十三章
勉励及其他祝酒辞

祝酒之礼

◎对意外来袭的抚慰

谁都希望自己和亲朋好友能健健康康的，但是这个美好的愿望想要实现并不简单。我们身边的人或多或少都经历过大大小小的病痛，有的甚至经历过命悬一刻的惊险。当他人遭遇意外时，不管作为朋友，还是路人，我们都不能袖手不管，抚慰别人受伤的心灵，是我们的本真所在。

意外一般分为两种情况，一种是疾病，尤其是重病；另一种是其他意想不到的灾祸。现在将这两种情况在祝酒中需要注意的地方分别说明。

一、疾病

作为患者本身，当自己终于战胜病魔，重获健康时，内心都会无限感慨，庆幸自己还能够和至亲至爱的人一起，在祝酒的时候，就要首先表达出自己作为幸运者的这种感叹，“我非常庆幸今天还有机会能够和大家在一起××××”是经典的开场白之一。

作为病人的亲朋好友，我们首先对患者的康复表示祝贺才是最重要的，一般以“祝贺×××能够重获健康，和我们大家在一起”作为开场白。

开场之后可以将自己的患病过程作一个简短的介绍，让大家都能明白事情的经过，明确祝酒的目的。

在祝酒的主要部分，一般分成三个部分。

第一部分，大部分的病人在得知自己病情的时候都会表现得比较低落，甚至绝望，会出现抵抗治疗的行为。这是人之常情，所以对这一点不需要避讳，在患者本人或者其家人的祝酒中可以作一个简短的说明。患者可以将这一部分的重点放在自己的内心感受上。

第二部分，在患病之后，赞叹亲人和朋友为了自己能够恢复健康所付出的努力。不管祝酒人的身份有什么不同，都应该在祝酒时表示感谢，只是侧重点有所不同。患者本身要重点感谢家人和朋友的照顾，常用的语句就是“感谢我的家人和朋友对我无微不至的照顾和鼓励，我才有勇气去对抗病魔”。对于其他的祝酒人来说，重点是突出患者自身的努力，对于其他的帮助就可以一笔带过，“×××之所以能康复，离不开亲朋好友的照顾，但是最重要的还是×××和病魔斗争的顽强的意志”在祝酒中会经常用到。

第三部分，一般都用来表达美好的祝愿。作为疾病和意外的亲历者及旁观者，对于疾病和意外的感受程度是不一样的。当事人在经历了生死之后，会有很多不一样的想法和感受，可以将自己最大的感受说出来和大家分享。最常见的感受“生命才是最宝贵的”，围绕着这一中心来表达自己的感情即可。而亲朋好友只需要表达对患者的美好祝福即可。

在祝酒的最后，一般都是以“祝愿大家都身体健康”作为结束语。

二、意想不到的灾祸

俗话说，“天有不测风云，人有旦夕祸福”。有的人可能一辈子都不会遇到大的意外，而有的人遇到一次意外就可以让他一生都刻骨铭心，这样的意外大多数都和生死有关。在经历这样的劫难之后，当事人的内心肯定会有一定的阴影，这时候就有必要对他们进行安慰，让他们逐渐从内心的震惊中走出来。压惊酒也就应运而生了。

意外和疾病的祝酒辞其实并没有多大的差别，只是在主体部分略有不同。所以压惊酒的开场祝酒可以直接套用疾病康复祝酒的模式，只需要在语言上能够和压惊的氛围相适应即可。

在祝酒的主要部分，压惊祝酒只需要两个部分。作为意外的亲身经历者来说，第一部分就是自己在意外发生过程中的感受，第二部分就是意外

结束之后自己的感受。这两部分不需要任何讨好的技巧，真实的感受就是最好的方式，这样才能让参与者切身地感受到内心的情感。

一般亲朋好友的祝酒都是在当事人的祝酒之后的，第一部分就可以针对当事人的感受来具体地发挥，既能够激起当事人的共鸣，也能够劝诫在场的人都珍惜现在的生活。第二部分还是表达对当事人的祝愿，“希望×××在今后的生活中更加的顺利”是常用的祝福语。

祝酒的最后，同样以表达“希望大家都能珍惜现在，享受生活的美好”等美好的祝愿来结束。

◎失恋者更需要呵护

爱情是人最重要的情感体验之一，但是恋爱并不总是阳光灿烂的，它能带给人幸福和甜蜜，也能够带来痛苦和烦恼。尤其是年轻人，会经常在恋爱上经历挫折，正是因为心智上还不够成熟，所以难免会无法自拔，就需要有人来开导和鼓励。这时候长辈是不适合出面的，最好选择同龄的好友，这样首先在心灵上就有了一定的认可和共鸣，鼓励的效果也会更好。

婚姻遭遇挫折，主要有两种情况，第一种情况就是年轻的夫妻吵架。这种情况下一般不会有太多的人愿意将吵架的事情公之于众，因为毕竟中国人的传统思想会认为夫妻吵架并不是一件光彩的事情，一般都是两人私下解决，不会涉及第三方。但是有一些情况下，夫妻吵架的时间比较长，已经影响了正常的生活，就需要由朋友来进行劝解。

因为这种情况比较少见，所以就没有固定的格式和特殊的要求，祝酒可以用拉家常的方式来进行。在进行劝解的过程中，需要强调的一点就是不能来评判夫妻双方究竟谁对谁错。这样不仅不利于矛盾的化解，甚至会起到相反的作用。

虽然没有特定的格式，但是还是有一些小的技巧来迅速化解夫妻双方之间矛盾的。

首先，自己的态度要诚恳。因为夫妻吵架毕竟是一件很私密的事情，有第三方在的情况下，夫妻双方会非常尴尬。这种情况就要真实地表达自己的想法，是想化解矛盾，而不是来看笑话的。卸下夫妻双方的防备心理，这样劝说才会有效。

其次，注意说话的方式。口气尽量平和，不要对双方的行为作出过多的评价，否则双方会认为你是在教训他们，也起不到劝解的效果。

最后一点，留给夫妻思考的空间。在自己的道理讲完之后，可以给夫妻双方一点空间，冷静地思考一下，不要急于让他们和解。他们真的明白了其中的道理，和解也就是很自然的事情了。

第二种情况是比较常见的失恋。和夫妻吵架是同一个道理，一般都不太愿意将这样的事情和别人分享。如果是当着朋友的面进行调解的话，首先就必须要充分地考虑到当事人的这种心理。即便是关系很好的朋友，说出“天涯何处无芳草、何必单恋一枝花”这样的话也会让当事人非常尴尬，所以在进行祝酒的时候首先一定要考虑到当事人的情绪和心理。

和夫妻吵架祝酒一样的是，对于失恋者的祝酒也没有特定的格式。但是可以从以下几个方面入手。

首先，如果是祝酒人自身有失恋的经历，不妨可以说“你现在的心情我完全能够体会到，因为当初我失恋的时候和你一样……”，这样说，首先可以消除失恋者的防备心理，在心理上就已经产生了共鸣。接下来在劝慰的过程中也不会有抵触的心理。但是如果没有的话就不要随便开口，以免弄巧成拙。

其次，可以说出自己对爱情的看法，或者借某位名人说过的话来发表看法。在这一点上切忌大谈特谈。

如果当事人心里有怨气，就要想方设法化解，不要让他对对方产生怨恨。可以告诉他，对方也给他带来过甜蜜和幸福，即便是不在一起了，但是并没有欺骗他的感情。

◎周年庆典要突出“庆贺”之意

对于周年庆典宴会，致辞人要着重把握住“庆贺”的内涵。而各种周年庆又各有各的特点，因而即使是同为周年庆典，祝酒辞要点也是不同的。

对于企业或学校周年庆典，一般是主办方在周年纪念日当日承办。通常，主办方致祝酒辞。首先，致辞人要简短概括一下企业或学校等单位自从成立以来所取得的成就，以此达到承前启后的目的；其次，致辞人要根据致辞对象，对今后的工作提出相应的任务和要求；再次，致辞人要表达

感谢之情。致辞人不但要感谢长久以来一如既往地关心和支持企业或学校的各位领导以及社会各界人士，还要表达对各位来宾以及自己所属单位的成员的衷心祝福。

对于结婚周年庆典，祝酒辞根据致辞人的不同而有所不同。若是来宾致辞，那么他（她）的致辞就要相对轻松活泼些。致辞人可以回顾往事，但要回顾快乐、高兴的过往。致辞人还可以借婚庆夫妇的儿女为题，进行祝酒。一般是褒扬他们的儿女，赞扬他们夫妻和睦、儿女孝顺。总之，抓住了“庆贺”的内涵，就抓住了周年庆典致辞的精髓。

◎送行酒祝酒辞的“送行”之礼

当我们为某人举行饯别或送行的宴会时，同样要用到贴切的祝酒辞。尽管都是送行，但是目的却不尽相同。因此，祝酒辞的内容也各具特色。

若主办方为来宾举办送别宴会，那么送别宴不仅要形式隆重，还要让对方感到颇受重视的感觉。对于主办方的致辞人来说，他（她）首先要表示对来宾的依依惜别之情；接着，致辞人要充分听取来宾的意见与建议，以便加深双方的了解，增进双方友谊；最后，致辞人要祝愿来宾返程愉快，并诚恳地邀请来宾再次光临。此外，主办方要适当了解来宾是否有需要帮助的事情，并适当地送一些纪念品，从而更好地尽到地主之谊。

若是在大学毕业宴会上祝酒，人们对于祝酒辞的要求又会有所不同。若是老师致辞，那么他（她）就可以根据自己的身份，根据学生所属院系或专业而决定致辞内容，对于学生今后的目标或努力方向提出某些建议。例如，在新闻系毕业生送别宴会上，致辞人可以用“假如人类没有了新闻，发展怎会有希望？假若人类没有了美酒，心情该多惆怅”之类的话进行祝酒。

若是公司员工为即将奔赴新岗位的同事送别，祝酒辞则要求致辞人首先阐明被送者新的去向、新工作的性质以及意义。若是为退休干部送行，则要表达对老领导的敬重之情。致辞人可以高度赞扬老领导的贡献或成绩，并表达今后还要请老领导经常督促与指导。

但是，无论何种形式的送别宴，祝酒辞都要以被送别一方为主。归纳起来，送别宴会上的祝酒辞通常包括以下内容，即点明送别的单位、对象、目的。同时，祝酒辞不仅要表达热烈欢送之意，还要简短有力，不可过长。在结尾时，致辞人还可以对被欢送者提出殷切希望。

除了上面这些，饯行宴会上的祝酒辞还有一个非常重要的注意事项。尽管是送别，但也要注意宴会的隆重性与热烈性。送别宴也应该是活跃、乐观向上的。因而，致辞人不能将祝酒基调定为十分深沉或伤感。

◎答谢酒会要表达真诚的谢意

在答谢宴会上，致辞人的祝酒辞往往要重点突出真诚的感谢之意。

首先，致辞人要直奔主题，在开头就要表达对对方的衷心的谢意。一般，祝酒辞常以“今天，为了表达我们诚挚的感谢之情，我们举行了这场答谢客户酒会。在这个普天同庆的日子里，我代表××集团全体人员，对各位嘉宾的到来表示热烈的欢迎，并祝愿各位身体健康、家庭幸福”为开头语。

其次，致辞人往往会借助诸多具体事例，高度肯定和赞扬对方所做的一切努力。比如，通常用“在××的正确领导下，通过××集团以及全体职员的共同努力，××院的管理机制不断完善，产品质量不断提升，品牌优势不断凸显，各项事业均呈现出了生机勃勃的崭新局面。这些成绩的取得与在座各位的大力支持和鼎力相助是分不开的，军功章里有你们的一半，××院的发展史也必定为你们记下浓墨重彩的一笔，在此向你们表示诚挚的感谢”的模式。致辞人需要记住，要对贵宾的工作以及成就给予高度评价，以此活跃宴会气氛。

再次，致辞人可以结合自己的想法和目前的心情来祝酒。而且，最重要的是，致辞人要根据答谢的对象来确定答谢内容。比如，答谢合作伙伴，致辞人就可以称赞合作伙伴的成绩；答谢公司员工，致辞人可以称颂员工的爱岗敬业、勤恳工作的态度。

最后，致辞人往往还要再次表示对对方的感激之情。同时，致辞人还要表达自己真挚的愿望以及对于对方的美好祝福。

做到了以上几点，致辞人在答谢酒会上的致辞就大概符合情景的需要了。如果想要自己的祝酒辞更出彩，致辞人往往还要在致辞中配以优美的词语或运用诸如排比句之类的句式，从而营造一种极其热烈的气势，为宴

会制造良好的气氛。

经典祝酒辞

◎压惊酒祝酒辞

范例：

【致辞背景】经历劫难之后宴会

【致辞人】××好友

尊敬的各位来宾和各位亲朋好友们：

大家好！

今天对于×××来说是非常特殊的一个日子，就在上个星期，他乘飞机外出出差的时候，很不幸地遇到意外——他乘坐的那一趟航班差一点就坠落了，那时候他就差一点要离开我们所有人了。可是幸运的是，在所有航班成员和地面指挥中心的努力下，飞机成功地降落了，算是平安地度过了这次劫难。

现在，×××大难不死，已经回到了我们的身边，让我们感到非常高兴。所以，首先庆祝他能平安归来。俗话说："大难不死，必有后福"，在今后的日子里，我们相信×××能够在生活和事业中更加努力，获得更大的发展。在这里我代表×××和他的家人对各位的到来表示感谢。

经历过生死的考验，×××心中肯定已经百感交集了。在和死神擦肩而过的时候，对于现在的生活肯定能更加珍惜，也能从平淡的生活中品尝出各种美好的味道。凡是经历过生死考验的人都会对生命格外珍惜，对于生活都怀着一种感恩的态度。相信他在今后的生活和工作中，都能够对身边人更加的感恩和宽容，也相信在以后的道路上，不管是充满鲜花还是布满荆棘，都不会阻碍他前进的脚步。

最后，让我们大家一起祝愿×××大难不死，必有后福！也祝愿他在今后的生活中更加的幸福美满，同时也祝愿所有的人都能平平安安！谢谢大家！

◎夫妻吵架劝慰祝酒辞

范例：

【致辞背景】安慰吵架夫妻的宴席

【致辞人】××好朋友

×××和×××：

今天我们几个好朋友特意把你们都叫过来，是因为我们都知道你们俩吵架了，而且吵得还特别厉害。我们的目的就是要劝你们重归于好，这一点你们也很清楚。今天大家都在，希望你们能当着大伙的面，把心中的不满都说出来，把问题都摆出来，大家都会帮着你们俩去解决这些问题。

作为你们的好朋友，看着你们已经冷战这么长时间了，大家都看在眼里，急在心里。俗话说得好，夫妻没有隔夜仇，有什么事情放不下呢？×××一生气就跑回娘家，一直不回家，而×××呢，整天都闷在家里，话也不说，也没心思上班。你们两人这样斗气，我们这些好朋友都在一边干着急。你们既然这么苦恼，说明心里面还是有对方的。既然你们之间都还在意对方，有什么放不下架子的呢。

其实，两个人之间，没有绝对的对和错，很多争吵都是因为一些鸡毛蒜皮的小事。你们会认为自己的说法都有道理，但是要知道，从你们组成了一个家庭之后，就不再是单独的个体，很多时候都需要相互包容和退让，只要不涉及原则问题，都是可以互相商量的，这也是维持婚姻和睦的秘诀之一。

今天既然把你们都请到了这里，大家也不是要分出谁对谁错。俗话说清官也难断家务事，我们也不是想要干涉你们的生活，只是在生活中都会有小打小闹的时候，也可以算是一种生活的情趣，但是一定要掌握好分寸。不管什么事情，都要适可而止，不然你们之间的感情也会受到影响，这样就过犹不及了。

看着你们俩闹别扭，我们心里也不痛快，现在当着各位好朋友的面，希望你们俩能重归于好。让我们一起干了这杯酒，所有的不愉快都随着酒一起喝下去，然后重新开始生活，也希望你们在今后的日子里都能恩恩爱爱地生活下去！干杯！

◎失恋者祝酒辞

范例一：

【致辞背景】失恋的好友吃饭

【致辞人】好朋友

亲爱的朋友们：

今天我们几个好朋友又重新聚在了一起，必须要喝几杯。好朋友很难相聚在一起，在一起就要喝个痛快，把所有的不快都宣泄出来。

大多数人都经历过失恋的痛苦，但是这也许恰恰就是新的幸福的开始。

莎士比亚曾经说过，敢于追求爱的人比那些被爱的人更加的神圣，爱情的女神一直都会站在追求爱情的人的这一边。我也非常同意这句话，爱一个人要比被一个人爱更加幸福，只有拥有了真正的爱，才能够享受真正的爱，之前我们所付出的一切，都能够让我们的内心得到巨大的满足感！

爱情并不会因为一时的挫折而消失，爱的能力也不会就此失去，只要你不迷失自我，就还有继续追求和享受爱情的权利和能力。现在虽然你错过了一段恋情，但是未必就不是下一段恋情的开始，现在的你，随时都可以寻找到你的真爱。都说上帝是很公平的，在为你关上一扇门的时候，一定会为你留下一扇窗户，所谓舍得，只有舍了，才能得到。

我们一生中也许会经历过很多次恋情，但是很少有人会去想，在过去的恋情中我们收获了什么。正是因为你知道失去的痛苦，所以才对后面的幸福更加珍惜，也会更懂得怎样去爱一个人，怎样让下一段恋爱更加美满和幸福。

祸兮福所倚，尽管你也许认为这些都是被别人说烂了的道理，但是我用自己的经验告诉你，这确实是真话，正是因为经受了各种磨炼，才有了我现在的成熟和稳重，也得到了我现在的幸福，如果没有那些经历，或许我还只是一个毛头小子，不知道爱为何物。

你的心情我们大家都能理解，但是我们还是希望你能尽快地从这一段感情中走出来，去寻找你新的幸福。只要你有自信，就一定会找到属于自己的真爱。为了你能重新振作，也为了你下一段幸福，我们一起干杯！

范例二：

【致辞背景】失恋后好友的聚会

【致辞人】失恋者

亲爱的朋友们：

大家晚上好！

今天大家能聚在一起本来是一件很高兴的事情，大家都是好兄弟，相信大家都知道我失恋了，为了安慰我才举行了这次的聚会，所以我很感谢你们，也庆幸能有你们这样的哥们！

都说失恋是一杯苦酒，只适合自斟自饮，一个人品尝。现在我已经尝到了其中的滋味，因为大家都是兄弟，所以我也不担心各位笑话我，所以跟大家聊一下，就当做自我安慰了。

爱情，是一个美好的词，只有两情相悦才会擦出火花，心灵的沟通才会顺利，这样才能够收获甜蜜。爱情对于我来说就是一门最深奥的学问。有句诗是这样说的“两情若是久长时，又岂在朝朝暮暮”，但是我想说的是，如果真的喜欢一个人，就不会为了讨对方欢心而改变自己的本性。什么是喜欢，什么是爱？我之前一直分得不是特别清楚，但是我现在知道一点，喜欢一个人，是因为她的优点，但是爱一个人，就是要包容对方的缺点，这样才算是真正的爱情。如果只是喜欢一个人的优点，不能容忍缺点，就不是真正的爱情，这样的人也不值得去珍惜和念念不忘。

很多陷入爱河的男女总是喜欢说，没有他我就活不下去。其实在生活中缺了谁我们都会继续生活下去，地球也不会因此而停止转动。除非是自己不想往前走，否则谁都没有办法阻拦自己的脚步。没有谁一定是谁的唯一，那样唯美的爱情估计只会在小说或者影视剧中出现。

真爱，是需要自己用心去寻找的。没有所谓的命中注定的爱情，都是需要自己去努力经营的。假如当初的爱不在了，就像那首歌唱的一样，就让它随风消逝。如果需要用自己的眼泪和尊严去挽留的爱情就已经不再是爱情了。我们能做的就只有放手，记住曾经的美好就足够了。

一段恋爱的结束，并不意味着结束，而是另一段幸福的开始，只是需要我们耐心地等待和寻找。古往今来有多少有情人成不了眷属，但是那些昔日的美好是怎么都没有办法忘掉的，留下的都是最纯真和最刻骨铭心的回忆。

爱情虽然美好，但是没有了爱情，生活依然还要继续。今天谢谢你们能为了我聚会，很感谢大家，所以请大家一起喝了这杯酒，就把所有的美好回忆都放在心底，一起去寻找新的幸福！干杯！

◎失业者祝酒辞

范例一：

【致辞背景】鼓励失业好友聚会

【致辞人】××好友

亲爱的朋友们：

大家好久不见了！

今天×××被辞退了，心情不是很好，所以把大家召集起来，安慰他，激发他重新就业的信心和勇气。

不管是什么原因，现在就业已经成为一大难题，我们该怎样去面对社会残酷的竞争，怎样才能找到一份自己满意的工作已是摆在眼前的问题。现在的人，不工作面对的压力尤其大，工作了的人就想千方百计地保住自己的饭碗。就业已经让我们承担了太多的压力，对于×××来说尤其是这样。

我也曾经失业过，那时候对我来说，好像天塌下来了一样。在还没找到新工作之前，表面上看起来没什么事情，但是内心一直波涛汹涌，长时间处于一种焦躁的状态中。那个时候经常觉得是命运不公平，为什么不能让我们赶上一个好时候，有点生不逢时的感觉！

这样的抱怨对于现实问题的解决一点帮助都没有，也是在你们开导我之后，静下心来细细地想了一下。你们当时说得很对，×××你也曾经对我说过，人生是不可能一帆风顺的，不仅有阳光，还有狂风暴雨。除了要好好地享受阳光之外，还要随时准备迎接风暴的洗礼。只有敢于奋斗，不向命运低头才有可能取得成功。所以失业并不可怕，可怕的是失去了重新站起来的勇气。

你的这些话帮助我认清了自己，也给了我莫大的信心和勇气，所以我才有今天。或许你已经不记得了，但是今天你遇到了和我一样的问题，我将这些话也送给你，希望你能尽快地振作起来。

有句话是说，不能吃苦的男人成就不了一番伟业，你就把这次的失业当做对自己的一种锻炼。旧的不去，新的也不会来，正好你可以趁这个机会找一个更适合自己的工作，或者干脆自己创业，我们大家都会支持你的决定！

最后，我希望×××重新恢复信心和勇气，也希望我们都能在生活中找到属于自己的位置，做出自己的一番事业，干杯！

范例二：

【致辞背景】安慰失业者好友聚会

【致辞人】失业者

亲爱的朋友们：

你们好！

在这里我有一个消息要告诉大家，还请各位不要吃惊。我的工作就在今天结束了，换句话说就是我失业了。

但还请大家不要担心，虽然我失业了，但是我的心态还没有失业。其实准确来说，这一次的失业是我有意造成的，虽然你们可能不太理解。身为国家公务员，是很多人都羡慕的一个岗位，可以说是旱涝保收的工作，但是我却已经厌倦了这样单调规律的生活，激情也在一点点地消磨掉！

虽然对于别人来说，我丢掉的是一个铁饭碗，可是我一点都不可惜。你们大家都是知道我的性格的，我不想自己在这么年轻的时候就在机关里面度日。与其这样浪费自己的青春，还不如趁这个机会好好闯一闯！

我的想法是自己去创业，现在国家政策也是鼓励自主创业，减轻就业的压力。尽管我知道这样做要承担很大的风险，也会遇到很多困难，但是我已经做好了充分的准备！

创业的路前途未卜，但是我有足够的信心来创出自己的一片天地。我知道，自主创业最大硬伤就是资金不足和经验缺乏。就是为了这两点，我才在机关里面历练了这些年，已经有了一定的资本和经验。我也知道，创业不会一下子就成功，但是我也做好了充分的心理准备！失败不可怕，可怕的是人生的路途太过顺利，这样反而不利于今后取得更大的成功！

所以今天在这里，我希望大家都能支持我、鼓励我！谢谢大家！

◎面试失败者祝酒辞

范例：

【致辞背景】面试失败后的安慰宴会

【致辞人】××好友

亲爱的朋友们：

大家晚上好！

今天大家很难得聚到一起，平日里大家的工作都很忙，但是再忙也不能忘记朋友。现在×××面试遭到了失败，正好我们大家也能聚到一起，陪他喝喝酒、聊聊天，帮助他快点从面试失败的阴影中走出来！

在我们中间，×××一直以来都是非常优秀的，平时比较刻苦，也取得了一些非常骄人的成绩。在这次公务员的考试中，他是以×××的优异成绩进入复试的，在残酷的竞争中，最终还是没能顺利地成为一名国家公务员，真的有点可惜。

事实如此，我们也只能坦然地去接受，就算结果不令人满意，可是他的成绩已经说明了他的优秀。尽人事，听天命，只要做了自己该做的，不管结果怎么样，都没有遗憾了。因为命运有时候真的很奇怪，本来很优秀，就是和成功失之交臂，就只差一点运气。所以，你今天的失败并不代表什么，只能说明你的运气不够好。

孟子曾经说过："天将降大任于斯人也，必先苦其心志、劳其筋骨。"经过了这次挫折，我相信他在今后的工作中会取得更好的成绩。所以就把这一次的失败当做对自己的磨炼，坦然地面对，从中吸取教训，并当做以后前进的动力。

成功从来都不是一帆风顺的，太容易取得的成功也往往最容易失去，只有经历了真正的磨难取得的成功才是历久弥新的。现在遇到了挫折并不可怕，因为还有机会去创造更多的成功，而当老了的时候再经历这样的挫折，连重新开始的机会都没有了。

所以，让×××变压力为动力，为他明天的辉煌而干了这杯酒！

◎考试失利者祝酒辞

范例：

【致辞背景】安慰好友考试失利的聚会

【致辞人】××好友

亲爱的伙伴们：

今天我们又在这里聚会了，是因为我们的好朋友×××考研失败了，我们在这里来开导开导她。希望×××不要灰心，继续努力，争取下次能考出好成绩。

正所谓人生不如意事十之八九，但我们也要学会常想一二。有的时候我们也会经常这样设想，如果家境再好一点、自己再好看一点，或者是高中再努力一点，或许就能上一个更好的大学等所有的设想都能够实现的话，那么这个世界就真的是一个理想王国了。可是人生就是一张单程的车票，我们之前走过的路是不可能再重复走过的，所以我们唯一能做的就是向前看。

人的一生中都会遇到很多无奈，即便我们不停地抱怨，有些事情也是我们没有办法去改变的。但是我们如果不去抱怨，而是尽自己的最大努力去改变自己能改变的事情，那么情况也许会好一点。所以这一次的失败并不算什么，只要下次好好复习，避免这一次考试中的失误，相信你一定能取得不错的成绩，最终实现自己考研理想的。

这个时候就是你应该重拾信心、继续努力的时候，而不是抱怨和意志消沉的时候。都说高考严酷，可是我们一样走过来了。正是因为现在的社会竞争太激烈，所以才会有很多人选择考研或者公务员。如果这时候你不重新振作起来，以后怎么在激烈的竞争中取胜呢？所以你能做的就是赶紧振作起来，再一次好好复习，这样才是取得成功的唯一方法。

有很多假设虽然非常美好，可是如果不敢面对现实，一味地沉溺于假设之中，是不能取得成功的。正如鲁迅先生所说的，真的猛士，敢于直面惨淡的人生；真的勇士，敢于直面淋漓的鲜血。就让我们成为猛士或者勇士吧！大家一起干杯！

◎失意者祝酒辞

范例：

【致辞背景】好友聚会

【致辞人】×××失意者

亲爱的朋友们：

对各位实不相瞒，最近我一直都不太顺利，今天看到大家好不容易有时间聚在一起了，我心里非常高兴，也想给大家说说我心里的想法。

因为最近一直都不是很顺利，我就经常在想，每个人都有顺利的时候，也都有不顺利的时候，可是往往不知道失意的时候应该怎样做才好。人生是不可能一帆风顺的道理大家都知道，也不可能事事都顺心，失意总是在所难免的，在这个时候就需要我们用正确的心态来面对。说起来容易，但是做起来确实有点困难，之前也是很想不开，一度消沉，但是现在慢慢地学会了自我解嘲，也成了一种排遣的方法。

经过这一段时间的琢磨，一旦遇上不顺利的时候，我就会对自己说三句话来开解。

第一句就是“一切都会过去的”。人生就没有过不去的坎，再大的风雨都有停歇的时候，之后就可以看见美丽的彩虹。漫长的黑夜总是会过去的，太阳也一定会出现的，只要这样一想，就会觉得事情没有那么严重。

第二句话就是“算了吧”。有的时候付出努力并不代表就一定会有很好的结果，在面对这样的时候，只能用尽人事听天命来安慰自己，只要自己努力了，对得起自己就行了，其他也是我们不能掌控的事情。

还有一句就是“没关系”。不管遇到什么事情，告诉自己没关系。只要抱有一颗积极乐观的心态，事情一步步都能够得到解决的。在告诫自己的同时，做最好的准备和最坏的打算。

这是我最近的一点感受，说出来和大家一起分享，不管是在什么情况下，乐观很重要。现在和大家一起，举起酒杯，一起喝了这杯酒，再大的困难也难不住我们！

◎安慰悲观者祝酒辞

范例：

【致辞背景】好友的聚会

【致辞人】×××好友

亲爱的朋友们：

在我们中间，×××一向的心态就比较悲观，在这里，我有一个故事和大家一起分享一下。也希望×××今后能积极一点，多看到生活美好的一面。

有一只比较倔强的蜗牛慢慢地朝墙上爬着，可是不久就会掉下去一次，但是它依然没有放弃，还是一次次地往上爬。本来是很普通的一件事情，但是第一个人看见了之后就觉得自己连那只蜗牛都还不如，尽管很忙碌，却并没有取得什么成就，日渐消沉。还有一个人看到了觉得蜗牛太笨，可以从其他的地方爬上去的，后来变得很聪明。而第三个人看见了觉得蜗牛非常坚强，可以不断地尝试、努力，所以这个人之后也变得更加的顽强。

这只是一个小小的故事，但是悲观的人和其他的人看到的就是不一样的色彩，悲观者的眼中只有灰色，而乐观的人却可以看见彩虹。心理学家认为，在悲观和乐观的人身上，有几个不同的地方，一个就是时间上的区别。悲观的失败之后就觉得以后都没什么希望了，但是乐观的人却会认为这只是对自己的历练。还有一个就是悲观的人在失败之后，对整件事都进行否定，并且把所有的责任都归咎于自己，而乐观的人则完全相反。

所以，×××，我们的好姐妹，失败并不可怕，可怕的是没有以正确的心态来对待。其实你只要不断地告诉自己，这个失败只是一时的，并不完全是因为自己而造成的。树立好学习的信心，接受失败的教训，最后一定能取得成功的。

×××好姐妹，要知道人的一生是不可能一帆风顺的，所以不能一味地沉浸在过去的悲伤中，而是要不断地向前看，遇到不顺心的事情，要学会勇敢地去面对。希望你今后能生活得更加开心。在这里我们所有的姐妹一起来祝愿×××今后的生活都能开开心心，顺顺利利的！大家一起干杯！

◎乔迁祝酒辞

一、家庭乔迁祝酒辞

范例：

【致辞背景】家庭乔迁宴会

【致辞人】宴请主人

尊敬的各位来宾，女士们、先生们：

大家好！

首先，我要代表我的家人，向各位的到来表示衷心的感谢！非常感谢你们能在百忙之中，光临我们的新家，为我们的新家增添了不少光彩。

有句古话说得好，“人逢喜事精神爽”，现在我们全家就沉浸在喜迁新居的浓浓喜悦之中。过去，我们身居简陋的房子，不敢宴请众位亲朋好友，怕怠慢了各位。但今时不同往日了，现在我们已经拥有了一个真正意义上的家。尽管这个家不够华丽、奢华，但却处处洋溢着浓浓的温馨之情。这个家能给我们带来舒适感和温馨感，更重要的是这个家有爱。今天，借××饭店这一福地宴请各位亲朋好友，请各位分享我们的快乐之情。我衷心地希望大家今天能尽情畅饮，希望各位能度过一段美好的时光！

这么多年以来，大家对我们全家给予了很大的关怀和帮助。在此，我代表我的家人向大家表示最诚挚的感谢和敬意，并祝愿大家在以后的日子里合家欢乐、万事如意、健康永相伴。同时，我也感谢今天为我们忙碌的主持人和酒店的工作人员，谢谢你们！由于我们家第一次举行如此大的宴请活动，若有什么招待不周的地方，还希望大家能够海涵！

现在，我提议：为了在座各位的健康和幸福生活，干杯！

二、企业乔迁祝酒辞

范例：

【致辞背景】公司乔迁晚宴

【致辞人】××经理

尊敬的各位领导，女士们、先生们，朋友们：

大家晚上好！

在此，我谨代表××广告公司，对各位来宾的到来表示最热烈的欢迎，并致以深深的谢意。我很高兴能和大家在这微风习习的夜晚相聚，希望大家能有一个美好的夜晚。

十几年来，××广告公司在××的带领下，通过全体员工的不懈努力，扎实进步，逐渐成长壮大起来。特别是，××人发挥身先士卒的精神，不断开拓创新企业经营理念，带领企业实现了一个又一个的目标，使企业迈上了新的台阶。

大自然中万物的生长都不能没有阳光和雨露，而我们公司的成长与发展更是离不开大家的关心和支持。今天，借着我们公司乔迁之际，我们在此略备薄酒，向多年来关怀和支持我们的人们，表达最诚挚的祝福和感谢。没有大家的支持与帮助，我们公司就没有发展壮大的今天。

我们是一个广告公司，我们的目的是为社会各界人士搭建一个合作与交流的平台，让大家爱上广告，受惠于广告。一个公司，最根本的是把业务抓好。同时，合作伙伴也是公司必不可少的。今天，众多朋友的到来，为我们公司增添了不少光彩。

现在，我提议：为了我们国家广告事业的发展，为了在座各位的健康、生意兴隆、生活幸福，干杯！

◎答谢祝酒辞

范例：

【致辞背景】公司答谢客户宴会

【致辞人】××经理

尊敬的各位来宾，女士们、先生们，各位经销商朋友们：

大家晚上好！今天，为了表达我们诚挚的感谢和祝愿，我们举行了这场答谢客户宴会。在这个喜庆的日子里，我代表××公司全体职员，对各位嘉宾的到来表示热烈的欢迎，并祝愿各位身体健康、生活幸福！

××公司自从创建以来，经历了几十年的风风雨雨。几十年来，我们受到了社会各界人士的关怀和支持，尤其是在座各位的鼎力相助。在大家的帮助下，我们公司实现了稳步发展，取得了一个又一个的成就。可以说，没有社会各界朋友，尤其是在座各位的支持和帮助，我们××公司就无法取得今天的成绩。此时此刻，千言万语也无法表达我对大家的感谢，唯有用酒表达对各位的敬意。我敬大家一杯，祝愿大家在今后的日子里事业通达、万事如意！

然而，这些成就都是昨天的回忆。现在，我们需要的是紧紧抓住今天，为了明天而努力拼搏。我们公司的路还很长，今后我们将继续坚持“一流的服务、一流的品质”的理念，不断推陈出新，为消费者提供优质的服务和产品。请各位继续与我们携手并进、加强合作，实现互利双赢的目标！

最后，我提议：为了我们的友谊，为了我们进一步的合作，为了××公司的辉煌明天，干杯！

◎公益活动祝酒辞

范例：

【致辞背景】义演活动晚宴

【致辞人】××区委书记

尊敬的各位领导、各位来宾，女士们、先生们，朋友们：

大家晚上好！

在这春满河山，处处生机勃勃的季节里，万物复苏、欣欣向荣。今天，我们举行了“情牵教育，爱在校园”大型文艺演出，并将演出所得全部捐赠给了××区的学校以及面临失学的儿童们。对此，我代表××区委、区政府以及全区人民，向莅临宴会的各位领导、各位来宾和朋友们表示热烈的欢迎！并向长期以来一直关注和支持××区教育的社会各界朋友表示衷心的感谢！

经济发展的关键在于人才，人才培育的关键在于教育。近几年来，我区的教育事业在上级领导的关怀和重视下，取得了极大的进步。但是，我区的教育工作中还存在着师资力量贫乏的困难。为此，在大家的帮助下，我们举行了这次义演活动，并筹集到了××多万元。这些将全部用于××区教育事业，用于改善教学设施、资助失学儿童以及师资配备方面。现在，我心潮澎湃，仿佛看到了那些活泼可爱的学生在窗明几净的教室里读书学习。国家的成败，在于教育；而振兴教育，则人人有责。

下面，我提议：为了本次义演活动的圆满结束，为了××区教育的发展，为了国家的繁荣昌盛，为了我们的友谊，为了大家的健康和快乐，干杯！

◎迎来送往祝酒辞

范例：

【致辞背景】欢迎××公司总经理代表团宴会

【致辞人】××经理

尊敬的××总经理，女士们、先生们，各位代表团朋友们，各位来宾：

大家晚上好！

今天我很高兴地代表××省××公司为以×××总经理为首的××地××公司的代表团接风洗尘。对此，我感到非常荣幸。首先，我代表××公司，对各位的到来表示热烈的欢迎，并致以最诚挚的问候！

随着中国内地改革开放的逐步深入，各地的投资环境也在逐渐改善。××公司在内地很多地区都设有投资项目，并呈现出逐年增加的趋势。从本年上半年来看，贵公司在内地的投资总额就高达×亿美元。尤其是，××总经理促成了多个投资项目的洽谈和成功，是贵公司的功臣，令人敬佩不已。

今天，××总经理率领代表团来××地进行实地考察，并拟签订合作协议。我们深信，在互利共赢的目标指导下，以××总经理为首的代表团必定会不虚此行，必定会乘兴而来，满意而归。

今天，能和××总经理相聚在这繁华的大都市，我感到非常高兴。同时，我也很高兴结交代表团的新朋友们。我衷心地希望，此次能给你们留下美好的印象。

现在，我提议：让我们共同举杯，为了我们的精诚合作和永恒的友谊，为了××总经理的健康和快乐，为了代表团先生们的身体健康、工作顺利，干杯！

◎文化活动宴会祝酒辞

范例一：

【致辞背景】县书法比赛活动庆祝晚宴

【致辞人】××县长

尊敬的各位领导、各位来宾，女士们、先生们，朋友们：

大家晚上好！

今天，第×届××县书法比赛活动圆满结束了。今夜，华灯璀璨，我很高兴能和大家欢聚一堂，共同庆贺第×届××县书法比赛活动的圆满结束。在此，我谨代表××县委、县人大、县政府，对光临今晚宴会的各位领导、各位书法名家嘉宾以及为本次书法活动付出劳动的工作人员表示衷心的感谢！

经济发展是关键，文化则是经济发展的重要支撑。一个地区的文化，往往在很大程度上代表这个地区的精神面貌。今天，我非常高兴能够结识这么多的文化精英。在这次书法活动中，众多书法爱好者纷纷参加，为本次活动增加了不少亮色。尤其是不少书法名家的光临，更为本次书法活动增添了一道亮丽的风景线。我县秉承“经济是关键、文化为支撑”的理念，大力发展我县文化，使我县文化建设有了较大的进步。我们相信，在各级领导的关怀和支持下，在大家的共同努力下，我县的文化建设一定会取得更加辉煌的成绩！最后，对于在本次比赛中获奖的各位书法爱好者，我们表示衷心的祝贺！

下面，我提议：为了第×届××县书法比赛的圆满结束，为了××县的明天，为了大家的健康和快乐，干杯！

范例二：

【致辞背景】庆祝职工技能大赛圆满结束的宴会

【致辞人】××总公司领导

尊敬的各位领导、各位来宾，女士们、先生们，朋友们：

大家晚上好！

在这硕果累累的金秋季节，我们齐聚一堂，共同庆祝××××年企业职工技能大赛的圆满成功。首先，请允许我代表××公司董事会对光临今晚宴会的各位领导、各位参赛代表、各位嘉宾表示热烈的欢迎！对在本次职工大赛中取得优异成绩的职工表示衷心的祝贺！

在这忙碌的十月，由公司总部带领，各个分公司踊跃参加的企业职工技能大赛也相继拉开序幕。今天，随着××分公司职工技能的结束，××××年企业职工技能大赛也圆满结束了。这次职工技能大赛是一次不寻常的比赛，是一次令人难忘的比赛。这次比赛，不仅为我们职工提供了一次展示自我水平的机会，也为大家增进友谊提供了交流平台。比赛期间，不仅有职工个人表演的精彩项目，还有各个团体默契配合的项目。从这次比赛中，我们感受到了职工对岗位、对公司的真挚情感以及职工之间犹如亲人一般的和谐融洽的关系。

最后，我衷心地希望，在今后的工作中，大家能够成为其他员工的表率，扎扎实实、一丝不苟地工作，为了我们公司的发展而努力奋斗！

下面，我提议：为了本次职工技能大赛的圆满成功，为了××公司的明天，为了大家的身体健康，干杯！

范例三：

【致辞背景】“高雅艺术走进校园活动”圆满结束后举办的晚宴

【致辞人】××校长

尊敬的各位领导、各位来宾，女士们、先生们，朋友们：

大家晚上好！

今天，××××年高雅艺术走进校园活动——××歌剧院来到了我校进行专场演出。首先，请允许我代表××学校全体师生，对今天××歌剧院的表演表示衷心的感谢！对参加今晚宴会的各位领导、各位来宾表示热烈的欢迎！

自古以来，高雅艺术就是人类文明史上的奇葩，能够对人们的心灵起到净化作用。深入感受高雅音乐，观看高雅艺术演出，能够让我们仔细审视自身，能够陶冶我们的情操。近几年来，教育部联合文化部、财政部，共同举办了这一以“聆听大师风采，感受经典文化”为主题的高雅艺术校园行活动。这一活动的举办，更好地普及了中华优秀文化传统，增进了学生们对于世界经典文化的了解，有助于提高学生的艺术修养与文化素质，是一件有益于教育的大事。最后，我再次对××歌剧院的表演表示衷心的感谢！

现在，让我们共同举杯：为了弘扬中国传统文化，为了大家的身体健康、工作顺利、家庭幸福，干杯！

◎ 送别老婆酒宴祝辞

范例：

【致辞背景】送别宴会

【致辞人】老公

亲爱的老婆大人，各位朋友：

大家好！

在这美好的时刻，首先，请允许我代表我的爱人向各位的到来表示衷心的感谢和热烈的欢迎！感谢你们的一片真情，感谢你们带来的浓浓祝福，我相信大家真诚的话语会变成××勇往直前的强大动力，促使她学业有成，

创造奇迹！

此情此景，我突然想起这句诗，“此情若问在之心，永世不变胜之金，相伴相随快乐日，指手相看白双鬓。”这是一位诗人为了表达对爱人忠贞不渝的爱而写的一首诗，现在，我把这首诗郑重地送给我的老婆大人！另外我要对老婆说：“××，有你的时候，你就是一切，没你的时候，一切都是你！”

××要去美国学习了，这是她人生中一段十分重要的旅程，是她靠着自己的辛苦付出得到的机会，是她工作的新起点。可是一想到老婆就要离开×个多月，心里多少有些不舍。依依不舍尽在不言中，千山万水总是情。但是再多的不舍我也只能化作对老婆的默默支持，加油吧，老婆，我是你强大的后盾，我相信凭着你的实力和努力会让你离心中的梦想更近，同时，我希望你到美国后，能学习好，生活好，休息好。希望你每天睡的地方有永恒的温暖，那里晴空丽日，暖如阳春，无雪无霜，无风无雨；那里有我的温暖为你恒温，有我的心跳为你催眠；那里有朋友真诚的祝福，无论天涯海角，我永远都和你在一起！

我提议，让我们共同举杯，为××，我的老婆大人远涉重洋，一帆风顺，一路平安，干杯！最后在此，祝愿在座的亲朋好友一帆风顺、二龙腾飞、三阳开泰、四季平安、五福临门、六六大顺、七星高照、八方走运、九九同心！祝愿我们大家的友谊天长地久！

◎ 送别友人宴会祝辞

范例：

【致辞背景】送别友人宴

【致辞人】朋友

各位师傅、各位朋友、各位兄弟：

今天，我们大家共同置酒为××兄弟去南方从事新的工作饯行。我们大家以这一大碗酒为他的远行壮行色、添豪情，以酒表达心声。

这碗酒里饱含了大家的祝福，大家的希冀，大家一起走过的这些日子里最珍贵的手足之情。在这离别之际，我要说，你从来都是咱们厂的精英。

所以我们希望你不论到哪儿，都别低估了自己。许多人未成大事，都是因为他们低估了自己的能力，妄自菲薄。世界著名企业家舒尔顿曾说过，一块价值 5 元钱的生铁，铸成马蹄铁后可值 10.5 元，制成工业用的磁针之类能值 3 000 多元，倘若制成手表发条，其价值就是 25 万元。你的潜力即使没有制成发条那样大，肯定也不只是块马蹄铁。

踏上征途之日，就是每一块生铁无限增值之时。要正确估量自己的潜力，奋力拼搏，不懈努力，我们相信，你一定能创造出新的奇迹！现在请大家端起酒碗，以我们工人的豪迈，哥们的豪爽，手足的深情干了这碗壮行酒：祝××兄弟乘风破浪行万里，一路顺风！

◎ 送别同事宴会祝辞

范例：

【致辞背景】送别同事宴会

【致辞人】同事

亲爱的朋友们：

大家晚上好！

今天是一个令人欣喜而又值得纪念的日子，因为经过公司的决定，××同事将要出国发展学习。这既让我们为××同志能有这样的机会而感到高兴，也使我们对多年共事相处的同事即将分离感到难舍难分。

××同志多年来作为公司的一名员工，他忠诚企业、爱岗敬业、遵守公司各项规章制度，服从分配、尊重领导、与同事之间关系和睦融洽。为人忠厚、思想作风正派。常说没有什么人不可缺少的，这话通常是对的，但是对于我们来说，没有谁能够取代××的位置。尽管我们将会非常想念他，但我们祝愿他在未来的日子里有更大的发展。

在这里我代表公司的领导和全体人员对××同志所作出的努力表示衷心感谢。同时公司也希望全体人员学习××同志这种敬业勤业精神，努力做好各自的工作。

“莫愁前路无知己，天下谁人不识君”。在此我们也希望××同志仍继续关心我们的企业，与同事之间多多联系。

最后，祝××同志一切顺利，早日学成归来！

◎ 送别学生致词

范例：

【致辞背景】送别学生

【致辞人】老师

各位老师、各位同学：

大家好！

我校×班的全体同学，以优异的成绩完成了学业，在即将离开母校之际，首先，我代表全体老师向×班的全体同学表示热烈的祝贺！

即将走出母校的同学们，你们经过×年的学习和奋斗，圆满地完成了学习任务，共同走过了一条闪光的道路，在思想和能力方面都有了大幅度的提高，取得了丰硕的成果。在过去的读书生活中，我不主张你们喝酒，今天，在你们即将踏上新的人生之路之时，我们全体老师以酒为你们祝福壮行。

希望你们拿出拼搏精神来，谦虚谨慎勤奋努力，走出一条辉煌的人生之路。人们说社会是个复杂的大集体，人生是一本难于读懂的教科书。我们就是要在人生这部大书中寻求更多的知识，实现自己的人生价值。流水因为受阻而形成美丽的浪花，人生因为挫折才显得更加壮丽！理想的鲜花在坚忍不拔中怒放，胜利的果实总是给历尽艰辛者品尝。

希望你们把大学毕业当成对学问追求的新起点，“子规夜半犹啼血，不信东风唤不回”，继续努力向生活学习，向实践学习，争取事业有成。

同学们，你们就要离开母校了，带着留恋与自豪，载着果实和希望。请大家共同举杯：祝你们百尺竿头初进步，九霄云路永领先，干杯！

◎送别××书记

范例：

【致辞背景】送别××书记

【致辞人】××同志

女士们、先生们、同志们：

大家上午好！

今天，我们齐聚一堂，怀着激动的心情在这里欢送××书记到新的领导岗位任职。在此，请允许我代表市委、市政府并以我个人的名义向××书记表示衷心的祝贺！

××书记在工作期间对全市作出了巨大贡献，使得我市的经济、社会发生了天翻地覆的变化，取得了骄人的成绩，这些都是大家有目共睹的。我们为有一位开拓进取、坚定执著的带头人而感到骄傲和自豪！

××××年，××书记大学毕业后，毅然放弃了条件优越的大城市，来到我们××这样一个三线城市任职。××书记事业心、责任感强。这10年来，他深入实际，团结和带领全市干部群众，勤勤恳恳、艰苦奋斗，为我们树立了良好的榜样。

为官一任造福一方。××书记领导我市的10年，是全市发生巨大变化的10年，是全市经济发展、社会稳定、民族团结、社会进步的10年，是全市人民生活大改善的10年。××书记对全市的突出贡献，受到了上级领导的高度评价和充分肯定，也得到各界群众、全市市民的衷心拥护和爱戴。此时此刻，就要和朝夕相处的好领导、好朋友、好同事告别，我们感到无比的惋惜，无限的眷恋。

××书记在我市工作期间，给我们留下了宝贵的财富，永远值得我们学习。我们要学习他认真负责、勤奋踏实、吃苦耐劳的工作作风，学习他坚持以身作则、廉洁自律、克己奉公、无私奉献的精神。

我们相信，今后，××书记一定会继续关心和指导我们的工作，为我市实现经济持续、快速、稳定的发展和社会的全面进步，作出更大的贡献。

最后祝××书记在新的岗位上工作顺利，取得更大的成绩！

◎欢送挂职干部祝辞

范例：

【致辞背景】送别××挂职干部

【致辞人】××同志

同志们：

今天，我们怀着依依惜别的心情在这里欢送挂职的××书记调回原工

作单位，但同时这也意味着××书记将要和大家分开了，多少有些不舍。

××同志是一个为人忠厚、思想作风正派、爱岗敬业的好书记。在挂职的×年半时间里，工作上认认真真、勤勤恳恳，有什么累活重活，他带头挑难的干，从不叫苦喊累，分管的××工作成绩突出，业绩优异；生活上，勤俭节约，作风清正，为××的发展作出了很大贡献，请允许我代表全镇×××人民，对××同志在这×年来所做的成绩表示衷心的感谢！同时，我也衷心地希望××书记今后继续支持关心××镇的发展，更希望您在百忙中抽出时间回来看看，因为这里有挂念您的×××人民。

××书记作为一名老党员，无论是在工作还是生活上遇到困难，从没向组织讲过任何条件，提过任何要求。在×挂职几年中，××书记仅仅只回过×次家，家里的重担全落在了他爱人的身上，自己则深入基层，扎扎实实干工作，全身心地投入在工作当中，把我镇的精神文明工作搞得有声有色。在这里，我代表全体机关干部和全镇人民，向默默支持××书记的爱人及家人表示衷心的感谢！

最后，祝××书记身体健康，宏图大展，前程似锦！祝愿××书记全家一帆风顺、二龙腾飞、三阳开泰、四季平安、五福临门、六六大顺、七星高照、八方走运、九九同心！

◎ 洽谈成功送行宴会祝辞

范例：

【致辞背景】洽谈成功送行宴

【致辞人】××经理

尊敬的××总经理、各位来宾：

经过×天的相处，我们不仅愉快地商讨了双方合作的框架和具体细节，并且结下了深厚的友谊。但天下没有不散的宴席，今天，我们怀着惜别的心情备酒祝贺合作协议的签订，同时也为××总经理饯行。

短暂的×天相处，使我们有幸见识了××总经理的远见卓识和无限魅力，我们相信××总经理的选择将会给贵公司带来丰厚的经济收入，更加坚信有了这次合作，我们还会有更多次的合作。在与××总经理一行人洽谈中，我们领教了××总经理手下职员的工作能力，他们不仅精神抖擞，做事更是干脆果断，正所谓“强将手下无弱兵”，××总经理的领导能力可见一斑！

下面我们有请××总经理上台来为我们说上几句。（略）

朋友们，天公似乎也通人性，这蒙蒙细雨恰好表达了我们结成的深厚友情，合作的滴滴真情，送别的淡淡离情。但今天不是彼此离别的日子，我相信这一天恰恰是我们深厚友谊结交的第一天，具有纪念意义的一天。让我们一起记住这个难忘的日子：××××年××月××日！

这几天，我们一直忙于合作事宜，忙于谈判细节，无暇顾及左右，更谈不上把酒畅谈、品尝当地的特色菜了。今天，让我们把生意暂且放下，尽情享受合作成功的喜悦。希望各位在这里玩得开心，吃得尽兴，喝得愉悦。祝愿××总经理等人回程一路顺风，祝愿我们的友谊天长地久，祝愿我们在今后的合作中越来越融洽！

◎春天乔迁新居

范例：

【致辞背景】春天乔迁新居宴

【致辞人】朋友

尊敬的各位来宾，先生们，女士们：

大家早上好！

莺迁乔木，燕舞春风，福临喜地，春满华堂。成熟伴随着喜悦，收获带来了吉祥！在这喜庆的日子里，我们欢聚在此，共同庆祝×××先生与×××女士喜迁新居。首先，请允许我代表各位来宾恭祝他们乔迁之喜！事事顺利！同时我代表东道主夫妇，对光临贺喜的来宾，表示衷心的感谢和热烈的欢迎！

×××先生×××女士，在工作上拼搏进取，积极向上，在生活上兢兢业业，勤劳节俭，小日子过得红红火火，令人羡慕和尊敬。他们能取得今天的好成绩与自身努力和在座来宾的大力支持分不开的。东道主委托我对各位来宾历年来的支持和帮助表示真诚的感谢！

人逢喜事精神爽，喜迁新居的二位，看到有这么多来宾捧场祝贺，喜在心里，笑在眉梢，乐得嘴都合不上了。千言万语，万语千言，汇成一句

话，不知说啥好！所以夫妇俩决定唱着说，给大家唱一首《今天是个好日子》，大家掌声欢迎！

夫妇二人唱得非常好，其实二人说的比唱的更好，下面，请东道主发表热情洋溢的讲话！大家再次用掌声欢迎！

各位亲友，让我们共同祝愿×××的明天更加美好！同时也祝各位来宾，身体健康，工作顺利，万事如意，前程似锦！

◎ 夏天乔迁新居

范例：

【致辞背景】夏天乔迁新居宴

【致辞人】主人朋友

尊敬的女士们、先生们，大家晚上好！

喜雨宅得润，霞飞门呈祥。

今天是×××先生与他的爱人×××女士乔迁新居的大喜日子，首先，我代表他们夫妇二人，对今天所有光临本次宴会的来宾朋友们，表示最热烈的欢迎和衷心的感谢！

大家都知道，×××是我们×××厂的厂长，我们大家也都非常熟悉他，他性格憨厚朴实、为人谦和热情，工作能力强，事业心强，在同事、朋友中口碑极好、人缘极好！他的爱人××女士，不仅人长得漂亮，而且是一位名副其实的女强人！无论是生活上，还是工作上夫妇二人都是夫唱妇随、配合默契！二位经过十几年来的辛勤耕耘、合力打拼，小日子过得红红火火，日新月异！

今天他们夫妇二人在我市××小区的×区购得一幢面积××平方米的漂亮新房，在此，让我们以热烈的掌声恭贺他们夫妇乔迁之喜！同时祝福他们夫妇二人的事业如日中天，生意兴旺发达，日子红红火火！

宅起祥云托北斗，楼升瑞气映今朝。

朋友们，今天的××酒楼高朋满座！你们的到来，让这里蓬荜生辉！为了表达这份深情厚谊，××夫妇为大家准备好丰盛的酒宴，在开席之前，我也借花献佛，祝愿所有来宾，家庭幸福，身体健康，万事如意！

◎ 秋天乔迁新居

范例：

【致辞背景】 秋天乔迁新居宴

【致辞人】 朋友

各位来宾、女士们、先生们：

大家好！

有诗曰：菊开五福地，霜染一叶秋。

今天我们在这个秋高气爽的季节里欢聚一堂，共同祝贺×××、×××夫妇乔迁新居之庆。承蒙各位来宾的深情厚谊，我首先代表×××先生与×××女士对各位的到来，表示最热烈的欢迎和衷心的感谢！

×××、×××夫妇一生兢兢业业，勤俭持家，如今事业有成，家庭美满、幸福。所以，我在这里也要代表×××大酒店和各位来宾，向他们乔迁新居表示衷心祝贺！

为感谢各位来宾的深情厚谊，×××在这里略设便宴，望各位来宾海涵赐谅。

亲爱的朋友们，让我们举起手中的酒杯，祝×××先生一家华构盛辉福满门，新居焕彩喜盈门。

现在，我宣布：鸣炮，开席。

◎ 冬天乔迁新居

范例：

【致辞背景】 冬天乔迁新居宴

【致辞人】 朋友

各位来宾、各位朋友：

喜讯悄入户，金鸡早叩门。

院内红梅戏飞雪，门前翠柳舞春风。

×××先生喜迁新居，各位来宾在这×××大酒楼“岁寒三友添新色，春风满堂聚德光”。让我们大家向×××先生全家表示热烈的祝贺，向各位来宾表示热烈的欢迎！同时我受×××先生的委托，向光临道喜的各位亲朋好友表示衷心的感谢！

各位来宾，在这严冬季节喜迁新居，虽然檐垂寒意，却也恰逢梅吐奇香。

迁宅吉祥日，安居福运时。门对青山庭铺瑞雪，屋临绿水窗横蜡梅。

住五楼门添百福，处四邻户纳千祥。

松茂竹苞及时而秀，兰馨桂馥迁地为良。

祥云欣绕室，瑞气喜临门。

家富人喜顺如流水，时言乐笑穆若春风。我们祝贺×××先生乔迁新居。地无寒舍春常在，居有芳邻德不孤。和平宅吉人昌盛，贤德居安物阜兴。我们也祝贺前来道贺的各位嘉宾，贺乔迁吉祥如意，沾喜气丰盈八方！让我们共同举杯：为×××先生乔迁之喜：今冬如春江山吐秀，生财有道栋宇增辉。光耀丹楹喜占旺相，诗赓白雪先得阳春。

为各位来宾：冬令如春财源如海，万事如意锦上添花，干杯！

◎ 公司乔迁领导致辞

范例：

【致辞背景】公司乔迁庆典

【致辞人】××领导

各位领导、各位朋友、各位同仁：

大家好！

金秋十月，大地流金。我们×××公司喜迁新址。

今天，我们高朋满座，嘉宾云集。首先，欢迎前来乔迁致贺的各位领导、各位朋友，并对公司成立以来支持和帮助××公司的各界朋友，致以诚挚的谢意！

斗转星移，岁月如梭，转眼之间××公司已经走过了×个年头。我们见证了它从小到大、由弱到强的发展过程。总结我们所走过的路，值得我们铭记的经验就是，必须紧跟时代前进的步伐，真正做到为客户提供最优质的服务；必须把稳定和创新结合起来，根据形势的变化，把与时俱进融入各项工作中。只有这样，我们才能不断发展进步，才能取得更加辉煌的业绩。

今天的乔迁，标志着公司发展迈上了一个新的台阶，新的办公条件不仅满足了公司业务发展的需要，而且也为员工提供了人性化的办公环境，可以说是公司进步的一个里程碑。

××公司的发展离不开当地党委和政府的支持，离不开当地人民的支持。在这里，我代表公司全体员工对各位表示衷心的感谢。

长风破浪会有时，直挂云帆济沧海。希望全体员工以此为新的起点，发扬“实事求是、严谨务实，锐意进取，开拓创新”的精神，使公司的明天更美好！

预祝××公司“宏业永盛，宇景常新”！谢谢大家！

◎ 学校搬迁落成庆典祝辞

范例：

【致辞背景】 学校搬迁落成庆典

【致辞人】 主持人

尊敬的各位领导、各位来宾、老师们、同学们：

大家好！

菊花绽笑迎嘉宾，佳木葱郁育栋梁。在上级领导的高度重视和社会各界的大力支持下，××中学于××××年顺利地实现了整体搬迁。今天，我们在这里欢聚一堂，举行××中学新校区的搬迁落成庆典。在此，我代表××中学的全体师生向莅临指导的各位领导、各位来宾表示热烈的欢迎和衷心的感谢！

现在我宣布：××中学新校搬迁落成庆典现在开始。

庆典举行第一项，全体起立，奏国歌、鸣礼炮。

庆典举行第二项，请××中学党总支书记、校长××同志致辞。

庆典举行第三项，请来宾代表××同志讲话。

庆典举行第四项，请省教育厅×××同志讲话。

庆典举行第五项，请县委书记×××同志讲话。

各位领导、各位来宾，俗语说“尊师人才出，重教国家兴”。××中学的建设和发展，是绝对离不开社会各界的鼎力支持，离不开上级领导的热情关爱，更离不开××中学全体师生的努力与开拓的，在此我谨代表××

中学向大家表示最真诚的谢意。

在这样一个喜庆的日子里，我们衷心地希望××中学能够继续发扬其在老校区已有的光荣传统，谨记“××××，××××”的校训，在美丽的新校区里更加开拓创新，与时俱进，积极进取，进一步强化学校的内部管理，提升教学质量，为××县教育事业的发展再创新佳绩，再作新贡献。

今天的庆典仪式到此就结束了，接下来请各位领导和来宾到××酒店就餐。

◎老年公寓入住仪式迎宾祝辞

范例：

【致辞背景】老年公寓入住仪式迎宾庆典

【致辞人】××社区领导

各位领导、各位来宾、各位客户：

秋风送爽，金菊飘香。今天，对于××老年公寓来说，是个双喜临门的日子。今天是我国的传统节日——重阳节和第十九个“九九”老人节。在这里，我们怀着无比喜悦的心情，隆重举行××××街道庆祝“九九”老人节暨××社区老年公寓入住仪式。

首先，我代表××街道办事处向全街道广大老年同志致以节日的问候和热烈的欢迎！对××社区老年公寓的入住表示热烈的祝贺，同时，对各位领导和同志们的到来也表示热烈的欢迎和衷心的感谢！

今天，百忙之中前来出席剪彩仪式的领导同志有市老龄委副主任×××同志，区政府副区长×××同志，区老龄委主任×××同志……

出席今天仪式的还有区直有关部门的负责同志，街道全体领导同志，街道有关部门负责人，×××管理区全体干部、××社区两委会全体成员和全体老年同志，以及区老年志愿者朋友们。

让我们以热烈的掌声，再次向各位领导和同志们的到来表示热烈的欢迎和衷心的感谢！

敬老爱老是中华民族的传统美德。××社区在这项工作中，开拓创新，自求发展，通过科学规划和精心运作，仅用半年的时间就建成了高标准、高档次的老年公寓。应当说，老年公寓的建成入住，不仅为全社区的老年人提供了老有所养、老有所医、老有所学、老有所乐的温馨家园，而且将进一步带动全街道乃至全区的老年人工作开创新的局面，进而在全社会进一步形成尊老爱老、人人有责的良好社会风尚，必将为建设社会主义和谐社会作出积极的贡献。

我宣布，老年公寓入住仪式现在开始。

大会进行第一项：请××社区党支部书记、居委会主任×××同志介绍老年公寓的有关情况，大家欢迎！

大会进行第二项，请××社区老年人代表为社区两委会呈献锦旗，大家欢迎！

大会进行第三项，请×××街道党工委副书记、办事处主任×××同志致辞，大家欢迎！

大会进行第四项，请区政府副区长×××同志讲话，大家欢迎！

大会进行第五项，请各位领导为××社区老年公寓入住剪彩！（奏乐，鸣炮）

各位领导，各位来宾，今天的剪彩仪式到此结束。下面，请各位领导视察老年公寓。

最后，再次感谢各位领导和来宾的光临，祝广大老年朋友精神抖擞，身体健康，阖家欢乐，节日愉快！

常用祝酒辞

◎妙语佳句

◆我们要踮起自己的脚尖，像一个芭蕾舞者那样，优雅昂扬地向上生活，保持一颗乐观向上的心。

◆人生难免会遇到各种挫折和失败，这些并不可怕。只要勇敢地站起来，吸取教训，勇敢地向前走，就一定会走出一条属于自己的康庄大道。不管怎么样，我们都在你的身边，一直支持你！

◆人生不如意事十之八九，但要常想一二！

◆敢于追求爱的人比那些被爱的人更加的神圣，爱情的女神一直都会站在追求爱情的人的这一边。

◆为什么失恋是痛苦的，因为别人已经将心收回，而自己的心却还没有收回来！

◆一个人绝望了，即使他有再多的财富也意味着破产了，而只要有希望，即使身无分文，也蕴藏着巨大的财富。

◆自古英雄多磨难，从来纨绔少伟男。

◆在人生的旅途上，荆棘和坎坷都是免不了的，但是不经历风雨，怎么能看见美丽的彩虹？相信你经过了这次的磨炼，一定会变得更加的坚强！

◆希望之前所有的希望能伴随你度过这一段不愉快的日子，尽快地站起来，希望看到一个全新的你！

◆悲观的人只看到了玫瑰花上的刺，却不懂得欣赏玫瑰花的美丽和娇艳！

◆真正的成功是从战胜自己开始的！

◆贪图安逸生活的人，他们的希望就像是天上的一片片彩云和一个个美梦一样，可望而不可即。但是一个敢于在现实的狂风暴雨中奋斗的人，他们的希望会开出美丽的花朵，结出沉甸甸的果实！

◆并不是每一次的努力就一定会有回报，也不是每一滴汗水都能结出美丽的果实，也不是每一次的付出都能成功，但是不付出不努力就一定没有回报。只要坚强不屈，百折不挠，最终都会收获一个美好的将来！

◆快乐只是一种心态，即使一个悲观的女孩真的是娇贵的公主，也享受不到美好的生活。但是即便你一无所有，只要你有一颗乐观的心，那么你就是真正的公主！

◆有一位智者曾经说过，在遇到逆境的时候，不要将困难放大，这样就会看不到身边的快乐！

◆不是每一粒种子都能长成参天大树，也不是每一段路程都会布满鲜花，但是我们记住，是金子总会发光的！

◆人生就像一本书一样，愚蠢的人稀里哗啦地就已经翻完了，但是充满智慧的人会静心阅读。生命太过短暂，经不起任何的浪费！

◎励志祝酒辞好句集锦

◆希望大家都能珍惜现在，学会享受生命、享受生活，别让自己生活得太累，也希望大家身体健康、万事如意！干杯！

◆让我们一起举起手中的酒杯，庆祝×××重获健康，也为在场的所有人的身体健康而干杯！

◆让我们大家一起祝愿×××大难不死，必有后福！也祝愿他在今后的生活中更加的幸福美满，同时也祝愿所有的人都能平平安安！

◆让我们一起干了这杯酒，所有的不愉快都随着酒一起喝下去，然后重新开始生活，也希望你们在今后的日子里都能恩恩爱爱地生活下去！干杯！

◆希望×××能尽快地从这一段感情中走出来，去寻找你新的幸福。只要你有自信，就一定会找到属于自己的真爱。

◆请大家一起喝了这杯酒，就把所有的美好回忆都放在心底，一起去寻找新的幸福！干杯！

◆前面的路会更宽广，×××也一定会找到真正属于他的爱情！让我们为了这一美好的愿望早日实现，干杯！

◆我提议，让我们举起酒杯，为×××重新振作，重新在事业上获得成功而干杯！

◆我希望×××重新恢复信心和勇气，也希望我们都能在生活中找到属于自己的位置，做出自己的一番事业，干杯！

◆让×××化悲痛为力量，为他明天的辉煌而干了这杯酒！

◆就让我们成为猛士或者勇士吧！大家一起干杯！

◆现在和大家一起，举起酒杯，一起喝了这杯酒，再大的事情也难不住我们！

◆希望×××今后能生活得更加开心。在这里我们一起来祝愿×××今后的生活都能开开心心，顺顺利利的！大家一起干杯！

◎祝酒好句集锦

一、饯行送别宴会祝酒佳句

◆相聚也不是开始，分散也不是结束。同事数载凝聚的无数美好瞬间，将永远铭刻在我们的记忆之中。

◆像雄鹰搏击长空，像大江汹涌奔流。我们追求一个壮丽的人生，为

华夏崛起而忘我奋斗！

◆我们脚下的路，虽然小而曲折，但是它是通向社会宽阔而平坦的大道的起点。所以，莫犹豫，莫徘徊，让我们轻轻松松地向前走吧！

◆相恋相惜，是今生的缘分，前世的造化。结发为夫妻，恩爱两不疑。愿你们好好呵护这份千年修来的情缘，生活总是厚待懂得珍惜它的人。待到十年后，再回首，可能又是一个感人的十年点滴。

◆女士们、先生们，朋友们！我提议，第一杯酒，为英才饯行！同学即将远离亲人远离家乡挑战人生，请接受我们共同的祝福："雁点青天字一行——成功！"第二杯酒，祝愿××全家一帆风顺、二龙腾飞、三羊开泰、四季平安、五福临门、六六大顺、七星高照、八方走运、九九同心！第三杯酒，祝各位来宾四季康宁！朋友们，干杯！

二、结婚周年庆典宴会祝酒佳句

◆今晚，我们中的许多人都能够记得七年前的今天，我们举杯祝愿×××女士和×××先生未来的幸福。显然，我们的祝愿已经发挥出作用。因此，我非常想请新老朋友起立，同我一道举杯，为他们分享××年恩爱幸福祝酒。一愿郎君千岁；二愿妾身长健；三愿如同梁上燕，岁岁长相见。

◆今天，是我和×××女士（先生）结婚×年，一声祝福深情到，二老双双身体好，三朋四友相问候，五颜六色七彩衣，盛装迎来八方客，九九归一庆×婚，十全十美实难得。在此，我热烈地欢迎各位大驾光临，同时，也要向大家表示内心最诚挚的谢意。

◆我非常高兴能够在你和×××先生（或女士）的××周年纪念日向你们祝酒。今晚的晚会非常精彩，我们所有的人都祝愿你们首先是恩爱，其次是健康、富裕、快乐地生活。

◆三十年如歌岁月，三十载风雨历程，一路走来，梨花海棠相伴，夜雨秋灯相望。

◆工作勤勉尽心，一丝不苟，领导同事无人不服；对人热情宽厚，敬老爱幼，左邻右舍哪个言非？犹忆当年岁月，命途多舛，纵一苇之所如；时运不济，凌万顷之茫然。

◆是的，我们没有权利选择我们的出身，但是我们可以努力营造我们的幸福生活，努力改造我们周围的环境，我们要像父母——风风雨雨又恩恩爱爱，坚守住婚姻阵地，这是我们永远的幸福港湾。爸爸妈妈，祝你们健康长寿，幸福永远。来，为普天之下所有父母的健康、快乐，干杯！

三、答谢酒会祝酒佳句

◆让我们高举酒杯，因为新的一年，编辑要上新台阶；新的一年，市场要创新高度；新的一年，管理要有新效益；新的一年，活动要有新影响；新的一年，需要大家更强更壮更棒！为此，请大家干杯！

◆大家好！胜地逢盛事，佳节迎嘉宾。在这阳光灿烂热情似火的美好季节里，我们迎来了×年中国××首届文化旅游节中省市及文化、旅游、新闻界的客人和朋友，在此，我谨代表中共××市委、××市人民政府和全市人民，对各位的到来表示热烈的欢迎！

◆让我们共同举杯，为×年中国××首届文化旅游节的成功举办，为我们的友谊与合作，为各位的幸福安康，干杯！

◆金猿腾空昔年去，雄鸡唱晓新春来。回首过去，峥嵘岁月欣慰神驰；展望未来，锦绣前程壮怀激烈。在新的一年里我们将继续努力，不断取得新的突破，来回报广大客户的厚爱。为您事业的成功尽我们绵薄之力。我们将以百倍的努力和良好的服务以及崭新的精神风貌服务于您，我相信经过我们相互支持、友好合作，我们一定能实现双赢的目标。为了我们的精诚合作和友谊之树常青，为了大家的健康和快乐，干杯！

◆让我们携手奔向美好的明天！再次祝福全厦客户及各公司员工新年快乐、万事如意，祝各位事业辉煌、如日中天！祝各单位百业俱兴、宏业大展、前程无限、吉年大发！

◆在一年一度的新春佳节来临之际，各位能在百忙之中来到深圳，共聚于我们××服装“××××年春夏服装订货会”，我们深感荣幸！值此良辰美景，请允许我代表××××有限公司全体员工，向出席今晚酒会的各位来宾、各位朋友致以最热烈的欢迎和最诚挚的问候！祝大家身体健康、家庭幸福、万事如意！

◆在我们满怀豪情迎接新的一年之际，我们以最真诚的谢意、最真挚的祝福在这里举办迎新春答谢客户酒会。首先我代表××大厦向一直给予我们支持和厚爱的新老客户朋友们表示谢意，并祝你们在新的一年里身体健康、工作顺利、生意兴隆、万事如意！

◆最后，仿效各位朋友开场时候的吟诗之举，我再吟一首咏春古诗："春江潮水连海平，海上明月共潮生。滟滟随波千万里，何处春江无月明。"我提议大家举杯，祝愿诸位朋友身体康健，诸事顺意，祝愿××公司壮志飞扬、宏图大展！干杯！

四、乔迁宴会祝酒佳句

◆×××、×××夫妇有着一个和谐美满的家庭，他们一直朝着美好的生活前进！他们在亲朋好友的鼎力支持下，经过自身的不懈努力，终于迎来了改善生活条件、喜迁新居的这一天！让我们向喜逢乔迁的×××、×××夫妇致以热烈的祝贺和美好的祝愿！

◆今天的宴会真可谓：高朋满座笑开颜，推杯换盏贺乔迁，掌声、笑声、碰杯声，构成了这祥和而又隆重的庆典！我提议：为乔迁之喜，为在座的来宾们、朋友们的健康和全家幸福，干杯！

◆搬家的时候有些东西一定要带走，比如：幸福、快乐、健康等贵重物品。有些破烂是一定要扔掉的：忧伤、烦恼、无奈！

◆搬新家，好运到，入金窝，福星照，事事顺，心情好，人平安，成天笑，日子美，少烦恼，体健康，乐逍遥，朋友情，忘不了，祝福你，幸福绕！

◆水往低处流，人往高处走，黄道吉日乔迁真是好时候；你迁向福源地，会越过越富有，福旺财旺人气旺，健康平安乐悠悠！

◆一家喜来千人喜，乔迁喜宴喜加喜；你喜我喜他也喜，无限情谊在酒里。最后，我提议：让我们大家斟满酒，高举杯，都沉浸在这用汗水和深情铸就的丰盛的乔迁喜宴之中吧！

◎经典好词

人定胜天　有志者事竟成　百尺竿头更进一步　闻鸡起舞　白手起家
卷土重来　破釜沉舟　金石为开　勤能补拙　悬梁刺股　磨杵成针
卧薪尝胆　笨鸟先飞　不甘人后　愚公移山　胸怀大志　业精于勤
笃志好学　孜孜不倦　水滴石穿　焚膏继晷　精卫填海　废寝忘食
奋起直追　事在人为　再接再厉　自强不息　百炼成钢　疾风知劲草
百折不挠　九死未悔　千里之行始于足下